Eingruppierung

Simone Küster

in Einrichtungen der Caritas

ISBN 978-3-944427-53-9

Bernhard-Letterhaus-Straße 26, 50670 Köln

Bezugsquelle:
KETTELER-Verlag GmbH, Niederlassung
Schloßhof 1, 93449 Waldmünchen
Tel. 09972/9414-51
kontakt@ketteler-verlag.de
www.ketteler-verlag.de

Layout und Satz:
S. Stumpf, Kommunikation & Design, Lauf a. d. Pegnitz

Druck:
Spintler Druck & Verlag GmbH, Weiden i. d. Opf.

Gedruckt auf:
FSC www.fsc.org MIX Papier | Fördert gute Waldnutzung FSC® C022559

Bibliografische Information der Deutschen Nationalbibliothek
Die Deutsche Nationalbibliothek verzeichnet diese Publikation in der Deutschen Nationalbibliografie; detaillierte bibliografische Daten sind im Internet über http://dnb.dnb.de abrufbar.

Vorwort

Dieses Buch ist eine Eingruppierungshilfe für die tägliche Praxis im Geltungsbereich der Arbeitsvertragsrichtlinien des Deutschen Caritasverbandes (AVR Caritas, im Folgenden AVR). Es stellt die Unterschiede der Anlagen sowie deren Geltungsbereiche dar und ermöglicht für den AVR-Anwender eine rechtssichere Zuordnung. Dabei liegt der Schwerpunkt auf den Eingruppierungsregelungen für Mitarbeitende im Allgemeinen Dienst (Anlage 2 AVR), im Pflegebereich (Anlagen 31 und 32 AVR) und im Sozial- und Erziehungsdienst (Anlage 33 AVR).

Innerhalb der AVR finden sich zwei Eingruppierungsstrukturen: Ein „altes" und ein „neues" System. Die Eingruppierung zeichnet sich durch die Unterschiedlichkeit dieser beiden Systeme aus: Einerseits existiert noch ein dem Bundes-Angestelltentarifvertrag (BAT) nachempfundenes „altes" System in Anlage 2 sowie in den Anlagen 2d und 2e, andererseits orientieren sich die „neuen" Anlagen 30 bis 33 durch die Reform in den Jahren 2011/2012 am TVöD (Tarifvertrag für den öffentlichen Dienst in der kommunalen Fassung). Nach dem Spezialitätsgrundsatz („lex specialis") muss je nach Tätigkeitsschwerpunkt eine Entscheidung für die Zuordnung zu einer Anlage getroffen werden.

Anhand der Rechtsprechung der staatlichen Arbeitsgerichte, insbesondere des Bundesarbeitsgerichts, zu verschiedenen Merkmalen der Eingruppierungssystematik sowie der ergänzenden Entscheidungen der Kirchlichen Arbeitsgerichte und des Kirchlichen Arbeitsgerichtshofs werden die Tätigkeitsmerkmale der Eingruppierung definiert und die Anwendung unbestimmter Rechtsbegriffe im konkreten Fall aufgezeigt. Oft ist zu entscheiden, ob es bei den Anforderungen an Tätigkeit oder Qualifikation Handlungsspielräume für den Dienstgeber gibt. Auch darauf gibt dieses Buch detaillierte Antworten.

Kapitel 1 beginnt mit den Grundlagen der Eingruppierung, die für alle AVR-Anlagen Gültigkeit besitzen. Anschließend stellt Kapitel 2 das „alte" System der Anlage 2 mit ausgewählten Berufsfeldern dar. Der Schwerpunkt liegt dabei auf den Tätigkeiten in der Verwaltung. Die Eingruppierung der Pflegedienste behandelt Kapitel 3. Da die Pflege-Anlagen 31 und 32 auf einer Struktur basieren und größtenteils wortidentisch sind, gelten die Ausführungen gleichermaßen für beide Anlagen. Besonderheiten und Abweichungen werden eigens benannt. Im Folgenden befasst sich Kapitel 4 mit dem weiten Feld der Sozial- und Erziehungsdienste nach Anlage 33. Dazu zählen Tätigkeiten der klassischen Kinderbetreuung ebenso wie sozialpädagogische Berufsfelder und der handwerkliche Erziehungsdienst in den Werkstätten für Menschen mit Behinderung. Der Mitbestimmung der Mitarbeitervertretung und dem individuellen Rechtsschutz bei der Eingruppierung widmet sich abschließend Kapitel 5.

Das Buch wurde aus der Praxis für die Praxis konzipiert und geschrieben. Eingeflossen ist eine mehr als 20-jährige Erfahrung aus einer Vielzahl von Seminaren rund um das Thema Eingruppierung sowie aus der rechtsanwaltlichen Beratungs- und Vertretungspraxis der Autorin. Die Inhalte eignen sich auch als Handreichung für Schulungen zur Eingruppierung nach den AVR. Sie richten sich an Dienstgeber und Mitarbeitervertretungen, Personalverantwortliche, Bewertungskommissionen und nicht zuletzt an die Mitarbeitenden in caritativen Einrichtungen selbst.

Nur aus Gründen der besseren Lesbarkeit wurde bei Berufsbezeichnungen auf die weibliche Sprachform verzichtet. Im Übrigen sind neutrale Anreden oder bewusst beide Varianten gewählt worden, was insbesondere auch dem Umstand Rechnung tragen soll, dass die Mehrzahl der Mitarbeitenden in der Caritas Frauen sind.

Ein Dank gilt dem KETTELER-Verlag für die Verwirklichung dieses Buchprojekts. Im Besonderen bedanke ich mich bei meiner Lektorin Andrea Jörger – ohne deren Geduld und erfahrene und motivierende Unterstützung sowie ihre hilfreichen Hinweise bei der Schreibarbeit wäre die Idee für dieses Buch wohl eine Fiktion geblieben.

Hanau, im Juli 2024
Simone Küster

Inhalt

Abkürzungen

a. a. O.	am angegebenen Ort
Abs.	Absatz
a. F.	alte Fassung
AK	Arbeitsrechtliche Kommission des Deutschen Caritasverbandes
Anm.	Anmerkung
ArbGG	Arbeitsgerichtgesetz
Art.	Artikel
AT	Allgemeiner Teil
ATA	Anästhesietechnische Assistenten
AVR	Arbeitsvertragsrichtlinien des Deutschen Caritasverbandes (AVR Caritas)
BAG	Bundesarbeitsgericht
BAT	Bundes-Angestelltentarifvertrag
BBiG	Berufsbildungsgesetz
BGB	Bürgerliches Gesetzbuch
BK	Bundeskommission der AK
BVkE	Bundesverband Caritas Kinder- und Jugendhilfe e. V.
BW	Baden-Württemberg
bzw.	beziehungsweise
DGKH	Deutsche Gesellschaft für Krankenhaushygiene
d. h.	das heißt
DKG	Deutsche Krankenhausgesellschaft
DQR	Deutscher Qualifikationsrahmen
EG	Entgeltgruppe
EQR	Europäischer Qualifikationsrahmen
etc.	et cetera

ff.	fortfolgend(e)
FG	Fallgruppe
FZ	Fallziffer
GG	Grundgesetz
GKV	Gesetzliche Krankenversicherung
GL	Gruppenleitung
HebRefG	Hebammenreformgesetz
HebStPrV	Studien- und Prüfungsverordnung für Hebammen
i. S. d.	im Sinne des
i. V. m.	in Verbindung mit
KAG	Kirchliches Arbeitsgericht
KAGH	Kirchlicher Arbeitsgerichtshof
KAGO	Kirchliche Arbeitsgerichtsordnung
LAG	Landesarbeitsgericht
MA	Mitarbeiter/Mitarbeiterin
MAV	Mitarbeitervertretung
MAVO	Mitarbeitervertretungsordnung
MuSchG	Mutterschutzgesetz
m. w. N.	mit weiteren Nachweisen
NachwG	Nachweisgesetz
n. F.	neue Fassung
NRW	Nordrhein-Westfalen
OTA	Operationstechnische Assistenten

PDL	Pflegedienstleitung
PflAPrV	Pflegeberufe-Ausbildungs- und Prüfungsverordnung
RK	Regionalkommission der AK
Rn.	Randnummer
s.	siehe
SGB	Sozialgesetzbuch
st. Rspr.	ständige Rechtsprechung
TL	Teamleitung
TV EntgO-L	Tarifvertrag über die Eingruppierung und die Entgeltordnung für die Lehrkräfte der Länder
TV-L	Tarifvertrag für den öffentlichen Dienst der Länder
TVöD	Tarifvertrag für den öffentlichen Dienst
TzBfG	Teilzeit- und Befristungsgesetz
u. Ä.	und Ähnliches
VG	Vergütungsgruppe
vgl.	vergleiche
v. H.	vom Hundert
VKA	Vereinigung der kommunalen Arbeitgeberverbände
WB	Wohnbereich
WG	Wohngruppe
WVO	Werkstättenverordnung
z. B.	zum Beispiel
ZMV	Die Mitarbeitervertretung (Zeitschrift)
ZPO	Zivilprozessordnung

Kapitel 1: Die Grundlagen der Eingruppierung nach AVR

Die in diesem Kapitel erläuterten Grundlagen der Eingruppierung nach AVR dienen dem allgemeinen Verständnis und bilden unabhängig davon, welche Position bewertet werden soll, das Fundament für jeden Eingruppierungsvorgang, auf dem die Feststellung der korrekten Vergütungsgruppe / Entgeltgruppe stattfindet. Auch bei einer Neuregelung der Anlage 2 ist davon auszugehen, dass diese Grundlagen weiterhin Geltung beanspruchen werden. Dies ist insbesondere daraus herzuleiten, dass die Anlagen 30 bis 33, die bereits in einem neuen System und in Anlehnung an den TVöD in Kraft sind, diese Grundlagen ebenfalls weitergeführt haben.

I. Einführung

Die Feststellung der Vergütung eines Mitarbeiters oder einer Mitarbeiterin in allen sozialen Einrichtungen, die (im engeren oder weiteren Sinn) der Caritas zugerechnet werden können, erfolgt nach den Regelungen der **Arbeitsvertragsrichtlinien des Deutschen Caritasverbandes** (AVR Caritas, im Folgenden AVR genannt). 1

Für die korrekte Vergütung ist zunächst die richtige **Anlage zu den AVR** auszuwählen. Diese ergibt sich in einem ersten Schritt aus dem einschlägigen Tätigkeitsfeld (Verwaltung, Pflege, Sozial- und Erziehungsdienst etc.). In der dieser Tätigkeit zugeordneten AVR-Anlage finden sich in der Regel **spezifische Eingruppierungsanforderungen.** Gelingt in einem zweiten Schritt die erfolgreiche Zuordnung der Tätigkeit anhand der jeweiligen Tätigkeitsanforderungen, bedarf es anschließend eines Blicks in die jeweilige (monetäre) 2

Entgelttabelle / Vergütungstabelle. Die Tabellen haben neben der Angabe der Vergütungsgruppe / Entgeltgruppe (auf der senkrechten y-Achse) auch eine Zuordnungspflicht für eine bestimmte Stufe (auf der waagrechten x-Achse).

3 **!** Erst aus der Kombination von Vergütungsgruppe / Entgeltgruppe und Stufe ergibt sich die monatliche Vergütung.

4 Innerhalb der AVR finden sich unter den folgenden Überschriften in den verschiedenen Anlagen Vergütungsgruppen / Entgeltgruppen:

Anlage 2	**Vergütungsgruppen für Mitarbeiter/-innen (allgemein)**
Anlage 2d	**Vergütungsgruppen für Mitarbeiter/-innen im Sozial- und Erziehungsdienst**
Anlage 2e	**Vergütungsgruppen für Mitarbeiter im Rettungsdienst / Krankentransport**
Anlage 21	**Besondere Regelungen für Lehrkräfte**
Anlage 21a	**Lehrkräfte in der Altenpflege sowie im Gesundheits- und Sozialwesen**
Anlage 22*	**Besondere Regelungen für Zusatzkräfte im häuslichen Umfeld in der ambulanten Pflege**
Anlage 23	**Besondere Regelungen für Fahrdienste**
Anlage 30	**Besondere Regelungen für Ärztinnen und Ärzte**
Anlage 31	**Besondere Regelungen für Mitarbeiter im Pflegedienst in Krankenhäusern**
Anlage 32	**Besondere Regelungen für Mitarbeiter im Pflegedienst in sonstigen Einrichtungen**
Anlage 33	**Besondere Regelungen für Mitarbeiter im Sozial- und Erziehungsdienst**

* bis 31.12.2022

5 Es sind seitens des Dienstgebers unabhängig von der Zugehörigkeit zu einer der vorgenannten AVR-Anlagen **zwei Feststellungen** notwendig:

- Zuordnung zu einer Vergütungsgruppe / Entgeltgruppe und
- Zuordnung zu einer (Erfahrungs-)Stufe.

6 Im Folgenden wird zunächst erklärt, wie die Vergütungsgruppe / Entgeltgruppe ermittelt wird (► Rn. 23 ff.) und danach die Stufenzuordnung näher beleuchtet (► Rn. 92 ff.). Erst aus beiden Elementen zusammen ergibt sich eine Zuordnung: die **EINGRUPPIERUNG.**

7 In den jeweiligen AVR-Anlagen finden sich **Tabellen**[1], in denen die Feststellung der Vergütungsgruppe / Entgeltgruppe einerseits und der Stufe andererseits zu einem Betrag der monatlichen Vergütung (auf Basis von 100 Prozent) führt, die Mitarbeitende für ihre geleistete Arbeit beanspruchen können.

II. Von der Anlage 2 zu den Anlagen 30 bis 33: Ein (historischer) Überblick

8 Die Eingruppierung der Mitarbeitenden basiert auf den Regelungen, die sich an verschiedenen Stellen innerhalb der AVR finden und Vorgehensweisen, Anforderungen, objektive und subjektive Kriterien beinhalten. Hierbei ist die Nähe zum öffentlichen Dienst vielfach erkennbar. Die **Arbeitsrechtliche Kommission des Deutschen Caritasverbandes (AK)** hat sich darauf verständigt, die Grundsätze des öffentlichen Dienstes zu adaptieren, teilweise anzupassen oder diese zu ergänzen.

9 **Anlage 2** enthält die allgemeinen Vergütungsgruppen für Mitarbeitende. Diese Anlage fußt noch auf den Grundsätzen des „alten" Bundes-Angestelltentarifvertrags (BAT), vor allem in der Fassung für die Kommunen. In den Jahren 2005 und 2006 ist der BAT zwar durch die neuen **Tarifverträge für den öffentlichen Dienst** (TVöD für den Bund und die Kommunen; TV-L für die Tarifgemeinschaft deutscher Länder) abgelöst worden. Jedoch wurden die Grundsätze des BAT als „Grundpfeiler der Eingruppierung" beibehalten und in die neuen Entgeltordnungen übernommen bzw. weiterentwickelt. Daher liegt

1 Die Tabellen sind sortiert nach den jeweiligen Gebieten der Regionalkommissionen der AK des Deutschen Caritasverbandes RK Nord / NRW / Mitte / BW / Bayern und RK Ost.

dieses zwar alte, aber erprobte Eingruppierungsschema noch bis heute der Bewertung der übertragenen Tätigkeit zugrunde.

10 Auch die AVR sind stetig weiterentwickelt worden. In den Jahren 2011/2012 wurden in einer großen Erneuerung die **Anlagen 30 bis 33** hinzugefügt, allerdings basieren deren Grundprinzipien nach wie vor auf den alten Eingruppierungspfeilern. Ein Blick in die Anlage 2 und in die neueren Anlagen 30 ff. zeigt, dass die AVR verschiedene Ausgestaltungen für eingruppierungsrechtliche Anforderungen enthalten. Trotz dieser Unterschiede basiert jeder Eingruppierungsvorgang auf denselben Grundsätzen, die in diesem Kapitel umfassend dargestellt werden. Dabei wird auch auf die jeweiligen Unterschiede ausführlich eingegangen ► Rn. 23 ff.

11 **Beispiel**

In Anlage 2 spricht man von „Vergütungsgruppen“, in den Anlagen 30-33 werden die Mitarbeitenden in „Entgeltgruppen“ eingruppiert.

12 Die **Übernahme der BAT-Regelungen** ist und war für den AVR-Bereich durchaus sinnvoll und auch angeraten. Denn es sprechen gleich mehrere Gründe dafür: Die meisten Caritas-Einrichtungen arbeiten für die Berechnung der Kostenlast mit öffentlichen Kostenträgern zusammen, die im Rahmen von Refinanzierungen ihre eigenen (meist kommunalen) tariflichen Regelungen zugrunde legen. Man tut also gut daran, sich selbst nicht allzu sehr von diesen Regelungen zu entfernen, insbesondere wenn bei den Refinanzierungen die Vergütungen konkret betrachtet werden. Zum anderen kann die **zur Eingruppierung im öffentlichen Dienst (TVöD / TV-L) ergangene Rechtsprechung** der staatlichen Arbeitsgerichte nahezu vollständig übernommen und angewendet werden und ist dabei Richtschnur und Maßstab gleichermaßen.

13 Insofern war und ist auch nachvollziehbar, warum man infolge der **Tarifreform im öffentlichen Dienst** in den Jahren 2005/2006 für den AVR-Bereich ab 2011/2012 bei den Anlagen 30 bis 33 und im Weiteren auch für andere Anlagen auf die neuen Tarifverträge für den öffentlichen Dienst (TVöD und

TV-L) abgestellt hat. So verweist beispielsweise **Anlage 21 (Lehrkräfte)** für die Eingruppierung auf die für das jeweilige Bundesland geltenden Regelungen, darin ist ein Verweis auf den TV-L enthalten. **Anlage 21a (Lehrkräfte in der Altenpflege sowie im Gesundheits- und Sozialwesen)** stellt auf den Tarifvertrag für den öffentlichen Dienst (TVöD, in der Regel auf Basis der kommunalen Fassung) ab.

Manche der AVR-Anlagen sind zwar im Laufe der letzten Jahre aktualisiert worden. Sie basieren aber dennoch auf dem sogenannten „alten System", hierunter fällt insbesondere **Anlage 2e (Mitarbeitende im Rettungsdienst / Krankentransport).** Diese wurde im Jahr 2017 überarbeitet und beinhaltet nach wie vor Vergütungsgruppen und keine Entgeltgruppen. Allerdings sind dort die Bewährungsaufstiege (dazu im Detail ► Rn. 154 ff.) entfallen und die Inhalte wurden überarbeitet sowie die Berufsbilder an die aktuellen Berufsausbildungsanforderungen angepasst. 14

Anlage 2d (Mitarbeitende im Sozial-und Erziehungsdienst) wurde ebenfalls überarbeitet. In den Jahren 2011/2012 war für den Sozial- und Erziehungsdienst die Anlage 33 neu geschaffen worden. Dennoch fällt bei der Übersicht zu den AVR-Anlagen (► Rn. 4) auf, dass hier noch die Anlage 2d abgebildet ist. Diese enthält nach wie vor laut ihrem Inhaltsverzeichnis Vergütungsgruppen von VG 9 absteigend zu VG 1a. Aus dem Geltungsbereich der Anlage 2d ergibt sich aber, dass mit dem Inkrafttreten der Anlage 33 durch die Beschlüsse der jeweiligen Regionalkommissionen diese Anlage größtenteils keine Anwendung mehr findet. Sie gilt allerdings für diejenigen Mitarbeitenden fort, die von der neuen Anlage 33 nicht erfasst worden sind. Hiervon betroffen sind Beschäftigte der Vergütungsbereiche VG 2, VG 1b und VG 1a. 15

Alle übrigen Vergütungsgruppen zwischen VG 9 und VG 3 sind komplett in die neuen Entgeltgruppen EG S 2 bis EG S 18 übergeleitet und überführt worden. Denjenigen Beschäftigten, die noch in Anlage 2d verblieben sind[1], obliegen in der Regel **Leitungsaufgaben.** 16

1 Neue Mitarbeitende können nicht in Anlage 2d aufgenommen werden, sondern sind entweder der Anlage 2 oder der Anlage 33 zuzuordnen.

17 **Beispiele**

- Heimleitung
- Leitung von großen Werkstätten für behinderte Menschen
- Leitung in der beruflichen Ausbildung

18 Einen Sonderstatus nimmt die **Anlage 2** ein. Diese Anlage bildet noch das gesamte „alte" BAT-System ab. Eine Erneuerung hat hier noch nicht stattgefunden. Die Eingruppierung nach Anlage 2 und deren Besonderheiten werden ausführlich in Kapitel 2 (► Rn. 131 ff.) eigenständig behandelt. Mit jeder neuen Amtsperiode der AK erhofft und erwartet man eine Überarbeitung und Neugestaltung dieser Vergütungsregelungen, die dringend geboten und angeraten wäre.

19 **!** Allen vorgenannten Anlagen ist gemeinsam, dass sie auf den Vergütungsgrundlagen und Eingruppierungssäulen der Anlage 1 aufbauen.

20 Auch **Anlage 21** enthält unter § 2 Eingruppierungsregelungen. Allerdings ist hier festgehalten, dass in Abweichung zu den Anlagen 1, 2, 2d und 33 für die **Eingruppierung der Lehrkräfte** die Regelungen für vergleichbare Beschäftigte des jeweiligen Bundeslandes Geltung haben. Angewendet werden hier die Eingruppierungstatbestände für Lehrkräfte als Landesbeschäftigte. Diese sind im TV-L zu finden und daher nicht Gegenstand dieses Buches.[1]

21 **Anlage 21a** enthält eigene Eingruppierungsanforderungen, die in dem dortigen Anhang A abgelegt sind. Hinsichtlich der Stufenzuordnungen folgt Anlage 21a den Regelungen der Anlagen 31 bis 33.

[1] Vgl. dazu Tarifvertrag über die Eingruppierung und die Entgeltordnung für die Lehrkräfte der Länder (TV EntgO-L) vom 28.3.2015.

Anlage 22 und **Anlage 23** sind bei der Vergütung an Anlage 2, Vergütungsgruppe 11 angebunden. Hinsichtlich der Stufenzuordnung folgen diese Anlagen der Systematik der Beschäftigten der Anlage 2. Eine Besonderheit nimmt Anlage 22 ein, da deren Geltungsdauer am 31. Dezember 2022 ausgelaufen ist und damit alle dort zugeordneten Beschäftigten in die Anlage 2 übergeleitet werden mussten (► Rn. 314 ff.). 22

III. Die Eingruppierungsgrundsätze nach Anlage 1 Abschnitt I

Die Grundlagen der Eingruppierung nach AVR sind in **Anlage 1 Abschnitt I** hinterlegt. Unter der Überschrift „I. Eingruppierung" finden sich alle wesentlichen Schritte, die zur Eingruppierung notwendig sind. Dort heißt es zunächst in **Absatz (a):** 23

„(a) Die Eingruppierung des Mitarbeiters richtet sich nach den Tätigkeitsmerkmalen der Anlagen 2, 2d, 2e, 21a, 30, 31, 32 und 33 zu den AVR. Der Mitarbeiter erhält Vergütung nach der Vergütungs- bzw. Entgeltgruppe, in der er eingruppiert ist." 24

Daraus ist erkennbar, dass die Eingruppierungsfestlegungen sowohl für Vergütungsgruppen als auch für Entgeltgruppen **gleichermaßen Anwendung** finden. Die Vergütungsgruppen weisen auf Eingruppierungsvorgänge in den Anlagen 2, 2d und 2e hin, während die Entgeltgruppen zu der (inzwischen nicht mehr ganz so) neuen Struktur, insbesondere zu den Anlagen 30 – 33 hinlenken. 25

Es wird weiter festgelegt, dass alle Eingruppierungsvorgänge in den genannten Anlagen nach den festgesetzten und **in Absatz (b) aufgezählten Grundsätzen** zu vollziehen sind. Dort heißt es weiter: 26

„(b) Der Mitarbeiter ist in der Vergütungs- bzw. Entgeltgruppe eingruppiert, deren Tätigkeitsmerkmalen die gesamte von ihm nicht nur vorübergehend auszuübende Tätigkeit entspricht."

27 Dieser zugegebenermaßen aufgrund seiner Formulierungsweise etwas schwer verständliche Satz lässt sich in vier Spezifikationen aufgliedern. Damit ist die **Formel der Eingruppierung** definiert und anhand von vier Bewertungsschritten ist das Ergebnis der Zuordnung auszumachen: Eingruppierungsautomatik, auszuübende Tätigkeit, nicht nur vorübergehend übertragene Tätigkeit, gesamte Tätigkeit.

1. Eingruppierungsautomatik / Tarifautomatik

28 Die Aussage „Der Mitarbeiter ist in der Vergütungs- bzw. Entgeltgruppe eingruppiert" steht für den sog. **Grundsatz der Eingruppierungsautomatik / Tarifautomatik.** Mit der Formulierung „ist eingruppiert" wird festgelegt, dass Eingruppierung kein Akt des Ermessens des Dienstgebers ist.

29 **!** Wäre es ein Akt des Ermessens, stünde dort „kann eingruppiert werden" oder „soll eingruppiert werden". Zu lesen ist aber „ist eingruppiert".

30 Damit wird klargestellt, dass die Zuordnung zu einer Entgeltgruppe **zwingend** aus der auszuübenden Tätigkeit erfolgt. Nach der ständigen höchstrichterlichen Rechtsprechung des Bundesarbeitsgerichts (BAG) handelt es sich hierbei nur um eine Aussage mit deklaratorischer (deklaratorisch = klarstellend) Wirkung. Es soll damit zum Ausdruck gebracht werden, dass sich die Vergütung nach den Regeln des Tarifrechts bestimmt bzw. zu bestimmen ist.[1]

31 **Das Bundesarbeitsgericht führt insoweit aus[2]:**

„Bei einem tariflichen Eingruppierungssystem, das den Grundsätzen der Tarifautomatik folgt, ist die Eingruppierung ein Akt der Erkenntnis und der

[1] BAG, 1.9.1982 – 4 AZR 951/79.

[2] BAG, 27.4.2021 – 9 AZR 343/20; BAG, 22.10.2020 – 6 AZR 74/19.

Rechtsanwendung des Arbeitgebers ohne rechtsgestaltende Wirkung. Sie erschöpft sich in der (gedanklichen) Zuordnung der Tätigkeit zu einer in Betracht kommenden Entgeltgruppe und ist insoweit die Kundgabe einer Rechtsansicht."

2. Auszuübende Tätigkeit

Entscheidend für die Eingruppierung ist nach Anlage 1 Abschnitt I Absatz (b) 32
weiter die „auszuübende Tätigkeit".

Die aus**zu**übende Tätigkeit ist abzugrenzen von der aus**ge**übten 33
Tätigkeit.

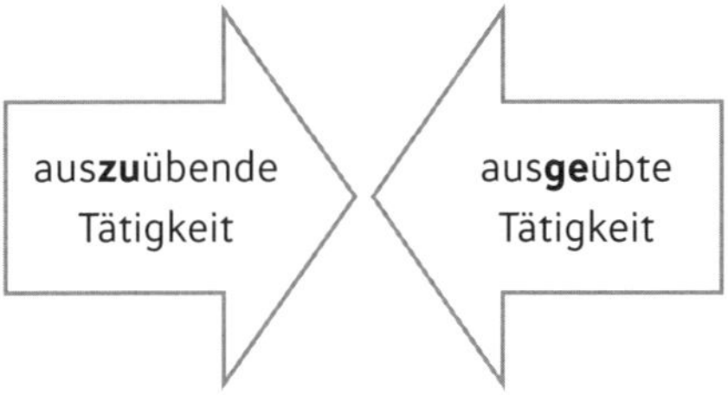

Während die **ausgeübte** Tätigkeit 34
das tatsächliche Tun, also das „Ist" erfasst, stellt die **auszuübende** Tätigkeit auf das „Soll" ab. Abzustellen ist damit auf die seitens des Dienstgebers **übertragene** Tätigkeit. Kraft seines **Direktionsrechts** (Weisungsrechts) und der Organisationsverantwortung legt der Dienstgeber fest, wer welche Aufgaben zu erledigen hat.

Nach den gesetzlichen Vorgaben des Nachweisgesetzes (NachwG) muss 35
der Arbeitgeber dem Arbeitnehmer eine kurze Charakterisierung oder Beschreibung der von ihm zu leistenden Tätigkeit aushändigen.[1] Zu empfehlen ist, diesen Nachweis im Rahmen einer **Stellenbeschreibung** zu erfüllen. Hier können konkrete Aufgaben, Kompetenzen, Befugnisse und anzuwendende

[1] Vgl. § 2 Abs. 1 Nr. 5 NachwG.

Fachkenntnisse erfasst und im Laufe des weiteren Miteinanders von Dienstgeber und Dienstnehmer für verschiedene Personalmaßnahmen (Ausschreibungen, Einarbeitungen, Personalentwicklungsmaßnahmen und Ähnliches) weiter genutzt werden. Damit ist auch klargestellt, dass eine so genannte „Überqualifizierung" für die Zuordnung bei der Eingruppierung keine Rolle spielt. Entscheidend kommt es auf die **übertragene** Tätigkeit an.

3. Nicht nur vorübergehend übertragene Tätigkeit

36 Als dritter Schritt kommt die „nicht nur vorübergehend" auszuübende Tätigkeit als Bewertungsgrundlage in Betracht. Positiv formuliert ist also auf die **dauerhaft übertragene** Tätigkeit abzustellen. Damit richtet sich der Blick auf ein in der Anwendungspraxis häufiges Problemfeld: Wie sind Vertretungssituationen zu bewerten?

37 **Vertretungen** können unterteilt werden in die zwei unterschiedlichen Kategorien Abwesenheitsvertretungen und ständige Vertretungen. Diese beiden Vertretungsarten sind nicht identisch und sollten auch nicht vermischt werden. Die Situation, dass eine Person immer eine andere Person bei deren Abwesenheit (Urlaub, Arbeitsunfähigkeit oder dienstliche Verhinderung) vertritt, führt noch nicht dazu, dass diese Abwesenheitsvertretung zu einer **ständigen Vertretung** wird. Hierzu sind in den AVR selbst auch einige Hinweise enthalten.[1]

38 Die Abwesenheitsvertretung ist daher insgesamt keine (im Sinne des Erfordernisses „nicht nur vorübergehend") auszuübende Tätigkeit. Es handelt sich dabei stets um eine **vorübergehende Tätigkeit,** die demnach keine Bewertungsrelevanz entwickelt.

39 Gefordert ist eine **dauerhaft auszuübende Tätigkeit,** d. h. eine Tätigkeit / Verantwortlichkeit auch in Anwesenheit des eigentlichen Stelleninhabenden.

1 Beispielsweise Vorbemerkungen Nr. 5 in Anlage 31, Anhang D; Anmerkung Nr. 5, Nr. 48 in Anlage 2.

Dahinter muss eine Aufgabe stehen, die auch mit eigenen Tätigkeitsinhalten gefüllt ist und nicht nur das ordentliche Sortieren der Vorgänge bzw. den „Feuerwehrblick" beinhaltet, bis der Stelleninhaber oder die Stelleninhaberin wieder an den Arbeitsplatz zurückgekehrt ist. Eine ständige Vertretung hat in der Regel eigene (meist delegierte) Aufgaben, die zu erledigen sind. Solche können sich aus einer eigenständigen Zuständigkeit ergeben oder durch die Leitung delegierte Aufgaben beinhalten.

Beispiele 40

- Schreiben des Dienstplans
- Urlaubsplanung

Ständige Vertretungen sind auch in den AVR an vielen Stellen enthalten. 41

Beispiele 42

- Anlage 33 Anhang B: Leitungen von Kindertagesstätten
- Anlage 31 und 32, jeweils Anhang D: Leitungskräfte in der Pflege
- Anlage 30, § 12 Buchst. (d) und Anlage 2: Küchenleitungen

In diesen Fällen muss die ständige Vertretung ausdrücklich **übertragen** sein, 43
das heißt ein stillschweigendes Tun oder eine Absprache innerhalb eines Teams reicht nicht aus, vielmehr braucht es hier eine klare Festlegung der auszuübenden Tätigkeit seitens des Dienstgebers.

! Dienstgeber tun gut daran, klare Vorgaben zu etablieren: 44
Wer darf Tätigkeiten übertragen?
Wem kommt die Befugnis zu, das „Soll" der Tätigkeit zu verändern / anzupassen?

4. Gesamte Tätigkeit

45 Der vierte und letzte Bewertungsgrundsatz knüpft an die „gesamte Tätigkeit" an. Die gesamte Tätigkeit wird tariflich im nächsten Unterabsatz des Absatzes b) in Abschnitt I Anlage 1 erläuternd aufgegriffen. Dort heißt es:

„Die gesamte auszuübende Tätigkeit entspricht den Tätigkeitsmerkmalen einer Vergütungs- bzw. Entgeltgruppe, wenn zeitlich mindestens zur Hälfte Arbeitsvorgänge anfallen, die für sich genommen die Anforderungen eines Tätigkeitsmerkmals oder mehrerer Tätigkeitsmerkmale dieser Vergütungs- bzw. Entgeltgruppe erfüllen."

46 Damit wird klargestellt, dass in dem Wort „gesamte" eine zeitliche Komponente enthalten ist. Die **zeitliche Komponente** („zeitlich mindestens zur Hälfte") heißt in Zahlen ausgedrückt mindestens 50 Prozent der Arbeitszeit. Der Satz könnte damit einfach ausgedrückt lauten: Die Anforderungen einer Vergütungs- bzw. Entgeltgruppe sind dann erfüllt, wenn **mindestens zu 50 Prozent der Arbeitszeit** das Tätigkeitsmerkmal bzw. die Tätigkeitsmerkmale erfüllt ist / sind. Die AVR enthalten damit eine zeitliche Vorgabe, die in jeder Vergütungsgruppe / Entgeltgruppe zu berücksichtigen und zu erfüllen ist. In den jeweiligen Vergütungs- und Entgeltstrukturen ist jedoch nahezu nichts von dieser zeitlichen Voraussetzung zu lesen. Beispielhaft heißt es:

„Mitarbeiter/-innen in der Verwaltung und Buchhaltung, deren Tätigkeit gründliche und vielseitige Fachkenntnisse erfordert"[1]

„Mitarbeiter der Entgeltgruppe P 7 Fallgruppe 1, deren Tätigkeit sich aufgrund besonderer Schwierigkeit erheblich aus der Entgeltgruppe P 7 Fallgruppe 1 heraushebt"[2]

„Erzieher, Heilerziehungspfleger mit staatlicher Anerkennung und entsprechender Tätigkeit sowie sonstige Mitarbeiter, die aufgrund gleichwertiger Fähigkeiten und ihrer Erfahrungen entsprechende Tätigkeiten ausüben"[3]

---

1 Anlage 2 Vergütungsgruppe 7, Fallziffer 47.

2 Anhang D zu Anlage 31/32 Entgeltgruppe P 8, Fallgruppe 1.

3 Anhang B zu Anlage 33 Entgeltgruppe S 8a, Fallgruppe 1.

! In den Vergütungs- und Entgeltgruppen finden sich grundsätzlich keine Hinweise auf eine zeitliche Voraussetzung, die erfüllt sein muss, damit eine entsprechende Zuordnung stattfinden kann. 47

Die hier vorgestellten vier Bewertungsgrundsätze sind wie in einer mathematischen Formel als Vorzeichen „vor der Klammer" zu verstehen. Sie finden immer Anwendung und bestimmen die Grundrichtung der Eingruppierung. In der Klammer steht dann die konkrete Anlage, verbunden mit dem spezifischen Thema wie Pflege, Sozial- und Erziehungsdienst, allgemeine Tätigkeiten und den damit verbundenen Anforderungen, die erfüllt werden müssen. Das Vorzeichen verändert sich dagegen **grundsätzlich** nicht. 48

Sagt die Juristin „grundsätzlich", so meint sie damit einen Grundsatz, zu dem es Ausnahmen geben kann. Eine **Ausnahme** ist in den AVR immer klar und deutlich erkennbar. Dies geschieht durch eine tatsächlich **andere benannte zeitliche Anforderung.** Beispielhaft heißt es: 49

„Sozialarbeiter und Sozialpädagogen mit staatlicher Anerkennung und entsprechender Tätigkeit sowie Heilpädagogen mit abgeschlossener Hochschulbildung und – soweit nach dem jeweiligen Landesrecht vorgesehen – mit staatlicher Anerkennung mit jeweils entsprechender Tätigkeit, sowie sonstige Mitarbeiter, die aufgrund gleichwertiger Fähigkeiten und ihrer Erfahrungen entsprechende Tätigkeiten ausüben, deren Tätigkeit sich ***mindestens zu einem Drittel*** *durch besondere Schwierigkeit und Bedeutung aus der Entgeltgruppe S 12 heraushebt"*[1]

„Mitarbeiter, deren Tätigkeit sich ***mindestens zu einem Drittel*** *durch besondere Schwierigkeit und Bedeutung aus der Entgeltgruppe 9c heraushebt"*[2]

„Mitarbeiter/-innen in der Verwaltung und Buchhaltung, deren Tätigkeit gründliche und vielseitige Fachkenntnisse und ***mindestens zu einem Viertel*** *selbständige Leistungen erfordert"*[3]

1 EG S 15, Fallgruppe 7, in Anhang B zu Anlage 33.

2 EG 10 in Anhang D, Abschnitt I (Mitarbeiter in der Pflege) zu Anlagen 31/32.

3 VG 6b, Fallziffer 57 in Anlage 2.

50 **!** Soll ein abweichendes zeitliches Maß Geltung haben, kommt es in der Formulierung innerhalb der jeweiligen Entgeltstruktur zum Ausdruck. Sorgfältiges Lesen wird daher unbedingt angeraten!

4.1 Arbeitsvorgänge

51 Im Zusammenhang mit der gesamten Tätigkeit (Anlage 1 Abschnitt I Abs. b ► dazu bereits Rn. 45 ff.) ist die Rede von Arbeitsvorgängen, die das zeitliche Maß erfüllen müssen. Unter Arbeitsvorgang (vergleichbar einem Arbeitsgang) wird in der Arbeitsanalyse und Arbeitssynthese die Verrichtung oder das Aufeinanderfolgen der Abläufe umschrieben, die der jeweilige Aufgabenträger zur Aufgabenerfüllung an einem Arbeitsobjekt vollzieht.

52 Nach der **Protokollerklärung / Protokollnotiz zu § 12 Abs. 2 TVöD / TV-L** werden Arbeitsvorgänge wie folgt definiert:

„Arbeitsvorgänge sind Arbeitsleistungen (einschließlich Zusammenhangsarbeiten), die, bezogen auf den Aufgabenkreis der / des Beschäftigten, zu einem bei natürlicher Betrachtung abgrenzbaren Arbeitsergebnis führen (z. B. unterschriftsreife Bearbeitung eines Aktenvorgangs, eines Widerspruchs oder eines Antrags, Erstellung eines EKG, Fertigung einer Bauzeichnung, Konstruktion einer Brücke oder eines Brückenteils, Bearbeitung eines Antrags auf eine Sozialleistung, Betreuung einer Person oder Personengruppe, Durchführung einer Unterhaltungs- oder Instandsetzungsarbeit)."

53 Bezugspunkt der tariflichen Bewertung ist danach der Arbeitsvorgang.[1] Das Bundesarbeitsgericht führt dazu in einer Entscheidung aus dem Jahr 2020[2] mit Verweis auf seine ständige Rechtsprechung ausführlich aus:

„Maßgebend für die Bestimmung des Arbeitsvorgangs ist das Arbeitsergebnis *(BAG, 28. Februar 2018 - 4 AZR 816/16 - Rn. 24, BAGE 162, 81; 13. Mai 2015 - 4 AZR 355/13 - Rn. 16; 21. März 2012 - 4 AZR 266/10 - Rn. 24; 22. September*

[1] BAG, 16.10.2019 – 4 AZR 284/18, Rn. 16; BAG, 10.12.2014 – 4 AZR 773/12, Rn. 19; BAG, 22.9.2010 – 4 AZR 149/09, Rn. 17; BAG, 25.8.2010 – 4 AZR 5/09, Rn. 22.

[2] BAG, 9.9.2020 – 4 AZR 161/20.

2010 - 4 AZR 149/09 - Rn. 17; 25. August 2010 - 4 AZR 5/09 - Rn. 22; 12. Mai 2004 - 4 AZR 371/03).

Für die Beurteilung, ob eine oder mehrere Einzeltätigkeiten zu einem Arbeitsergebnis führen, sind eine natürliche Betrachtungsweise und die durch den Arbeitgeber vorgenommene Arbeitsorganisation ausschlaggebend. Dabei kann die gesamte vertraglich geschuldete Tätigkeit einen einzigen Arbeitsvorgang ausmachen *(BAG 13. November 2013 - 4 AZR 53/12 - Rn. 17; 20. September 1995 - 4 AZR 685/94 - zu II 2 a der Gründe, BAGE 81, 47; 31. März 1982 - 4 AZR 1099/79 - BAGE 38, 221).*

Einzeltätigkeiten können dann nicht zusammengefasst werden, wenn die verschiedenen Arbeitsschritte von vornherein auseinandergehalten und organisatorisch voneinander getrennt sind. Hierfür reicht jedoch die theoretische Möglichkeit, einzelne Arbeitsschritte oder Einzelaufgaben verwaltungstechnisch isoliert auf andere Beschäftigte zu übertragen, nicht aus *(BAG 28. Februar 2018 - 4 AZR 816/16 - aaO; 21. August 2013 - 4 AZR 933/11 - Rn. 18, BAGE 146, 22; 23. September 2009 - 4 AZR 308/08 - Rn. 24; 9. Juli 1997 - 4 AZR 177/96).*

Bei der Zuordnung zu einem Arbeitsvorgang können wiederkehrende und gleichartige Tätigkeiten zusammengefasst werden *(BAG 13. Mai 2020 - 4 AZR 173/19 - Rn. 16; 16. Oktober 2019 - 4 AZR 284/18 - Rn. 17; 28. Februar 2018 - 4 AZR 816/16 - aaO; 6. Dezember 1989 - 4 AZR 457/89).*

Dem Arbeitsvorgang hinzuzurechnen sind dabei auch Zusammenhangstätigkeiten. Das sind solche, die aufgrund ihres engen Zusammenhangs mit bestimmten Aufgaben eines Beschäftigten bei der tariflichen Bewertung zwecks Vermeidung tarifwidriger „Atomisierung" der Arbeitseinheiten nicht abgetrennt werden dürfen, sondern diesen zuzurechnen sind *(BAG 28. Februar 2018 - 4 AZR 816/16 - aaO; 10. Dezember 2014 - 4 AZR 773/12 - Rn. 19; 6. Dezember 1989 - 4 AZR 457/89).*

Die tarifliche Wertigkeit der verschiedenen Einzeltätigkeiten oder Arbeitsschritte bleibt dabei zunächst außer Betracht. Erst nachdem die Bestimmung des Arbeitsvorgangs erfolgt ist, ist dieser anhand des in Anspruch genommenen Tätigkeitsmerkmals zu bewerten *(BAG 13. Mai 2020 - 4 AZR 173/19 - Rn. 16; 28. Februar 2018 - 4 AZR 816/16 - Rn. 25, aaO; 18. März 2015 - 4 AZR 59/13 - Rn. 17, BAGE 151, 150; 21. August 2013 - 4 AZR 933/11 - Rn. 19, aaO; 6. Juli 2011 - 4 AZR 568/09).*

Der Begriff des „Arbeitsvorgangs“ ist ein feststehender, abstrakter, von den Tarif(...)parteien vorgegebener Rechtsbegriff. Seine Anwendung durch die Tatsachengerichte ist revisionsgerichtlich in vollem Umfang nachprüfbar *(ständige Rechtsprechung, vgl. zuletzt BAG, 16.10.2019 - 4 AZR 284/18).“*

54 Das bedeutet, diese Festlegung unterliegt nicht dem Ermessen des Arbeitgebers, sondern folgt aus der Betrachtung und Abgrenzung des / der Arbeitsergebnisse(s). So kann es sein, dass manche Tätigkeiten zu einem großen Arbeitsvorgang zu 100 Prozent der Gesamtarbeitszeit führen und andere Aufgaben mehrere kleine Arbeitsvorgänge umfassen. Tendenziell ist erkennbar, dass sich Arbeitsbereiche, die der Verwaltung zuzuordnen sind, eher aus mehreren einzelnen Arbeitsvorgängen zusammensetzen.

55 **Beispiel**

Bei der Arbeit In der Personalabteilung können mehrere Themen nebeneinander eigenständige und abgrenzbare Zielstellungen beinhalten, wie etwa die Bearbeitung der vertraglichen Angelegenheiten, die Vorbereitung und Durchführung der MAV-Beteiligung etc.

56 Bei anderen Themenbereichen fällt es hingegen schwer, **abgrenzbare Arbeitsergebnisse** auszumachen. So ist das Handeln einer beratenden Sozialpädagogin eher in einem einzigen großen Arbeitsvorgang zusammenzufassen, da alle Einzelschritte der Tätigkeit auf ein einziges Ziel gerichtet sind, nämlich die umfassende Beratung des Klienten.

57 Auch **in der Pflege** ist festzustellen, dass die Tätigkeiten alle auf das Patientenwohl gerichtet sind. Diese werden daher zu einem großen Arbeitsvorgang zusammengefasst. Denn es kann nicht unterschieden werden in das Herrichten der Medikamente und der Pflegehandlung am Patienten, sondern es muss auf das übergeordnete Ziel, die Pflege, geschaut werden. Ähnlich verhält es sich mit Tätigkeiten in den Bereichen Küche, Hauswirtschaft etc.

4.2 Leitungsaufgaben und Zusammenhangstätigkeiten

So sind auch Tätigkeiten, die Leitungsaufgaben zum Inhalt haben, nur in einen großen Arbeitsvorgang zu fassen.[1] Eine Splittung in die Aufgaben, die mitarbeiterbezogen anfallen und die aufgrund eigener (Sach-)Bearbeitung von Themen anfallen, ist eher unwahrscheinlich, stellt die Rechtsprechung immer wieder fest.[2] Denn Leitung ist „wie eine Jacke", die der Mitarbeiter oder die Mitarbeiterin anzieht und im Tagesverlauf nicht einfach wieder ausziehen kann. Bei leitenden Tätigkeiten ist das **gesamte Handeln und Tun** auf die ordnungsgemäße Erfüllung der (Leitungs-)Aufgabe abgestellt. 58

Das Bundesarbeitsgericht hat von jeher festgelegt, dass **Leitungstätigkeiten** mit der Koordination der zu leistenden Tätigkeiten einhergehen.[3] Dazu gehören auch die Organisation und Strukturierung des (Sach-)Gebiets, dessen Vertretung nach innen und außen, die Mitarbeit in entsprechenden Gremien sowie die Ausübung der Personal- und Fachverantwortung. Die einzelnen Tätigkeiten sind dabei insgesamt darauf gerichtet, die zu bewältigen Aufgaben durch den Einsatz der personellen und finanziellen Ressourcen bestmöglich zu organisieren und zu erledigen. Die Gesamtverantwortung für das Sachgebiet obliegt der Leitung[4]: 59

„Wenn der Leiter einer Organisationseinheit selbst Aufgaben wahrnimmt, die innerhalb des von ihm betreuten Bereichs anfallen, gehören diese Tätigkeiten als Zusammenhangsarbeiten zu seiner Leitungstätigkeit."

Letztlich dienen alle Tätigkeiten dem Arbeitsergebnis der Leitung und der ordnungsgemäßen Erfüllung der dort zu erledigenden Aufgaben. Diese Leitungsaufgabe übt man ununterbrochen während der gesamten Arbeitszeit und selbst dann aus, wenn man sich gerade **mit anderen als originären Führungstätigkeiten** beschäftigt. Die Leitungskraft muss auch dann jederzeit und sofort in der Lage sein, aktiv durch Erteilung der erforderlichen fachlichen Anordnungen und / oder organisatorischen Vorgaben Leitungsaufgaben 60

[1] BAG, 12.12.2012 – 4 AZR 199/11.

[2] BAG, 12.12.2012 – 4 AZR 199/11; BAG, 16.5.2012 – 4 AZR 300/10; BAG, 15.12.2010 – 4 AZR 170/09.

[3] BAG, 29.4.1992 – 4 AZR 458/91.

[4] BAG, 29.4.1992 – 4 AZR 458/91.

wahrzunehmen. Soweit man selbst Sacharbeiten erledigt, die innerhalb des betreuten Bereichs anfallen, gehören diese Tätigkeiten als **Zusammenhangsarbeiten** zu ihrer Leitungstätigkeit.

61 **!** Die Definition des Begriffs Arbeitsvorgang führt aus, dass den Tätigkeiten, die zu einem abgrenzbaren Arbeitsergebnis führen, auch die Zusammenhangstätigkeiten hinzuzufügen sind.

62 Unter **Zusammenhangstätigkeiten** sind Tätigkeiten wie „Overhead-Aufgaben" oder Regieaufgaben oder allgemeine ergänzende Tätigkeiten zu verstehen. Konkret finden sich hier Gremienarbeit, allgemeine Verwaltungsaufgaben (Dokumentation in der Pflege) und Beratungsarbeit. Hierunter sind also Tätigkeiten zu verstehen, die kein eigenständiges abgrenzbares Ergebnis erzielen, sondern **der Hauptaufgabe zuzurechnen** sind. Aus dem Umstand, dass sich hieraus kein eigenständiges abgrenzbares Arbeitsergebnis herleiten lässt, sind diese Tätigkeiten (auch zeitlich) dem eigentlichen Hauptzweck zuzuordnen.

63 Grafisch kann dies als „Arbeitspaket" dargestellt werden. In dieses Arbeitspaket fallen sowohl die Haupt- als auch die Nebenaufgaben.

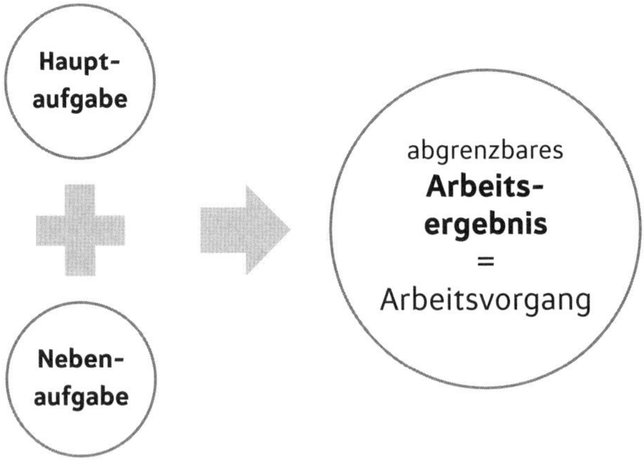

Die Bildung von Arbeitsvorgängen hilft, die Tätigkeit zu sortieren und nach Arbeitsschwerpunkten / Arbeitsergebnissen aufzuteilen. Dabei ist der Arbeitsvorgang innerhalb eines solchen nicht mehr nach einzelnen „Tortenstücken" aufzugliedern und weiter aufzuspalten. Alle Tätigkeiten, die Eingang in den Arbeitsvorgang gefunden haben, werden dort als **eine Einheit** betrachtet. 64

Sofern ein Anteil innerhalb des Arbeitsvorgangs ein rechtserhebliches Ausmaß annimmt, ist er auf den gesamten Arbeitsvorgang auszudehnen. Dies führt grundsätzlich zu einem **positiven Effekt in der Bewertung** dieses Arbeitsvorgangs. Eine Stelle kann somit aus mehreren Arbeitsvorgängen bestehen. Zur Findung eines Gesamtergebnisses müssen zunächst die einzelnen Arbeitsvorgänge bewertet und dann die Ergebnisse zu einem **Gesamtergebnis** zusammengefügt werden. Beim „handwerklichen" Bewertungsvorgang, also dem Umsetzen des vorgenannten theoretischen Ansatzes in das praktische Tun, werden dann die Anforderungen eines jeden einzelnen Arbeitsvorgangs betrachtet, die für die zu erfüllende Aufgabe anzuwendenden Fachkenntnisse berücksichtigt sowie die übertragenen Befugnisse mit den jeweiligen Anforderungen der Vergütungsgruppe / Entgeltgruppe abgeglichen. 65

4.3 Gesamtbetrachtung

Beim Finden des Gesamtergebnisses kann sich herausstellen, dass einzelne Arbeitsvorgänge für sich genommen jeweils nicht die Anforderungen eines höheren Tätigkeitsmerkmals bzw. einer höheren Vergütungsgruppe / Entgeltgruppe erfüllen. Die AVR führen für solche Fälle aus[1]: 66

„Kann die Erfüllung einer Anforderung in der Regel erst bei der Betrachtung mehrerer Arbeitsvorgänge festgestellt werden (z. B. vielseitige Fachkenntnisse), sind diese Arbeitsvorgänge für die Feststellung, ob diese Anforderung erfüllt ist, insoweit zusammen zu beurteilen."

---

1 Vgl. Anlage 1 Abschnitt I Abs. (b) Satz 3.

67 Hinter diesem Vorgehen verbirgt sich die sogenannte **Gesamtbetrachtung.** Das bedeutet, dass unter Umständen erst die Betrachtung der vollständigen auszuübenden Tätigkeit zur Anerkennung eines höher bewerteten Merkmals führt. So kann es sein, dass eine Stelle aus mehreren Arbeitsvorgängen besteht. Jeder einzelne Arbeitsvorgang erfüllt für sich genommen noch nicht eine hochwertigere / höhere Anforderung. Betrachtet man die Stelle aber insgesamt, so kann festgestellt werden, dass die einzelnen Arbeitsvorgänge in ihrer Zielrichtung und in dem dafür notwendigen Wissen und Können unterschiedlich sind und daher die Gesamtbetrachtung (= die gesamte Stelle wird angeschaut) angewendet werden muss. Durch die Unterschiedlichkeit der einzelnen kleineren Einheit (Arbeitsvorgang) wird die große Einheit (gesamte Stelle) komplizierter und damit hochwertiger.

68 ! Damit erfolgt eine Anerkennung der Verschiedenartigkeit des anzuwendenden Wissens und Könnens.

69 Tendenziell ist dies ein Umstand, der häufig in kleine(re)n Caritas-Einrichtungen zum Tragen kommt. Dort gibt es oft die Situation, dass für einzelne Themen keine „Spezialisten" vorgehalten werden können. Weniger Spezialisten führen aber dazu, dass die vorhandenen Mitarbeitenden alle Themen abdecken müssen.

70 **Beispiel**

Große Einrichtungsstrukturen haben „Spezialisten" für Öffentlichkeitsarbeit, Personalentwicklung, Marketing etc. In kleinen Caritas-Einrichtungen werden deren Aufgaben häufig „nebenbei" von Mitarbeitenden mit übernommen.

71 Inhaltlich und für die Bewertung einer Stelle kann es aber durchaus einen Unterschied machen, ob ein „Spezialist" für ein Thema beschäftigt wird. Dieser ist meist dafür ausgebildet und beschäftigt sich intensiv mit allen damit

zusammenhängenden Fragestellungen. Anders muss ein „Generalist“ sich in mehreren Themen, dafür häufig nicht so tief, auskennen und diese noch miterledigen. Einerseits steht hier das Fachwissen und Können bzgl. eines Spezialthemas der Vielschichtigkeit mehrerer Themen gegenüber. Wenn also in der Betrachtung der gesamten Stelle zu erkennen ist, dass die vorzuhaltenden und anzuwendenden Kenntnisse vielschichtig und unterschiedlich sind, dann spricht einiges für die Anwendung der Gesamtbetrachtung.

IV. Vergütungsgruppen / Entgeltgruppen

Die Anlage 2 ist ebenso wie die Anlagen 30 bis 33 nach dem gleichen Prinzip 72
aufgebaut. Es finden sich dort entweder Vergütungsgruppen (Anlage 2) oder Entgeltgruppen (Anlagen 30 – 33). Dabei verweist der Name „Vergütungsgruppe“ auf die Anforderungen innerhalb der Anlage 2 (darin enthalten ist noch das „alte“ BAT-System), während der Begriff „Entgeltgruppe“ auf die Anlagen 30 ff. hinweist und damit den Wechsel hin zum „neuen“ System des TVöD / TV-L markiert.

1. Fallziffern / Fallgruppen

Die Vergütungsgruppen / Entgeltgruppen sind unterteilt in Fallziffern (Anlage 73
2) bzw. Fallgruppen (Anlagen 31 bis 33). Die Fallziffern / Fallgruppen stellen verschiedene **Alternativen innerhalb der Vergütungsgruppen / Entgeltgruppen** dar. Allerdings ist der Begriff „Alternative“ hier nicht so zu verstehen, dass freie Auswahlmöglichkeiten bestehen. Vielmehr ist damit gemeint, dass verschiedene Fallgestaltungen für unterschiedliche Anwendungsbereiche nebeneinander in der gleichen Wertungsebene abgebildet werden.

74 **Beispiele**

In Anlage 2 enthalten einzelne Vergütungsgruppen bis zu 72 unterschiedliche Zuordnungsoptionen (vgl. VG 7, Anlage 2). Darunter findet man „A" wie Apothekenhelferin (Fallziffer 2) über „G" wie Gärtnermeister mit kleinem Aufgabenbereich (Fallziffer 16), „H" wie Hauswirtschafter/-innen mit abgeschlossener Fachausbildung in besonders verantwortlicher und selbständiger Tätigkeit (Fallziffer 20b), „M" wie Mitarbeiter mit gründlichen Fachkenntnissen im Bibliotheksdienst (Fallziffer 52) bis hin zu „W" wie Wäschereileiter/-innen in Einrichtungen mit mehr als 200 Betten (Fallziffer 66).

75 **Anlage 30** enthält außer den vier Entgeltgruppen keine weiteren Untergliederungen in Fallgruppen. Dies ist dem Umstand geschuldet, dass in § 12 Anlage 30 den verschiedenen Entgeltgruppen bereits klare ärztliche **Funktionszuordnungen** (Arzt, Facharzt, Oberarzt und leitender Oberarzt) vorausgehen.

76 Lediglich Stufenaufteilung und Stufendauer sind bei den ärztlichen Tatbeständen **abweichend zu den Anlagen 31 bis 33** geregelt. Während Entgeltgruppe I (ärztliche Tätigkeit) ähnlich wie Anlage 31/32 auch insgesamt 6 Stufen, verteilt auf 15 Jahre, enthält, verteilen sich bei Entgeltgruppe II **(fachärztliche Tätigkeit)** die Stufen zwar auch auf 6 unterschiedliche Steigerungsformen, jedoch eine unterschiedliche Anzahl von Jahren:

- Stufe 2 nach dreijähriger fachärztlicher Tätigkeit
- Stufe 3 nach sechsjähriger fachärztlicher Tätigkeit
- Stufe 4 nach achtjähriger fachärztlicher Tätigkeit
- Stufe 5 nach zehnjähriger fachärztlicher Tätigkeit
- Stufe 6 nach zwölfjähriger fachärztlicher Tätigkeit

77 Die **oberärztliche Tätigkeit** in Entgeltgruppe III verteilt sich nur noch auf drei Stufen:

- Stufe 2 nach dreijähriger oberärztlicher Tätigkeit
- Stufe 3 nach sechsjähriger oberärztlicher Tätigkeit

Die Tätigkeit mit **leitenden** oberärztlichen Anteilen nach Entgeltgruppe IV hat dann nur noch insgesamt zwei Stufen: 78

- Stufe 2 nach dreijähriger Tätigkeit als leitende Oberärztin / leitender Oberarzt

! Die tariflichen Anpassungen und Aktualisierungen werden maßgeblich von der Gewerkschaft für ärztliche Belange, dem Marburger Bund, bestimmt. Kirchlichen Dienstgebern bleibt vielfach gar nichts anderes übrig, als die jeweiligen Forderungen zu übernehmen. 79

Die **Anlagen 31 und 32** erfassen das Thema Pflege in unterschiedlichen Kontexten (stationär Krankenhaus, stationär Altenhilfe, teilstationär, ambulant, Leitungstätigkeit etc.). Innerhalb der einzelnen Entgeltgruppen erfolgt die Steigerung streng nach der Pflegequalifikation einerseits und der übertragenen Tätigkeit andererseits. Ebenfalls finden sich auch Leitungstätigkeiten in der Pflege wie Gruppen- oder Teamleitung, Pflegedienstleitung etc. sowie weitere Tätigkeiten in den Pflege-Anlagen (31 und 32). 80

Auch die **Anlage 33** beinhaltet in den einzelnen Entgeltgruppen unterschiedliche Berufsfelder und damit verschiedenartige Anforderungsalternativen. Abgebildet werden verschiedene Berufsfelder der sozialen und pädagogischen Arbeit (Lehr- und Studienberufe, handwerklicher Erziehungsdienst, Leitungstätigkeit etc.). 81

Beispiel 82

Entgeltgruppe 8a nach Anhang B der Anlage 33 enthält neben den Erziehern, den Heilerziehungspflegern, Heilerziehern in Fallgruppe 1 auch Mitarbeitende als Gruppenleiter in einer Werkstatt für behinderte Menschen sowie Arbeitserzieher oder Mitarbeitende mit Meisterprüfung etc. in anderen Fallgruppen.

83 Jeweils erfasst eine Entgeltgruppe konkrete Anforderungen, die geprüft werden müssen. Sind alle enthaltenen Anforderungen erfüllt, kann eine Zuordnung zu dieser Entgeltgruppe stattfinden.

84 **!** Die Grundsystematik der Tabellen ist in allen Anlagen ähnlich aufgebaut. Es gibt eine senkrechte y-Achse, auf der die Vergütungs-/Entgeltgruppen zu finden sind, auf der waagrechten x-Achse sind die einzelnen Stufen hinterlegt.

2. Baukastenprinzip

85 Die einzelnen Vergütungsgruppen / Entgeltgruppen bauen jeweils aufeinander auf. Das heißt, eine **höhere** Vergütungsgruppe / Entgeltgruppe kann nur angenommen werden, wenn die **niedrigere** erfüllt ist. Teilweise wird dies sprachlich auch besonders eingeleitet oder hervorgehoben.

86 So heißt es beispielsweise in Vergütungsgruppe 4b Fallziffer 33 der Anlage 2:

„Mitarbeiter/-innen in der Verwaltung und Buchhaltung, deren Tätigkeit sich aus der Vergütungsgruppe 5b Ziffer 56 dadurch heraushebt, dass sie besonders verantwortungsvoll ist"

87 Hier wird von „Heraushebung aus" gesprochen und damit sprachlich deutlich gemacht, dass zunächst die Anforderungen der niedrigeren Vergütungsgruppe erfüllt sein müssen. Erst dann kann sich eine Tätigkeit aus dieser „herausheben". Hierfür gibt es in der Entgeltstruktur noch zahlreiche weitere Beispiele, etwa in **Anlage 31** Anhang D Abschnitt I a) Entgeltgruppe P 8 in Fallgruppe 1:

„Mitarbeiter der Entgeltgruppe P 7 Fallgruppe 1, deren Tätigkeit sich aufgrund besonderer Schwierigkeit erheblich aus der Entgeltgruppe P 7 Fallgruppe 1 heraushebt"

oder in **Anlage 32** Anhang D Abschnitt II a) Entgeltgruppe 15:

„Mitarbeiter als Pflegedienstleitung, deren Tätigkeit sich durch den Umfang und die Bedeutung ihres Aufgabengebietes sowie durch große Selbständigkeit erheblich aus der Entgeltgruppe P 14 Fallgruppe 1 heraushebt“

Auch in **Anlage 33** sind diese sprachlichen Hinweise zu erkennen, beispielsweise in Anhang B Entgeltgruppe S 15 Fallgruppe 7: 88

„Sozialarbeiter und Sozialpädagogen mit staatlicher Anerkennung und entsprechender Tätigkeit sowie Heilpädagogen mit abgeschlossener Hochschulbildung und – soweit nach dem jeweiligen Landesrecht vorgesehen – mit staatlicher Anerkennung mit jeweils entsprechender Tätigkeit, sowie sonstige Mitarbeiter, die aufgrund gleichwertiger Fähigkeiten und ihrer Erfahrungen entsprechende Tätigkeiten ausüben, deren Tätigkeit sich mindestens zu einem Drittel durch besondere Schwierigkeit und Bedeutung aus der Entgeltgruppe S 12 heraushebt“

Aus dieser Formulierung ist gut erkennbar, dass zunächst die **niedrigeren Anforderungen erfüllt** sein müssen, bevor die neuen Anforderungen ebenfalls geprüft und als vorliegend angesehen werden können. Dieses Prinzip wird in der Eingruppierungssprache auch als „Baukastenprinzip“ bezeichnet. Die jeweiligen Vergütungsgruppen / Entgeltgruppen bilden dabei einzelne Bausteine, die aufeinandergestapelt werden müssen. Die Reihenfolge, in der dieses „Aufstapeln“ stattfindet, wird durch die konkreten Anforderungen vorgegeben. Dabei müssen alle Merkmale einer Vergütungsgruppe / Entgeltgruppe erfüllt sein, bevor die nächste Heraushebungs- oder Qualifizierungsgruppe geprüft werden kann. 89

Zusammenfassend kann festgehalten werden: 90

Anders als in der privaten Wirtschaft stellen die AVR bei der Eingruppierung nicht auf die Leistung des / der Mitarbeitenden ab, also die Frage, wie gut oder wie viel dieser / diese leistet. Entscheidend sind vielmehr die Wertigkeit der übertragenen und zu erledigenden Aufgaben und die sich aus der jeweiligen Eingruppierungssystematik ergebenden Anforderungen.

! Das Eingruppierungsprinzip der AVR folgt dem Prinzip der Wertigkeit der Aufgabe und nicht der Leistung des / der Mitarbeitenden. 91

V. Stufenzuordnung

92 Der Dienstgeber muss nach der Zuordnung der Vergütungsgruppe / Entgeltgruppe die jeweilige (Erfahrungs-)Stufe festsetzen. Erst dann ist aus der jeweiligen Anlage abzulesen, welche Summe für diese Tätigkeit auf der Basis der individuellen Erfahrung des / der Mitarbeitenden zu zahlen ist. Allein aus der Vergütungsgruppe / Entgeltgruppe ist dies noch nicht erkennbar.

93 Zwischen der Anlage 2 und den Anlagen 30 bis 33 existieren **elementare Unterschiede,** so dass die jeweilige Stufenzuordnung im Folgenden getrennt voneinander zu betrachten ist.

1. Stufenzuordnung für Anlage 2

94 Die Stufenzuordnung für die Anlage 2 findet sich in Anlage 1 Abschnitt III A § 1 (Anfangsregelvergütung). Dort ist festgesetzt, dass jede / jeder neu eingestellte Mitarbeitende zunächst die **Vergütung nach Stufe 1** erhält.

95 Abweichend hiervon wird der / die Mitarbeitende **im Anschluss an ein Dienstverhältnis bei demselben Dienstgeber** (sogenannte horizontale Wiedereinstellung) derjenigen Stufe zugeordnet, die bereits erworben war. Ebenfalls wird ausgeführt, dass die erreichte Stufenlaufzeit weiter fortgeführt wird, sofern die **Unterbrechung nicht länger als sechs Monate** angedauert hat. Sodann wird der / die Mitarbeitende alle zwei Jahre, gerechnet ab dem Einstellungszeitpunkt, in die jeweilige nächsthöhere Stufe zugeordnet. Hierzu ergänzend wird in Abschnitt Ia der Anlage 1 in mehreren Abstufungen[1] dargelegt, wie die Stufenzuordnung unter Anrechnung von weiteren Berufserfahrungen bzw. im Umgang mit Unterbrechungstatbeständen zu betrachten ist.

---

1 Vgl. Absätze (e) bis (h).

Zuerst muss klargestellt werden, dass die Vergütungsgruppen in Anlage 2 über **bis zu grundsätzlich 12 Stufen** verfügen. 96

! Als Ausnahme gelten die Stufen 10 bis 12, diese sind nicht in allen Vergütungsgruppen belegt. 97

In den Absätzen a) und b) des Abschnitts Ia wird weiter klargestellt, dass es keinen Unterschied macht, ob die Tätigkeit in **Voll- oder Teilzeit** abgeleistet wird und die Tätigkeit bislang ohne oder mit Unterbrechung stattgefunden hat. Damit wird weitestgehend dem Diskriminierungsschutz[1] Rechnung getragen. 98

Ebenfalls wird in Absatz c) klargestellt, dass **Zeiten einer Unterbrechung** wie Urlaub nach §§ 3 und 4 Anlage 14 und Urlaub für Menschen mit Behinderung nach dem SGB IX[2], Zeiten einer Dienstbefreiung nach § 10 Abs. 2 und 3 AVR Allgemeiner Teil (AT), Zeiten einer Freistellung zur Fort- und Weiterbildung nach § 10a AVR AT, Zeiten einer Dienstunfähigkeit nach Abschnitt XII Absatz a) Anlage 1 bis zu 26 Wochen, in den Fällen des Abschnitts XII Abs. d Unterabsatz 3 Anlage 1 bis zu 28 Wochen, und Zeiten eines Beschäftigungsverbots nach dem Mutterschutzgesetz (MuSchG) keine negativen Auswirkungen auf die Stufenberechnung haben. 99

In **Absatz e)** wird ausgeführt, dass auf die im Tätigkeitsmerkmal geforderten Zeiten der (...) Berufstätigkeit oder Berufsausübung alle im Geltungsbereich der AVR verbrachten Zeiten in dem für das Aufrücken jeweils maßgebenden Tätigkeitsmerkmal zusammenzurechnen sind. Danach werden zunächst „brutto-Zeiten" und „netto-Zeiten" betrachtet, also geprüft, wie viele Jahre Berufserfahrung eine Person in den bisherigen Arbeitsverhältnissen gesammelt hat, ggf. werden dabei Unterbrechungen herausgerechnet. 100

Absatz f) stellt dann ergänzend fest, dass Zeiten, die bei vergleichbarer Tätigkeit und entsprechender Eingruppierung in einem den AVR vergleichbaren 101

---

1 Vgl. § 4 Teilzeit- und Befristungsgesetz (TzBfG).

2 Vgl. § 205 Sozialgesetzbuch (SGB) IX.

Vergütungssystem im sonstigen Tätigkeitsbereich der katholischen Kirche, der evangelischen Kirche, in einem Diakonischen Werk oder in einer Einrichtung, die dem Diakonischen Werk angeschlossen ist, verbracht worden sind, ebenfalls hinzuzurechnen sind.

102 **!** Demnach werden nicht nur Tätigkeiten innerhalb der AVR betrachtet, sondern auch Arbeitsverhältnisse, die außerhalb der AVR, aber bei einem christlichen Träger erbracht worden sind. Allerdings wird darauf abgestellt, dass das vorherrschende Vergütungssystem mit dem der AVR vergleichbar ist.

103 Weiter können nach **Absatz g)** auch außerhalb der genannten Bereiche verbrachte Berufsjahre bei vergleichbarer Tätigkeit und entsprechender Eingruppierung auf die vorgenannten Zeiten entsprechend ihrer Benennung angerechnet werden. Das bedeutet, dass auch die in einem anderen Kontext als bei einem christlichen / kirchlichen Arbeitgeber erworbene Berufserfahrung anrechenbar ist. Dabei ist wesentlich auf das dem Dienstgeber obliegende Ermessen hinzuweisen. Die AVR sprechen von „können“ und nicht etwa von „müssen“ oder „sollen“ angerechnet werden.

104 **Daraus ergibt sich die folgende klare Rangfolge bei Prüfung der Berufserfahrung:**

- Zunächst sind nach den Absätzen e) und f) die verpflichtenden beruflichen Zeiten zu berechnen und für die Stufenfestsetzung anzuerkennen.
- Danach folgt nach Absatz g) eine Ermessensentscheidung.

105 Eine weitere Ermessensentscheidung beinhaltet auch Absatz h), wonach eine anderweitige berufliche Tätigkeit ganz oder teilweise angerechnet werden kann, wenn diese Tätigkeit **Voraussetzung für die Einstellung** war und dies im Dienstvertrag vereinbart wird.

106 Eine **Ermessensentscheidung,** die der Dienstgeber treffen kann, stellt keine willkürliche Entscheidungsfreiheit dar. Dies heißt aber auch nicht automatisch,

dass der Dienstgeber nach sogenanntem „billigem Ermessen"[1] entscheiden muss. Das Bundesarbeitsgericht hat bislang immer offengelassen, ob auf der Rechtsfolgenseite dem Arbeitgeber ein billiges Ermessen nach § 315 BGB eröffnet ist oder ob dieser bei Vorliegen der Tatbestandsvoraussetzungen der Norm in der Entscheidung frei ist.[2]

! Jedenfalls können und sollten Dienstgeber die aktuelle Arbeitsmarkt- 107
lage in den Blick nehmen und eine daran orientierte Anerkennung von Berufserfahrung vornehmen.

2. Stufenzuordnung für die Anlagen 31 – 33

! Für die Anlagen 31 bis 33 erfolgt die Stufenzuordnung anders als in 108
Anlage 1.

Die Anlagen 31, 32 und 33 basieren allesamt auf derselben Grundtabelle, die 109
auf der Entgelt-Achse in 15 Entgeltgruppen unterteilt ist und auf der Stufen-Achse mit in der Regel sechs Stufen ausgestattet ist. Dabei ist jede der einzelnen Entgeltstufen in **Grundstufen und Entwicklungsstufen** unterteilt. Die Anzahl unterscheidet sich in den einzelnen Entgelt- und Berufsgruppen. In der Regel finden sich zwei Grundstufen bzw. Einstiegsstufen und vier Entwicklungsstufen.

Die Stufenzuordnung geschieht anhand der zu Beginn des Beschäftigungs- 110
verhältnisses zu prüfenden **Berufserfahrung.** Die Abstände zwischen den einzelnen Stufen sind dabei nicht gleichmäßig, sondern steigern sich von Stufe 1 nach Stufe 6 stetig.

---

[1] Vgl. § 315 Abs. 1 BGB: Soll die Leistung durch einen der Vertragschließenden bestimmt werden, so ist im Zweifel anzunehmen, dass die Bestimmung nach billigem Ermessen zu treffen ist.

[2] BAG, 13.7.2022 – 5 AZR 412/21.

111 Die Einzelheiten zu den Stufenlaufzeiten und Abweichungen von der Regel finden sich für den Bereich der Pflege in § 13 Abs. 3 Anlagen 31/32 und für den Bereich des Sozial- und Erziehungsdienstes in § 11 Abs. 3 Anlage 33. Der Pflegebereich umfasst bei den Stufenlaufzeiten, unabhängig von Anlage 31 oder 32, insgesamt 15 Jahre. Der Sozial- und Erziehungsdienst in Anlage 33 umfasst **seit 1. Oktober 2024** ebenfalls insgesamt 15 Jahre.[1]

112 **!** Dabei ist besonders die Anmerkung Nr. 2 zu § 11 Abs. 3 Anlage 33 zu beachten. Sie kann Übergangs- und Überleitungsregelungen für eine eventuelle Stufenneufestsetzung durch die Anpassung zum 1. Oktober 2024 enthalten.

113 Zwischen den Stufenaufstiegen sind die Abstände jeweils aufsteigend gestaffelt, die Verweildauer ist jeder einzelnen Stufe spezifisch zugeordnet. Einzelheiten dazu finden sich im Detail in den jeweiligen angegebenen Regelungen.

114 Grundsätzlich beträgt die **Verweildauer**

- von Stufe 1 nach Stufe 2 ein Jahr,
- von Stufe 2 nach Stufe 3 zwei Jahre,
- von Stufe 3 nach Stufe 4 drei Jahre,
- von Stufe 4 nach Stufe 5 vier Jahre und
- von Stufe 5 nach Stufe 6 fünf Jahre.

115 **Stufe 6 bildet dabei die Endstufe.** Aus der Endstufe gibt es ohne Veränderung der Tätigkeit kein automatisches Aufsteigen in die nächsthöhere Entgeltgruppe. Das bedeutet, dass die Mitarbeiterin oder der Mitarbeiter nach Ablauf der gesamten Steigerungsphasen in dieser Stufe 6 verbleibt. Will sie / er sich weiterentwickeln, so geht dies nur, wenn sich auch die jeweilige Tätigkeit mit verändert. Die Zeiträume zwischen den Stufenaufstiegen können je nach Leistung verkürzt oder auch verlängert werden.[2]

1 Beschluss der Bundeskommission der AK (BK 4/2022) vom 8.12.2022.

2 Vgl. § 14 Anlagen 31 und 32, § 13 Anlage 33.

Die **erstmalige Zuordnung** zu Beginn des Beschäftigungsverhältnisses erfolgt wie bei der Anlage 2 über das Feststellen der bisherigen Berufserfahrung. Entsprechend der Regelung in § 13 Abs. 2 für den Pflegebereich in den Anlagen 31/32 und in § 11 Abs. 2 für den Sozial- und Erziehungsdienst in Anlage 33 erfolgt zunächst eine **Zuordnung nach Stufe 1,** sofern keine einschlägige Berufserfahrung vorliegt. Kann der / die Bewerbende einschlägige Berufserfahrung von mindestens einem Jahr vorweisen, so erfolgt die Zuordnung in Stufe 2 etc. 116

! Besonders zu beachten ist dabei die Forderung der **Einschlägigkeit** der beruflichen Erfahrung. Diese Begrifflichkeit knüpft an die bisherige berufliche Tätigkeit und die daraus resultierende Erfahrung an. 117

Der **Kirchliche Arbeitsgerichtshof (KAGH)** in Bonn als höchste Instanz in der kirchlichen Arbeitsgerichtsbarkeit führt dazu in einer Entscheidung[1] aus: 118

„Die Vorbeschäftigung muss gleichartig, aber nicht exakt gleich gewesen sein."

Dabei bezieht sich diese Entscheidung des KAGH auf eine **Vorentscheidung des Bundesarbeitsgerichts** aus demselben Jahr. Das BAG formuliert darin zu der Frage der einschlägigen Berufserfahrung wie folgt[2]: 119

„Die Beurteilung, ob einschlägige Berufserfahrung vorliegt, bezieht sich stets auf die in Aussicht genommene Tätigkeit beim neuen Arbeitgeber. Bei dieser Prüfung ist ein tätigkeitsbezogener Vergleich zwischen den in der Vergangenheit erlangten Kenntnissen und Fähigkeiten mit den nach der Einstellung künftig zu bewältigenden Aufgaben erforderlich. Diese eigenständige Prüfung weist nur bezüglich der Wertigkeit der zu vergleichenden Tätigkeiten einen Bezug zum Eingruppierungsrecht auf. Im Übrigen ist Beurteilungsmaßstab allein der Vergleich der fachlichen Anforderungen der bisherigen und der nunmehr auszuübenden Tätigkeit."

1 KAGH, 9.12.2022 – M 04/2022.

2 BAG, 29.6.2022 – 6 AZR 475/21, Rn. 22; BAG, 18.2.2021 – 6 AZR 205/20, Rn. 32.

120 Es kommt dabei nicht darauf an, **wo** diese Erfahrung erworben wurde. Ein Beschäftigungsverhältnis bei kirchlichen, katholischen oder caritativen Einrichtungen ist dabei nicht notwendig. Einzig entscheidend ist die Überschneidung der jeweiligen Tätigkeiten samt Verantwortlichkeiten, Anforderungen und Kompetenzen.

121 Neben der Einschlägigkeit an sich erkennen die AVR die Zeiten innerhalb eines **Berufspraktikums** bzw. die Zeiten einer **berufspraktischen Ausbildung / berufspraktischer Teil** in § 11 Abs. 2 Anlage 33 bzw. § 13 Abs. 2 Anlagen 31/32 als einschlägige Berufserfahrung an. Dies ergibt sich aus der Anmerkung, die in der AVR jeweils unter der Regelung abgebildet ist.

122 **In dem auf die grundsätzlichen Regelungen[1] folgenden nächsten Absatz heißt es:**

„Wird der Mitarbeiter in unmittelbarem Anschluss an ein Dienstverhältnis im Geltungsbereich der AVR oder im sonstigen Tätigkeitsbereich der katholischen Kirche eingestellt, so erhält er

a) wenn sein bisheriges Entgelt nach dieser Anlage [Anlagen 31 – 33] oder einer entsprechenden Regelung bemessen war, das Entgelt der Stufe, das er beim Fortbestehen des Dienstverhältnisses am Einstellungstag vom bisherigen Dienstgeber erhalten hätte,

b) wenn sein bisheriges Entgelt in Abweichung von den Vorschriften dieser Anlage oder einer entsprechenden Reglung bemessen war, das Entgelt der Stufe, das er am Einstellungstag von seinem bisherigen Dienstgeber erhalten würde, wenn sein Entgelt ab dem Zeitpunkt, seitdem er ununterbrochen im Geltungsbereich der AVR oder im sonstigen Tätigkeitsbereich der katholischen Kirche tätig ist, nach dieser Anlage oder einer entsprechenden Regelung bemessen worden wäre."

Die Anmerkung zu Absatz 2a lautet:

„1. Der Tätigkeit im Bereich der katholischen Kirche steht gleich eine Tätigkeit in der evangelischen Kirche, in einem Diakonischen Werk oder in einer Einrichtung, die dem Diakonischen Werk angeschlossen ist.

[1] § 11 Anlage 33, § 13 Anlagen 31/32.

2. Ein unmittelbarer Anschluss liegt nicht vor, wenn zwischen den Dienstverhältnissen ein oder mehrere Werktage – mit Ausnahme allgemein arbeitsfreier Werktage – liegen, in denen das Dienstverhältnis nicht bestand. Es ist jedoch unschädlich, wenn der Mitarbeiter in dem gesamten zwischen den Dienstverhältnissen liegenden Zeitraum dienstunfähig erkrankt war oder die Zeit zur Ausführung eines Umzuges an einen anderen Ort benötigt hat. Von der Voraussetzung des unmittelbaren Anschlusses kann abgewichen werden, wenn der Zeitraum zwischen dem Ende des bisherigen Dienstverhältnisses und dem Beginn des neuen Dienstverhältnisses ein Jahr nicht übersteigt."

Damit wird klargestellt, dass Stufen beim Wechsel von einem Dienstgeber zum 123
nächsten Dienstgeber **mitgenommen** werden können.

! Durch die Beschlüsse der Bundeskommission der AK vom Oktober 124
2023[1] wurde der AVR-Text jeweils an diesen Stellen geändert und eingeführt, dass die erreichte Stufenlaufzeit im Anschluss-Dienstverhältnis fortgeführt wird.

Waren Mitarbeitende in ihrem bisherigen Arbeitsverhältnis nach anderen Re- 125
gelungen eingruppiert, wird fiktiv die Stufenlaufzeit so fortgeführt, als ob diese ab dem Zeitpunkt, seitdem sie ununterbrochen im Geltungsbereich der AVR oder in einem sonstigen Tätigkeitsbereich tätig waren, nach dieser Anlage ohne eine entsprechende Regelung eingruppiert gewesen wären.[2] Damit sind sowohl der **stufengleiche Wechsel von einem Dienstgeber zu einem anderen Dienstgeber** möglich wie auch die stufengleiche Fortführung der Tätigkeit, auch wenn diese nicht im AVR-Bereich bzw. in der katholischen Kirche stattgefunden hat. Desgleichen wird die Berufserfahrung, sofern es sich um eine „einschlägige" Berufserfahrung handelt, in gleichem Maße anerkannt und fortgeführt.

---

1 Beschluss der Bundeskommission der AK (BK 3/2023) vom 19.10.2023.

2 Beschluss der Bundeskommission der AK (BK 3/2023) vom 19.10.2023.

126 Kommt es zur **Wiedereinstellung,** so wird auf die Stufenlaufzeit die bereits verbrachte Zeit in der jeweiligen Stufe ebenfalls angerechnet. Es heißt dazu in den AVR[1]:

„Bei Einstellung im Anschluss an ein Dienstverhältnis bei demselben Dienstgeber werden die Mitarbeiter mit einschlägiger Berufserfahrung (horizontale Wiedereinstellung) der im vorhergehenden Dienstverhältnis erworbenen Stufe zugeordnet und die im vorhergehenden Dienstverhältnis erreichte Stufenlaufzeit wird fortgeführt, soweit es zwischen den Dienstverhältnissen zu keiner längeren als einer sechsmonatigen rechtlichen Unterbrechung gekommen ist."

127 Diesen Prüfungsmaßstab haben zunächst alle Dienstgeber zu beachten und anzuwenden. Es handelt sich dabei um sogenannte „Muss-Vorgaben", die zu erfüllen sind. Darüber hinaus existiert in den Anlagen 31 bis 33 eine Möglichkeit, weitere Berufserfahrung anzuerkennen („Kann-Regelung"). Dort heißt es[2]:

„Unabhängig davon kann der Dienstgeber bei Neueinstellungen zur Deckung des Personalbedarfs Zeiten einer vorherigen beruflichen Tätigkeit ganz oder teilweise für die Stufenzuordnung berücksichtigen, wenn diese Tätigkeit für die vorgesehene Tätigkeit förderlich ist."

128 **Folgende Prüfungsschritte sind darin enthalten:**

- Schritt 1: Neueinstellung
- Schritt 2: Deckung des Personalbedarfs, d. h. kein anderer Bewerbender steht zur Verfügung
- Schritt 3: Förderliche Zeiten aus einer vorherigen beruflichen Tätigkeit
- Schritt 4: Anerkennung in Teilen oder in Gänze

129 Die gesamte Betrachtung basiert auf einem auszuübenden Ermessen seitens des Dienstgebers, denn der Dienstgeber „kann" diese Zeiten anerkennen. Im **öffentlichen Dienst** wird hier sehr genau an dieser Prüfungsreihenfolge festgehalten, damit dies nicht überproportional angewendet wird.

[1] Vgl. § 13 Abs. 2 Satz 4 Anlagen 31, 32 und § 11 Abs. 2 Satz 5 Anlage 33.

[2] Vgl. § 13 Abs. 2 Satz 3 Anlagen 31, 32 und § 11 Abs. 2 Satz 4 Anlage 33.

Neben verständlicher Freude über die Möglichkeit der etwas flexibleren Handhabung bezüglich der Stufenlaufzeit sollten Dienstgeber sich aber stets eines Umstands bewusst sein: Wird eine Mitarbeiterin oder ein Mitarbeiter bereits in einer höheren Stufe eingestellt, umso eher ist sie oder er **am Ende der persönlichen Entwicklung** angekommen. Ohne Veränderung der Tätigkeit ist ein weiterer Aufstieg dann nicht mehr möglich. Insgesamt ist daher mit der großzügigen Anerkennung von Berufserfahrung sparsam umzugehen. Dies gebieten nicht zuletzt auch Gründe der Fairness gegenüber der Stammbelegschaft in der Einrichtung. 130

Kapitel 2: Eingruppierung für den allgemeinen Dienst (Anlage 2)

Die Anlage 2 ist ein „Urgestein" der AVR, da sie die Welt der Tarifbewertung vor der Einführung des TVöD abbildet. Schon immer orientieren sich die AVR an den kommunalen Tarifvorschriften zur Feststellung von Aufgaben-Schwierigkeiten. Dieses System der kommunalen Tarifbewertung wurde in den Jahren 2005/2006 aber grundlegend erneuert und verändert. Daraus folgend gab es in 2011/2012 eine AVR-interne Überarbeitung mit der Neueinführung der Anlagen 30 bis 33. Dies war als ein erster Schritt der Modernisierung der AVR angenommen worden, da die Arbeitsrechtliche Kommission des Deutschen Caritasverbandes gleichzeitig in Aussicht gestellt hatte, auch die Anlage 2 kurzfristig zu erneuern. Im Jahr 2024 und somit 13 Jahre später ist leider festzustellen, dass eine Reform der Anlage 2 zwar dringend notwendig und unabdingbar erscheint, bislang aber immer noch die „alte" Tarifwelt existiert. Dies gilt zumindest für Aufgabenstellungen, die nicht den spezifischen Pflege-Anlagen 31 und 32 oder der Anlage 33 (Sozial- und Erziehungsdienst) zuzuordnen sind.

I. Die Grundsystematik der Anlage 2

Die Vergütungsmerkmale und Tatbestände der Anlage 2 bilden noch das „alte" 131
kommunale Tarifrecht nach dem Bundes-Angestelltentarifvertrag (BAT) ab. Anlage 2 enthält das **Vergütungsgruppenverzeichnis,** also die reinen Anforderungsmerkmale der Vergütungsgruppen 12 bis 1. Die dazugehörige **Vergütungstabelle,** also die monetäre Umsetzung der einzelnen Vergütungsgruppen in bestimmte Geldbeträge findet sich nicht in Anlage 2, sondern in **Anlage 3.**

132 **!** Die Grundsätze der Eingruppierung, die bereits in Kapitel 1 (siehe dort ► Rn. 23 ff.) ausführlich beschrieben worden sind, gelten auch im Rahmen der Anlage 2.

133 Die ursprüngliche Aufteilung in den AVR war so angelegt worden, dass alle Tatbestände rund um das Gehalt und die Eingruppierung **in Anlage 1 definiert** waren. Hierunter fielen insbesondere die Grundlagen der Eingruppierung und die Regelung zu den Stufen sowie den sonstigen Vergütungsbestandteilen etc. Infolge der Neuerungen in den Jahren 2011/2012 sind die Grundlagen der Eingruppierung zwar in Anlage 1 verblieben. Die konkreten Eingruppierungstatbestände sind aber in die spezifischen Anlagen ausgelagert worden.

1. Spezialität und Auffangfunktion

134 Anlage 2 erfasst alle Tätigkeiten, die keinem der **spezielleren** Eingruppierungsmerkmale zugeordnet werden können. Das heißt konkret: Alle Tätigkeiten, die der Pflege, dem Sozial- und Erziehungsdienst, dem ärztlichen Dienst, den Lehrtätigkeiten etc. unterfallen, gehören auch in diese jeweils spezielleren Anlagen. Die Anlage 2 nimmt insoweit eine **Auffangfunktion** wahr und erfasst eine Vielzahl von unterschiedlichen Tätigkeiten.

135 **Beispiele**

Darunter finden sich Pförtner, Boten, Küchenmitarbeitende und Mitarbeitende in der Verwaltung, therapeutische Arbeits- und Handlungsfelder (u. a. Ergo- und Krankentherapeuten), Leitungstätigkeiten (u. a. Leitungen von Altenhilfeeinrichtungen, Geschäftsführung eines Caritasverbandes) oder technische Arbeitsfelder und viele weitere Tätigkeiten.

Um einen Geldbetrag (in Euro) und damit ein Gehalt („Vergütung") für eine Tätigkeit nach Anlage 2 zu erkennen, bedarf es des Blicks in die Anlage 3. Dort findet sich die dem Vergütungsgruppenverzeichnis zugehörige **Vergütungstabelle.** Die Vergütungstabelle hat eine (waagrechte) x-Achse und eine (senkrechte) y-Achse. 136

Grundsätzlich unterscheidet sich die Anlage 2 wesentlich von den Eingruppierungstatbeständen in anderen AVR-Anlagen. So findet sich in dieser Anlage eine Reihe von **Besonderheiten für die Eingruppierung,** die nur noch in der Anlage 2 zu finden sind. Diese werden deshalb im Folgenden ausführlich dargestellt. 137

1.1 Vergütungsgruppen

Auf der y-Achse der Vergütungstabelle befinden sich insgesamt **17 unterschiedliche Vergütungsgruppen,** verteilt zwischen den Vergütungsgruppen VG 12 bis VG 1. Diese Vergütungsgruppen sind nicht chronologisch von VG 1 an aufsteigend aufgelistet, sondern sie werden rückwärts betrachtet. Es herrscht also eine **absteigende Zählweise** vor: Umso kleiner die Zahl ist, umso höher sind die Anforderungen und dementsprechend das Gehalt. Hinzu kommt, dass die einzelnen Vergütungsgruppen teilweise auch mit Buchstaben versehen sind. So existieren die Vergütungsgruppen VG 9a, VG 6b, VG 5c, VG 5b, VG 4b, VG 4a, VG 1b und VG 1a. 138

Die **Verteilung der Buchstaben** auf die Vergütungsgruppen folgt keiner besonderen Logik. Es steht zu vermuten, dass ursprünglich die Vergütungstabelle zehn bis zwölf Vergütungsgruppen enthielt und man im Laufe der Anwendung im Nachhinein festgestellt hat, dass hier und da eine weitere Untergliederung und Abgrenzung notwendig wurden. So sind nachträglich einzelne Vergütungsgruppen weiter unterteilt, also durch Buchstabenzuordnung „vermehrt" worden. Auch der Umstand, dass die Vergütungsgruppe 6 keine VG 6a enthält, sondern nur eine VG 6b existiert, ist dem Umstand geschuldet, dass nachträglich Anpassungen an der Vergütungsstruktur vorgenommen worden sind und eine VG 6a nicht mehr notwendig war. Diese Anpassungen reichen jedoch weit in die Vergangenheit zurück und müssen AVR-Anwender in der Praxis heute nicht weiter beschäftigen. 139

1.2 (Erfahrungs-)Stufen

140 Auf der x-Achse der Vergütungstabelle befinden sich bis zu **zwölf** unterschiedliche (Erfahrungs-)Stufen. Die unteren Vergütungsgruppen (VG 12 bis VG 9a) kennen nur neun Stufen. Die Vergütungsgruppen 7 bis 4a enthalten zehn Stufen, ab Vergütungsgruppe 3 bis 1b und ebenso für Vergütungsgruppe 8 existieren elf Stufen. Für die Vergütungsgruppen 1a und 1 sind zwölf Stufen vorhanden. Zu den Einzelheiten der Stufenzuordnung für Anlage 2 wird auf die Ausführungen in ► Rn. 94 ff. verwiesen.

1.3 Fallziffern

141 Innerhalb der Anlage 2 existiert keine weitere Untergliederung in Berufsgruppen bzw. Arbeitsfelder, sondern nacheinander werden alle möglichen Anforderungstatbestände innerhalb der einzelnen Vergütungsgruppen aufgelistet.

142 Gleichwohl sind die Vergütungsgruppen inhaltlich geordnet und jeweils einzeln nummeriert. Die Untergliederungen heißen Fallziffern (FZ). Sie sind vielfältig vorhanden. Manche Vergütungsgruppen, insbesondere die niedrigeren Vergütungsgruppen, enthalten eine große Menge von unterschiedlichen Fallziffern, diese reichen **an die 70** heran (vgl. VG 6b, VG 7). Jede dieser Fallziffern enthält eigene Anforderungen.

143 **Beispiele**

VG 7 FZ 47:
„Mitarbeiter in der Verwaltung und Buchhaltung, deren Tätigkeit gründliche und vielseitige Fachkenntnisse erfordert"

VG 7 FZ 66:
„Wäschereileiter in Einrichtungen mit mehr als 200 Betten"

VG 9 FZ 1:
„Beiköche in selbstständiger Tätigkeit"

Bei manchen Fallziffern ist in Klammern zu lesen: „weggefallen". Dies deutet darauf hin, dass die dortigen Anforderungen entweder in einer anderen Vergütungsgruppe, einer anderen Anlage oder in einem anderen Tatbestand aufgegangen bzw. nicht mehr notwendig sind. So hat die Arbeitsrechtliche Kommission[1] jüngst in VG 3 FZ 19a u. a. den **Psychagogen** herausgenommen, da dieser bereits seit den Jahren 2011/2012 in EG S 17 FG 6 Anhang B der Anlage 33 zu finden ist. 144

Die einzelnen Fallziffern sind innerhalb der Vergütungsgruppe **alphabetisch aufgelistet.** Die Benennung beginnt bei „A" (wie „Arzthelfer") und läuft dann alphabetisch weiter. Diese Auflistung von A bis Z ist jedoch nicht stringent umgesetzt und eingehalten. Hin und wieder finden sich auch in den letzten Fallziffern der Vergütungsgruppen Tatbestände mit einem Anfangsbuchstaben, der weiter vorne hätte zugeordnet werden müssen. 145

Beispiele 146

Dies ist festzustellen in VG 10 FZ 18 und FZ 19: Dort werden am Ende „**B**"etreuungskräfte benannt. VG 5c FZ 57 und FZ 57a enthalten die „**H**"auswirtschaftlichen Betriebsleiter.

Diese Beispiele zeigen auf, dass eine intensive Prüfung aller Fallziffern der jeweiligen Vergütungsgruppe stets anzuraten ist! 147

Die Erklärung für diese Durchbrechung der alphabetischen Darstellung ist ebenfalls in einer nachträglichen Anpassung und Ergänzung der Auflistungen zu finden. Da es kaum möglich ist, bestehende Strukturen zu verändern, wurden behelfsmäßig entweder durch Buchstabenergänzungen weitere Einfügungen vorgenommen (aus VG 5 wurden VG 5, VG 5a, VG 5b und VG 5c) oder die Ergänzungen wurden an das Ende der Listung gestellt. 148

1 Beschluss der Bundeskommission der AK (BK 2/2024) vom 20.6.2024 mit Wirkung zum 1.7.2024.

149 Ebenso wird die alphabetische Auflistung durchbrochen bzw. sehr strapaziert für den **Buchstaben „M".** Zunächst werden dort Berufsfelder wie Masseure, medizinisch-technische Assistenten etc. aufgelistet, sodann folgt eine Vielzahl von Benennungen mit dem einleitenden Wort „Mitarbeiter". Das bedeutet, dass dieser Buchstabe „M" durchaus vielfältig gefüllt/genutzt wird. Er sollte in jedem Fall sehr sorgfältig und aufmerksam durchgeprüft werden. Unter „M" finden sich auch die Anforderungsmerkmale für den **Verwaltungsbereich** (dazu nachfolgend ► Rn. 202 ff.) mit den einleitenden Worten: „Mitarbeiter in Verwaltung und Buchhaltung..." (vgl. VG 7 FZ 47, VG 6b FZ 57, VG 5c FZ 49 etc.).

1.4 Auffang-Fallziffern

150 Am Ende jeder Vergütungsgruppe findet sich jeweils eine eigene Fallziffer mit der folgenden Formulierung:

„Mitarbeiter, deren Aufgabenbereich und Verantwortung mit den Tätigkeitsmerkmalen dieser Vergütungsgruppe vergleichbar sind"

151 Einerseits sind die Anforderungsmerkmale innerhalb der Vergütungsgruppen sehr abstrakt und damit zeitlos formuliert. Andererseits wird mit dieser Auffang-Fallziffer klargestellt, dass nicht alle sich jemals bildenden Varianten erfasst bzw. vorausgedacht werden können/konnten. Über diese Auffang-Fallziffern sollen daher Möglichkeiten der Zuordnung für Aufgaben und Tätigkeiten geschaffen werden, die **keine der anderen Fallziffern zuzuordnen** sind. Ein Eingruppierungssystem erfasst zwar zum Zeitpunkt der Erstellung alle denkbaren und möglichen Optionen. Gleichwohl kann nicht ausgeschlossen werden, dass weitere Tätigkeiten entstehen und diese dann ebenfalls nach Anlage 2 zugeordnet werden müssen.

152 **!** Dienstgeber sollten Auffang-Fallziffern nur in seltenen Ausnahmen nutzen und sind stets gut beraten, diesen nur wenige Tätigkeiten zuzuordnen.

Aus dieser jeweils letzten (Auffang-)Fallziffer ergibt sich **keine Aufstiegsmöglichkeit** mittels eines Bewährungsaufstiegs mit der Folge, dass die Zuordnung zu diesem Tatbestand für den betroffenen Mitarbeiter oder die betroffene Mitarbeiterin gegenüber anderen Mitarbeitenden eine Schlechterstellung zur Folge hätte. Daher sollte die Zuordnung gut überlegt und begründbar sein. 153

1.5 Bewährungsaufstiege

Mit einem Bewährungsaufstieg ist das Aufsteigen in die nächsthöhere Vergütungsgruppe nach einem bestimmten zeitlichen Ablauf verbunden. 154

! Das Phänomen der Bewährungsaufstiege existiert nur noch in der Anlage 2. 155

Hintergrund und ursprünglicher Gedanke dafür war, eine Belohnung für Berufserfahrung in der übertragenen Aufgabe und der damit einhergehenden **routinierten Erledigung** der anstehenden Aufgaben zu schaffen. Die Anzahl der Jahre ist für die einzelnen Bewährungsaufstiege nicht gleichmäßig verteilt, sondern wird für die höheren Vergütungsgruppen deutlich größer. 156

Ob ein Bewährungsaufstieg besteht und wie lange die dafür erforderliche Zeit des Ausübens der Tätigkeit andauern muss, das ergibt sich aus der **jeweils höheren** Vergütungsgruppe. Die Prüfung, ob es einen Bewährungsaufstieg gibt, beginnt zunächst in der Ausgangs-Vergütungsgruppe und zwar in der originären Zuordnung. Dieser Wortlaut in der Ausgangs-Vergütungsgruppe muss sich identisch in der nächsthöheren Vergütungsgruppe wiederfinden und dort um eine Angabe zum zeitlichen Ablauf ergänzt sein. 157

158 **Beispiele**

Prüfung Bewährungsaufstieg von VG 6b nach VG 5c:

Aus der übertragenen und auszuübenden Tätigkeit nach VG 6b FZ 57:
„Mitarbeiter in der Verwaltung und Buchhaltung, deren Tätigkeit gründliche und vielseitige Fachkenntnisse und mindestens zu einem Viertel selbständige Leistungen erfordert"
muss der Blick in die nächsthöhere Zuordnung in VG 5c FZ 48c gehen.
Dort ist zu lesen:
„Mitarbeiter in der Verwaltung und Buchhaltung, deren Tätigkeit gründliche und vielseitige Fachkenntnisse und mindestens zu einem Viertel selbständige Leistungen erfordert, nach vierjähriger Bewährung in Vergütungsgruppe 6b Ziffer 57"

Prüfung Bewährungsaufstieg von VG 4a nach VG 3:

Von VG 4a FZ 25:
„Mitarbeiter in der Verwaltung und Buchhaltung, deren Tätigkeit sich aus Vergütungsgruppe 4b Ziffer 33 durch besondere Schwierigkeit und Bedeutung heraushebt"
ist nach VG 3 FZ 12 ein Aufstieg vorgesehen, denn es heißt dort:
„Mitarbeiter in der Verwaltung und Buchhaltung, deren Tätigkeit sich aus Vergütungsgruppe 4b Ziffer 33 durch besondere Schwierigkeit und Bedeutung heraushebt, nach sechsjähriger Bewährung in Vergütungsgruppe 4a Ziffer 25"

159 Leider existiert in der Anlage 2 keine Übersicht, aus welcher Vergütungsgruppe in welche Vergütungsgruppe ein Bewährungsaufstieg möglich ist bzw. wie viele Jahre dieser jeweils dauert. **Personalstellen** sind deshalb gut beraten, sich hier selbst eine entsprechende Tabelle anzulegen. Neue Software-Programme sollten jedoch einen entsprechenden Hinweis auf einen möglichen Bewährungsaufstieg bereits digital abbilden können.

! Der Bewährungsaufstieg findet sich **nicht** unter der jeweils gleichen Fallziffer innerhalb der höheren Vergütungsgruppe. 160

AVR-Anwendende müssen die korrekte Ziffer mit dem Bewährungsaufstieg jeweils extra heraussuchen. Gegen die gleiche Ziffer spricht bereits die unterschiedliche Anzahl der Fallziffern innerhalb der einzelnen Vergütungsgruppen. Die Anzahl der Fallziffern nimmt mit der Hochwertigkeit der Vergütungsgruppen stetig ab. 161

Der Vollzug des Bewährungsaufstiegs ist mit einer **Höhergruppierung** gleichzusetzen. Das heißt, der Mitarbeiter oder die Mitarbeiterin steigt nach den Regeln der Höhergruppierung in die höhere Vergütungsgruppe auf. Der Begriff „Bewährungsaufstieg" ist aus zwei Wörtern zusammengesetzt, nämlich „Bewährung" und „Aufstieg". Darin steckt einerseits das Bewähren und andererseits die sich daraus ergebende Folge des Aufsteigens. 162

In den AVR ist in Anlage 1 Abschnitt Ia Absatz d zu lesen: 163

„Ist in einem Tätigkeitsmerkmal die Eingruppierung von der Erfüllung einer Bewährungszeit abhängig, so ist das Erfordernis der Bewährung erfüllt, wenn sich der Mitarbeiter während der vorgeschriebenen Bewährungszeit den in der ihm übertragenen Tätigkeit auftretenden Anforderungen gewachsen gezeigt hat. Die Anforderungen ergeben sich aus dem Tätigkeitsmerkmal, dessen Voraussetzungen die dem Mitarbeiter übertragene Tätigkeit erfüllt und die der Vergütungsgruppe entspricht, in die der Mitarbeiter eingruppiert ist."

Für eine erfolgreiche Bewährungszeit wird also grundsätzlich darauf abgestellt, dass man sich „den Anforderungen gewachsen gezeigt hat". In der Vergangenheit wurde die Frage mehrfach strittig erörtert und von den Gerichten zur Klärung angenommen, wann dieser Umstand vorliegt bzw. wann er versagt werden kann. **In der Rechtsprechung**[1] wird dazu die folgende Ansicht vertreten: 164

[1] Vgl. zuletzt LAG München, 5.4.2001 – 4 Sa 951/99.

„Der Angestellte genügt seiner Darlegungslast im allgemeinen damit, daß er vorträgt, er habe seine Tätigkeit unbeanstandet ausgeübt.

Vom Arbeitgeber muß nämlich auf Grund seiner Fürsorgepflicht verlangt werden, daß er während des Laufs der Bewährungsfrist ein Versagen des Angestellten, welches er ihm gegebenenfalls später entgegenhalten will, festhält und dem Angestellten eröffnet. Ist dies während einer [...] Bewährungszeit nicht geschehen und beruft sich der Arbeitgeber erstmals zwei Wochen vor Ablauf der Bewährungsfrist auf ein Versagen des Arbeitnehmers, so muß er sich den Einwand des Handelns wider Treu und Glauben (§ 242 BGB) entgegenhalten lassen mit der Folge, daß die Bewährung als erfolgt anzusehen ist."

165 Dieser Auslegungsgrundsatz folgt ebenso den **zu Abmahnung und Kündigung entwickelten Grundsätzen** des Umgangs mit einem Mitarbeiter / einer Mitarbeiterin. Ein Vertragsverhältnis kann nur gekündigt werden, wenn eine der beiden Vertragsparteien der anderen Vertragspartei die Möglichkeit gibt, unter Anzeige auf ein Fehlverhalten dieses Fehlverhalten abzustellen bzw. an die Vorgaben / Erwartungen der anderen Vertragspartei anzupassen. Dasselbe muss auch im Zusammenhang mit dem Bewährungsaufstieg gelten. Will der Dienstgeber den Bewährungsaufstieg einschränken bzw. versagen, so muss er dies frühzeitig kundtun, damit die betroffene Mitarbeiterin oder der betroffene Mitarbeiter die Möglichkeit hat, ihr bzw. sein Leistungsvermögen an die Erwartungshaltung des Dienstgebers anzupassen.

166 Mitarbeitende tragen zwar die **Beweislast** für die Erfüllung der Bewährungsanforderungen. Dies dürfte jedoch im Allgemeinen unproblematisch sein, da der Dienstgeber schwerwiegendes Versagen und schwerwiegende Fehler dagegen anführen müsste.[1]

167 Das Vorgenannte führt zu einem Vollzug des Bewährungsaufstiegs in nahezu 100 Prozent aller Fälle. Dienstgeber **müssen** den Bewährungsaufstieg gewähren, es sei denn, sie verfügen über eine regelhafte Mitarbeiterbeurteilung. Nur diese könnte dazu beitragen, dass (schwerwiegende) Verfehlungen erkannt werden und so gegen das positive Umsetzen des Bewährungsaufstiegs Einwendungen erhoben werden.

[1] Vgl. BAG seit 4.11.1969, AP Nr. 7 zu § 23a BAT; BAG, 17.2.1993 – 4 AZR 196/92, AP Nr. 2 zu § 23 MTA.

! Aus ihren langjährigen Erfahrungen in der Praxis ist der Autorin ein solches Bewertungssystem gänzlich unbekannt. Vielmehr ergibt sich aus dem Bewährungsaufstieg häufig ein Instrument der Personalentwicklung und Personalgewinnung, da die Anlage 2 in AVR-Einrichtungen ohnehin als veraltet und überarbeitungsreif wahrgenommen wird. 168

Im Rahmen der **Neugestaltung der Anlage 2** ist zu erwarten, dass die Bewährungsaufstiege abgeschafft werden und dieses Instrument dann nicht mehr besteht, so wie dies bereits jetzt für die „neuen" Anlagen 30 bis 33 der Fall ist. Diese Annahme wird auch durch die Aktualisierung der Anlage 2e (Rettungsdienst) gestützt. Hier wurden im Rahmen der Überarbeitung zwar das alte System der Zählweise und Vergütungsgruppen beibehalten, aber die Bewährungsaufstiege gestrichen.[1] Zu den Bewährungsaufstiegen in den unteren Vergütungsgruppen siehe nachfolgend ► Rn. 185 ff. 169

1.6 Funktionsmerkmale

Die Vergütungsgruppen in der Anlage 2 enthalten neben tätigkeitsbezogenen Anforderungen auch sogenannte Funktionsmerkmale. Damit werden einzelnen Aufgaben klare und konkrete Funktionen zugeordnet. 170

Beispiele 171

Küchenleitung, Wäschereileitung, Hauswirtschaftsleitung, Leiter von Einrichtungen der stationären Altenhilfe, Verwaltungsleiter, Geschäftsführer von Regional-, Kreis- und Orts-Caritasverbänden

Alle mit der Funktion verbundenen und dazu gehörigen Tätigkeiten werden somit **pauschal bewertet.** Es ist also weder notwendig, den zeitlichen Anteil einzelner Tätigkeiten zu ermitteln noch müssen Fertigkeiten einzelner 172

1 Vgl. dazu Anmerkung Nr. 1 Anlage 2e.

Aufgabenbereiche bestimmt werden. Bei der Bewertung eines Funktionsmerkmals kommt es ausschließlich auf **die Art und den Charakter** der auszuübenden (übertragenen) Funktion an. Die konkret mit dieser Funktion verbundenen Aufgaben und Inhaltlichen Anforderungen bestimmt und konkretisiert der Dienstgeber im Rahmen seines **Direktionsrechts.** Die Bewertung wird demnach über die betreffende Funktion und weniger über die einzelnen auszuübenden Tätigkeiten vorgenommen.

173 Häufig sind einzelne Funktionsmerkmale um weitere Tatbestände bzw. Anforderungen ergänzt.

174 **Beispiele**

VG 9 FZ 30: *„Pförtner in Einrichtungen mit mehr als 200 Betten"*

VG 6b FZ 3: *„Küchenleiter von Küchen, in denen durchschnittlich täglich mehr als 60 Vollportionen hergestellt werden"*

VG 4b FZ 12: *„Leitende Physiotherapeuten / Krankengymnasten, denen mindestens 16 Physiotherapeuten / Krankengymnasten oder Mitarbeiter in der Tätigkeit von Physiotherapeuten / Krankengymnasten durch ausdrückliche Anordnung ständig unterstellt sind"*

VG 4a FZ 8a: *„Leiter von Einrichtungen der stationären Altenhilfe mit mindestens 80 Plätzen, denen wesentliche Funktionen der Betriebs- und Wirtschaftsführung übertragen sind"*

175 Anhand dieser konkreten Beispiele wird erkennbar, dass innerhalb der AVR vielfach Größen, Mengen und sonstige Volumina als Abgrenzung und Steigerungskriterien genutzt werden.

176 **!** Insbesondere für Leitungsfunktionen dient die Anzahl der unterstellten Mitarbeitenden bzw. der zu verantwortenden Plätze oder eine andere Größenangabe als Steigerungskriterium.

1.7 Anmerkungen

Beim Betrachten der Vergütungsgruppen fällt auf, dass am Ende der einzelnen Fallziffern häufig Hinweise auf kleine **hochgestellte Zahlen** zu entdecken sind. Dabei handelt es sich um sogenannte Anmerkungen. Die Anmerkungen enthalten Hinweise, Erklärungen, Erläuterungen sowie Beispiele zu den Anforderungen. 177

! Die Anmerkungen sind nach Vergütungsgruppe 12 abgebildet unter der Überschrift „Anmerkungen zu den Tätigkeitsmerkmalen der Vergütungsgruppen 1 bis 12". Zu Beginn finden sich allgemeine Hinweise (I bis VII), danach starten die Anmerkungen mit Nr. 1 und reichen chronologisch bis Nr. 151. 178

Direkt zu **Beginn der Anmerkungen** steht ein wesentlicher und elementarer Satz, der da lautet: 179

„Die nachstehenden Anmerkungen sind bei der Einstufung der Mitarbeiter in das Vergütungsgruppenverzeichnis zu beachten."

Daraus ergibt sich eindeutig, dass die Anmerkungen sowie deren Inhalte nicht unter dem Anwendungsermessen des Dienstgebers stehen. Die Anwendung der Anmerkungen und der darin enthaltenen Anforderungen, Vorgaben bzw. Hinweise ist **verbindlich vorgegeben** und bei der Zuordnung und Bewertung der auszuübenden Tätigkeiten verpflichtend zu beachten. Dies ergibt sich schon aus der Formulierung „sind zu beachten". 180

Zunächst beginnen die Anmerkungen mit einer Auflistung und Erläuterung von u. a. **wissenschaftlicher Hochschulbildung und Hochschulbildung** (Allgemeine Hinweise I) und den dafür erforderlichen Anforderungen. Ein besonderes Augenmerk sollte auf die allgemeinen Hinweise III gelegt werden, die da lauten: 181

„Mitarbeiter, die mit berufsfremden Aufgaben betraut sind, sind entsprechend der ausgeübten Tätigkeit einzustufen."

182 Dieser Hinweis bekräftigt noch einmal die Grundsätze der Eingruppierung in Anlage 1 (► Kapitel 1, siehe dort insbesondere Rn. 32 ff.) und weist deutlich darauf hin, dass nicht die erreichte Qualifizierung bzw. der Berufsabschluss für die Zuordnung entscheidend ist, sondern die **auszuübende Tätigkeit.**

183 Die in den Anmerkungen enthaltenen Hinweise und Informationen sind also **zwingend** zu beachten und dienen der Klärung von auftretenden Fragen bzw. der Definition von in den einzelnen Vergütungsgruppen formulierten Anforderungen. So werden beispielsweise die **unbestimmten Rechtsbegriffe** in den Anmerkungen definiert bzw. erklärt sowie mit Beispielen belegt. Einige Anmerkungen enthalten auch Zulagen-Tatbestände oder weitere zu erfüllende Anforderungen.

184 ! In den Anmerkungen Nr. 121 bis Nr. 127 ist ein Großteil der unbestimmten Rechtsbegriffe aus dem Verwaltungsbereich (gründliche Fachkenntnisse, vielseitige Fachkenntnisse, umfassende Fachkenntnisse, besondere Verantwortung etc.) abgebildet.

185 Mit **Anmerkung Nr. 143** wird die Bedeutung der Anmerkungen für die praktische Anwendung und den betrieblichen Ablauf in besonderer Weise deutlich. Wie bereits dargestellt (► Rn. 154 ff.), ergibt sich der jeweilige Bewährungsaufstieg aus der jeweils höheren Vergütungsgruppe. Insbesondere in den unteren Vergütungsgruppen (vor allem VG 9a) findet sich an den Fallziffern mit Bewährungsaufstieg die Hochziffer 143.

186 **Anmerkung Nr. 143 enthält folgenden Wortlaut:**

"Das Tätigkeitsmerkmal ist nur erfüllt für Mitarbeiter, die am Tag vor dem Inkrafttreten des Beschlusses der jeweiligen Regionalkommission in einem Dienstverhältnis gestanden haben, das am Tag des Inkrafttretens** des Beschlusses der jeweiligen Regionalkommission im Geltungsbereich der AVR fortbesteht, für die Dauer des ununterbrochen fortbestehenden Arbeitsverhältnisses. Ein Dienstverhältnis besteht auch ununterbrochen fort bei der Verlängerung eines befristeten Dienstvertrages sowie bei Dienstgeberwechsel*

innerhalb des Geltungsbereichs der AVR. Unterbrechungen von bis zu einem Monat sind unschädlich.

** Inkrafttreten: RK BW/NRW/Bayern gültig ab 1.1.2011, RK Mitte gültig ab 1.4.2011, RK Nord gültig ab 1.7.2011, RK Ost gültig ab 1.7.2012.*

*** Inkrafttreten: RK BW/NRW/Bayern gültig ab 1.1.2011, RK Mitte gültig ab 1.4.2011, RK Nord gültig ab 1.7.2011, RK Ost gültig ab 1.7.2012."*

Damit enthält diese Anmerkung den Hinweis, dass Bewährungsaufstiege in 187
den entsprechend markierten Vergütungsgruppen durch die Veränderungen in den Jahren 2011/2012 (für die jeweilige Regionalkommission) **ausgelaufen** sind. Aus heutiger Sicht heißt das, die in den Vergütungsgruppen zugeordneten Bewährungsaufstiege können heute nicht mehr zur Anwendung kommen. Nur die bereits zum Zeitpunkt der Veränderung beschäftigten Mitarbeitenden konnten diesen Bewährungsaufstieg noch beanspruchen.

Beispiel 188

Dies betrifft u. a. Reinigungskräfte, die in VG 11 zugeordnet sind.
Mit Blick auf VG 10 FZ 6a ist zu erkennen, dass für Reinigungskräfte (und alle weiteren Kräfte, die dort genannt sind) ein Bewährungsaufstieg nach zweijährigem Ablauf nicht mehr zu gewähren ist, da die Anmerkung Nr. 143 am Ende zu finden ist.

Dasselbe gilt für **Hausmeister,** die originär in VG 10 FZ 6 abgebildet sind und 189
einen Bewährungsaufstieg nach VG 9 FZ 8 geltend machen könnten. Denn hier findet sich ebenfalls am Ende die Hochziffer 143, womit der Bewährungsaufstieg beschränkt wurde bis zu den Jahren der Erneuerung der AVR in 2011/2012.

Insgesamt sind in vielen der unteren Vergütungsgruppen die Bewährungs- 190
aufstiege durch den Hinweis auf die Hochziffer 143 seither ausgeschlossen. Dies trifft zu auf die Bewährungsaufstiege, die in VG 9a aufgezählt sind sowie auf die höheren Vergütungsgruppen, bei denen die Hochziffer 143 zu erkennen ist.

1.8 Baukastenprinzip und Qualifikationsebenen

191 Die Struktur der AVR wird auch als Baukastenprinzip bezeichnet (dazu bereits in Kapitel 1 ► Rn. 85 ff.). Dies beinhaltet das System aufeinander aufbauender tariflicher Anforderungen innerhalb des Vergütungsgruppenverzeichnisses: Die nächsthöhere Vergütungsgruppe kann erst geprüft werden, wenn die Anforderungen der **jeweils niedrigeren** Vergütungsgruppe erfüllt sind. Dabei muss das Geforderte ein „Mehr" sein, gemessen an der niedrigeren Vergütungsgruppe.

192 Daneben beinhaltet die Anlage 2 deutliche Hinweise auf die unterschiedlichen Qualifikationsebenen. Durchbrochen werden Qualifikationsanforderungen bzw. Hinweise auf Qualifikationsanforderungen durch zu vollziehende bzw. vollzogene Bewährungsaufstiege. Bei den Betrachtungen der Qualifikationsanforderungen ist stets von **den originären Eingruppierungsvorgängen** auszugehen. Die vollzogenen bzw. ausstehenden Bewährungsaufstiege sind zunächst außen vor zu lassen.

193 Durch die sprachlichen Anforderungen in den einzelnen Vergütungsgruppen ist klar erkennbar, dass sich die **vier Grundqualifikationsebenen** wie folgt verteilen:

VG 12-8	• un-/angelernte Tätigkeiten
VG 8-5c	• Tätigkeiten auf dem Niveau einer (anerkannten) beruflichen Ausbildung
VG 5b-3	• Tätigkeiten auf dem Niveau einer Hochschulqualifikation (Bachelor)
VG 2-1	• Tätigkeiten mit notwendiger abgeschlossener wissenschaftlicher Hochschulbildung

Für die Eingruppierungsvorgänge ab Vergütungsgruppe 2 wird durchgängig gefordert, dass der Mitarbeitende eine **wissenschaftliche Hochschulbildung** oder mindestens gleichwertige Fähigkeiten vorweisen muss. 194

Zwischen den Vergütungsgruppen 5b bis 3 findet sich das (Fach-)**Hochschulniveau.** Gut erkennbar ist dies insbesondere an der Vergütungsgruppe 5b Fallziffer 58, die Mitarbeitende mit abgeschlossener Fachhochschulbildung und entsprechender Tätigkeit fordert. Lässt man den Blick oberhalb und unterhalb dieser Fallziffer 58 schweifen, so sind auch weitere Hinweise auf die Fachhochschulbildung zu erkennen, etwa in Fallziffer 11a (Diplom-Ingenieure mit Fachhochschulausbildung). Zum Begriff „Hochschulbildung" wird auf die einleitenden Hinweise zu Beginn der Anmerkungen I (wissenschaftliche Hochschulbildung, Hochschulbildung) verwiesen. 195

Die Vergütungsgruppen 5c bis 8 erfassen den Bereich einer **abgeschlossenen anerkannten beruflichen Bildung**. Dies ist insbesondere daran festzumachen, dass vielfache berufliche Einsatzfelder auf Qualifikationen und entsprechenden Tätigkeiten basieren. 196

Beispiele 197

VG 6b Fallziffer 18:
„Diätassistent mit staatlicher Anerkennung und entsprechender Tätigkeit"

VG 6b Fallziffer 63:
„Pharmazeutische-technische Assistenten mit entsprechender Tätigkeit"

VG 8 Fallziffer 8:
„Handwerker mit abgeschlossener Fachausbildung und entsprechender Tätigkeit"

Die Vergütungsgruppen 8 bis 12 beinhalten insgesamt den Bereich der **angelernten und ungelernten Tätigkeiten,** für die keine mindestens dreijährige Berufsausbildung (im Sinne des Berufsbildungsgesetzes – BBiG) notwendig erscheint. 198

199 **!** Die Vergütungsgruppe 8 nimmt eine doppelte Position ein, da hier sowohl Tätigkeiten zu finden sind, für die keine qualifizierte Berufsausbildung notwendig ist, als auch solche Tätigkeiten, die eine entsprechende Qualifizierung erfordern.

200 Zwischen den Vergütungsgruppen 12 und 3 ist jedoch **für den Verwaltungsbereich** keine besondere Vor- und Ausbildung gefordert. Zumindest lautet hier der Eingangssatz in jeder Vergütungsgruppe stets wie folgt:

„Mitarbeiter in der Verwaltung und Buchhaltung, deren Tätigkeit ... Fachkenntnisse erfordert"

201 In den steigenden Vergütungsgruppen werden die Anforderungen an die Fachkenntnisse sowie weiteren Tatbestandsmerkmale dann jeweils ergänzt (siehe dazu nachfolgende Ausführungen ab ► Rn. 239 ff.).

II. Tätigkeiten in der Verwaltung

202 An dieser Stelle wird darauf hingewiesen, dass sich dieses Buch als Leitfaden und Schritt-für-Schritt-Anleitung zur tarifgerechten Eingruppierung in der Praxis versteht. Die Inhalte können und wollen daher auch nicht eine abschließende Kommentierung der Anlage 2 bzw. jeder Vergütungsgruppe liefern. Daher werden im Folgenden ausgewählte einzelne Berufsfelder vollständig und umfassend erläutert. Insbesondere wird der für die Praxis sehr relevante **Bereich der Verwaltung,** und zwar von unten nach oben aufsteigend, dargestellt.

203 Allen nachfolgenden Ausführungen liegen mehrere Komponenten zu Grunde. Diese sind zum einen die **konkreten Anforderungsmerkmale** in den Vergütungsgruppen und die dazu gehörenden Anmerkungen mit ergänzenden und erläuternden Hinweisen. Zum anderen ist die zu den unbestimmten Rechtsbegriffen ergangene **Rechtsprechung** der kirchlichen und staatlichen Arbeitsgerichte zu beachten und im konkreten Fall anzuwenden.

1. Allgemeines

Der Verwaltungsbereich wird in allen Vergütungsgruppen immer eingeleitet mit den Worten „Mitarbeiter in der Verwaltung und Buchhaltung". Mit dieser Formulierung ist ein **Tätigkeitsumfeld** abgesteckt, in welchem die übertragene Aufgabe zu erfüllen ist und weniger die konkrete Tätigkeit an sich. Die Kombination aus „Buchhaltung und Verwaltung" ist keinesfalls so zu verstehen, dass damit nur solche Tätigkeiten erfasst sind, die in der Buchhaltung und gleichzeitig auch in der Verwaltung stattfinden, vielmehr ist diese als eine Art Aufzählung zu werten. Die Tätigkeit kann demnach in der Verwaltung oder in der Buchhaltung stattfinden. 204

Unter der **betrieblichen Verwaltung** werden die Grundfunktion(en) im betrieblichen Geschehen zusammengefasst, die nicht unmittelbar dem eigentlichen Betriebszweck dienen. Es geht dabei um den reibungslosen Betriebsablauf an sich und die sogenannten Hintergrundabläufe (Personal, Einkauf, Finanzen etc.). Die betriebliche Verwaltung gewährleistet, dass der eigentliche Betriebszweck (Pflege von Kranken, Betreuung von Kindern, Anleitung von Menschen mit Behinderung, Beratung von Hilfesuchenden etc.) und somit alle Tätigkeitsbereiche innerhalb der Einrichtung, die nicht unmittelbar zum Produktionsbereich gehören, ungestört agieren können. 205

! Innerhalb der Anlage 2 findet keine Unterscheidung in einzelne Bereiche der Verwaltung statt. Vielmehr wird über diese allgemeinen Begriffe „Verwaltung und Buchhaltung" ein sehr großer Radius gezogen. Dies lässt allerdings deren Spannweite und die Auslegung zu, dass viele Tätigkeiten, die im Umfeld der Verwaltung anfallen, auch hier zugeordnet werden können. 206

Für den Bereich der **Informationstechnologie** existieren keine eigenständigen Merkmale. Aber auch dieses Arbeitsfeld muss in der Eingruppierungsstruktur erfassbar sein. Die Aufgaben im IT-Bereich werden damit ebenfalls dem Oberbegriff „Verwaltung und Buchhaltung" zugeordnet. 207

208 Betrachtet man die Anforderungen im Verwaltungsbereich, so bestehen diese dem Grunde nach stets aus zwei „Grundzutaten“, **Wissen** und **Kompetenz:**

209 Sie lassen in (durch die Anforderungen in den einzelnen Vergütungsgruppen) unterschiedlicher Zusammensetzung eine **unterschiedliche Wertigkeit** entstehen.

210 **Das Wissen** (fachliches Know-how) wird in Form von Fachkenntnissen gesteigert. Diese sind zunächst „gründlich“, werden dann „vielseitig“ und schließlich „umfassend“ bis hin zu „besonders schwierig“.

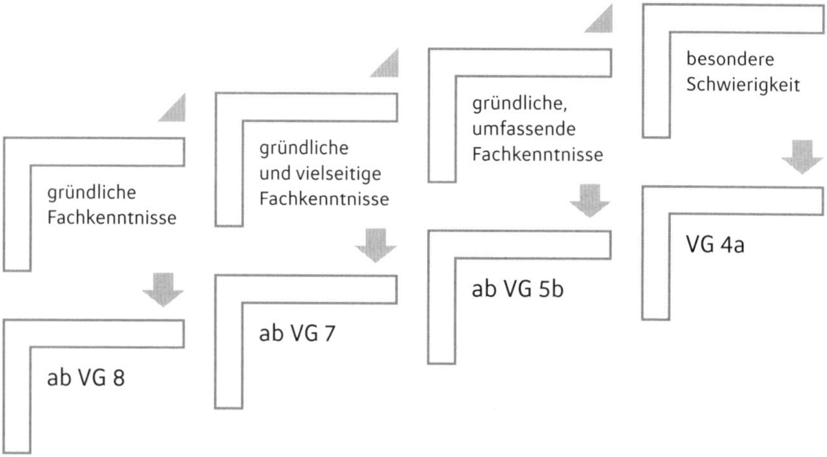

211 **Die Kompetenzen** (Befugnisse) starten zunächst mit einer „selbständigen Leistung“, steigern sich durch eine „besondere Verantwortung“, werden erweitert in der „Bedeutung“ und schließen mit einem „erheblichen Maß der Verantwortung“ ab.

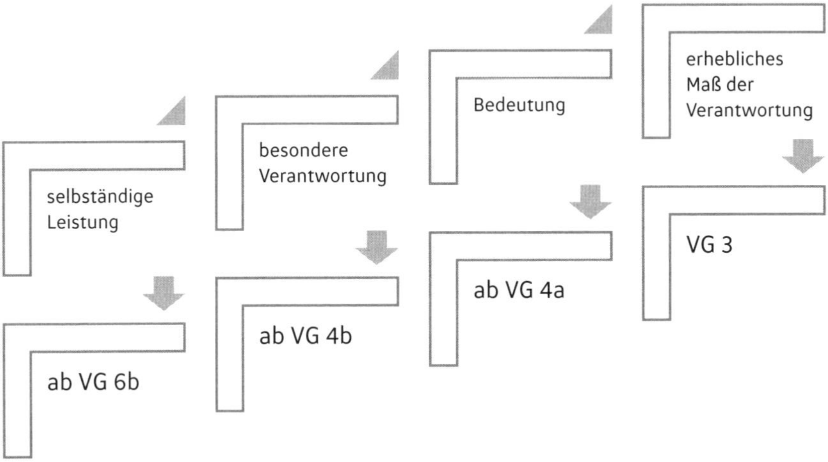

In der Eingruppierungsstruktur beginnen die Tätigkeiten im Verwaltungsbereich bei Vergütungsgruppe 10 Fallziffer 12 und steigern sich dann jeweils in die nächsthöhere Vergütungsgruppe weiter. 212

Insgesamt enthalten die einzelnen Vergütungsgruppen abstrakte Anforderungsmerkmale. Das sind sogenannte **unbestimmte Rechtsbegriffe,** die einer Auslegung bedürfen. Dabei sind die Hochziffern mit den Anmerkungen eine erste Richtschnur. Ergänzt bzw. unterstützt wird die Auslegung der Begriffe dann durch die dazu ergangene Rechtsprechung. 213

! Die Vergütungsgruppen 12 und 11 enthalten keine Verwaltungstatbestände. 214

Dabei ist sprachlich erkennbar, dass die einzelnen Vergütungsgruppen **miteinander verbunden** sind. Teilweise ergibt sich dies aus den Anmerkungen. Dort findet sich eine sprachliche Heraushebung, beispielsweise durch die Worte „mehr als“ oder ähnliche Formulierungen. 215

2. Vergütungsgruppen 10 bis 8 (Tätigkeiten überwiegend ohne Ausbildungsbezug)

216 Die Bezeichnung „überwiegend ohne Ausbildungsbezug" ergibt sich daraus, dass im Großen und Ganzen zwischen den Vergütungsgruppen 10 und 8 solche Aufgaben und Tätigkeiten zu finden sind, die **ohne eine berufliche Qualifikation** ausgeübt werden können. Häufig wird man dafür angelernt oder eingearbeitet. Vereinzelt existieren in VG 9 und VG 8 aber auch einige Tätigkeiten, die auf eine Prüfung bzw. Ausbildung abstellen.

217 **Beispiele**

VG 9 FZ 5	*Desinfektoren mit Prüfung und entsprechender Tätigkeit*
VG 9 FZ 17a	*Mitarbeiter mit Tätigkeiten in einem anerkannten Anlernberuf*
VG 8 FZ 1 / FZ 2	*Arzt-/Apothekenhelfer mit Abschlussprüfung und entsprechender Tätigkeit*
VG 8 FZ 9	*Hausmeister mit abgeschlossener handwerklicher Fachausbildung*
VG 8 FZ 18	*Medizinisch-technische Gehilfen mit staatlicher Prüfung*

218 Weit überwiegend jedoch enthalten die genannten Aufgaben in den Vergütungsgruppen 10 bis 8 solche Tätigkeiten, die keine konkrete berufliche Qualifikation erforderlich machen, sondern **durch Einarbeitung / Anlernen** übernommen werden können.

219 ! Für den Verwaltungsbereich existiert kein Erfordernis einer vorliegenden beruflichen Qualifikation.

Konkret sieht die Steigerung im Verwaltungsbereich für den ersten Baukasten der Vergütungsgruppen 10 bis 8 wie folgt aus: 220

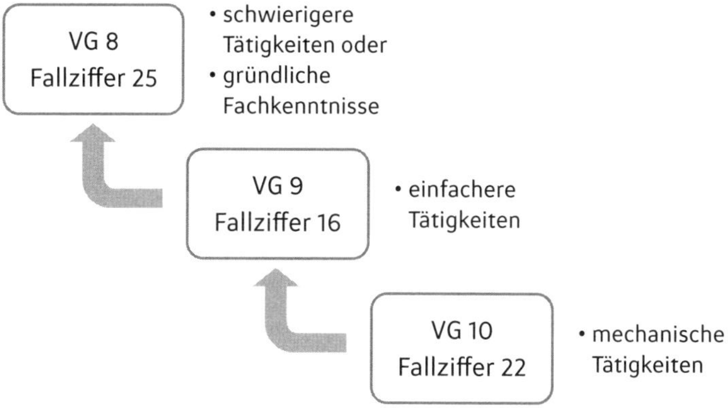

In Vergütungsgruppe 9a finden sich keine originären Zuordnungstatbestände, sondern ausschließlich Bewährungs-Fallziffern. 221

An den jeweiligen Vergütungsgruppen ist am Ende jeweils eine **Hochziffer** angebracht, die zu den einzelnen Anforderungsmerkmalen weitere Hinweise / Beispiele und Anforderungen enthält. 222

Beispiel 223

Zu **VG 10 Fallziffer 12** heißt es in Hochziffer 22:
„Mechanische Tätigkeiten sind Tätigkeiten, zu deren Erledigung nur wenig gedankliche Arbeit aufgewendet werden muss und die auf einen leicht übersehbaren, eng begrenzten Arbeitsbereich beschränkt sind (z. B. Hilfeleistung bei der Postabfertigung, in Büchereien oder Archiven; Fotokopieren; Ausschneide- und Klebearbeiten; Bereithaltung von Büromaterial)."

224 An diesem Beispiel wird die **Anforderungsvielfalt** erkennbar. Es werden rudimentäre Anforderungen verlangt. Insgesamt muss der Mitarbeiter oder die Mitarbeiterin jedoch keinerlei Vorkenntnisse mitbringen bzw. vorhalten. Das erforderliche Wissen wird den Mitarbeitenden vor Ort vermittelt. Das lässt erkennen, dass es sich um sehr einfache Tätigkeiten handelt.

225 Zu **VG 9 Fallziffer 16** lautet die Hochziffer 21:

„Einfachere Tätigkeiten sind in der Regel nach Schema zu erledigende Arbeiten, die über die mechanische Tätigkeit hinaus ein gewisses Maß an Überlegungen erfordern (z. B. Postannahme oder Postabfertigung; Bedienung von Vervielfältigungsgeräten; Verwaltung von Büromaterial und Vordrucken; Führung von Verzeichnissen, Listen, Karteien, die nach verschiedenen Merkmalen geordnet sind)."

226 Zunächst fällt die Formulierung „in der Regel" ins Auge. Damit soll deutlich gemacht werden, dass ein Großteil der zu erledigenden Tätigkeiten sicherlich **nach einem vorgegebenen Schema** bzw. checklistenartig bearbeitet werden kann, durchaus aber auch einzelne Vorfälle von diesem Schema abweichen können. Nach den Grundlagen der Eingruppierung aus Anlage 1 Abschnitt I (Gesamtbetrachtung ► Rn. 45 ff.) muss aber der Blick auf die **Häufigkeit dieser Ausnahmen** fallen. „Eine Ausnahme bestätigt die Regel", so dass in keinem Fall bis an die Hälfte der Zeit nur Ausnahmen vorliegen können. Erfüllen die Tätigkeiten zu mindestens 50 Prozent höherwertige Anforderungen oder sind nicht mehr nur von Routine geprägt, liegt nicht mehr eine Tätigkeit in der VG 9 Fallziffer 16 vor.

227 Weiter ist die Heraushebung **sprachlich** erkennbar. Durch die Formulierung „über die mechanische Tätigkeit hinaus" tritt die Steigerung in Abgrenzung zur niedrigeren Vergütungsgruppe hervor. Gleichzeitig wird darauf hingewiesen, dass ein gewisses Maß an Überlegungen erforderlich ist. Auch hier arbeiten die AVR mit Beispielen.

228 **Im Vergleich der beiden Vergütungsgruppen** lassen die Beispiele in VG 9 eine tatsächliche Steigerung auch erkennen. Während in VG 10 nur eine Hilfeleistung bei der Postabfertigung übertragen wird oder das Bereithalten von Büromaterial anfällt, werden in VG 9 schon ganze Vorgänge bearbeitet.

Hier wird die gesamte Postannahme oder -abfertigung übertragen sowie die Verwaltung von Büromaterial und Vordrucken. Der direkte Vergleich von Beispielen bzw. Anforderungen lässt schnell eine Steigerung erkennen.

Zu **VG 8 Fallziffer 25** stehen gleich zwei Hochziffern. 229

Die erste **Hochziffer 120** lautet: 230

„Dazu sind gewisse allgemeine Grundkenntnisse erforderlich, die sich auf der Ebene der gründlichen Fachkenntnisse bewegen (z. B. Mitwirkung bei der Bearbeitung laufender oder gleichartiger Geschäfte nach Anleitung; Erledigung ständig wiederkehrender Arbeiten in Anlehnung an ähnliche Vorgänge; Prüfung von Rechnungen und Fertigung von Kassenanordnungen; Kontenführung)."

Weiter heißt es in der zweiten **Hochziffer 121:** 231

„Gründliche Fachkenntnisse liegen vor, wenn zur abschließenden Bearbeitung routinemäßiger Normfälle in einem eng begrenzten Aufgabengebiet Erlerntes oder durch Erfahrung gewonnenes Spezialwissen angewandt wird. Hierzu gehört die nähere Kenntnis und gegebenenfalls die Anwendung von staatlichen und kirchlichen Gesetzen, Verwaltungsvorschriften und sonstigen Ordnungen."

Für VG 8 sind zwei Anmerkungen bereitgestellt. Dies markiert, wie bereits dargestellt (► Rn. 199), zum einen das Ende der angelernten und eingearbeiteten Tätigkeiten und zum anderen den Beginn der Tätigkeiten mit beruflicher Qualifikation. 232

Hochziffer 120 fordert bereits **allgemeine Grundkenntnisse,** die sich auf der Ebene der gründlichen Fachkenntnisse bewegen. Es werden im Rahmen der Beispiele Aufgaben aufgezählt, die nicht mehr im Detail aufgeführt, sondern abstrakt umschrieben sind, wie etwa „Mitwirkung bei der Bearbeitung laufender oder gleichartiger Geschäfte nach Anleitung". Hieraus wird erkennbar, dass – anders als bei den Vergütungsgruppen 9 und 10 – nunmehr die Anwendungsvielfalt größer wird und verschiedenartig sein kann, so dass **nicht mehr einzelne konkrete Aufgaben** benannt werden können, sondern eher eine abstrakte Erfassung erfolgen muss. Gleichwohl verweist die Anmerkung Nr. 120 auf die Begrifflichkeit der gründlichen Fachkenntnisse, die in der Anmerkung Nr. 121 näher ausgeführt sind. 233

234 **!** Die Umschreibung von „gründlichen Fachkenntnissen" sollte Wort für Wort betrachtet werden, da darin vielfältige Botschaften enthalten sind.

235 Es ist die Rede von „routinemäßigen Normalfällen", die einer „abschließenden Bearbeitung" zugeführt werden und man bewegt sich dabei in / auf einem „eng begrenzten Aufgabengebiet". Um diese abschließende Bearbeitung durchführen zu können, benötigen Mitarbeitende „Erlerntes oder durch Erfahrung gewonnenes Spezialwissen". Zu dem Spezialwissen gehören staatliches oder kirchliches Recht sowie Verwaltungsvorschriften etc. Davon wird eine „nähere Kenntnis" benötigt und „gegebenenfalls" ist „die Anwendung" notwendig.

236 Für Tätigkeiten der VG 8 ist demnach **spezielles Wissen** erforderlich, welches im Einzelfall auch zur Anwendung kommt. Dabei bezieht sich der Anwendungskreis jedoch auf abgeschlossene Tatbestände, die in einem eng begrenzten Kontext stattfinden. Mit diesem Spezialwissen ist man jedoch in der Lage, die Fragestellungen abschließend zu bearbeiten. Um die Sachverhalte bearbeiten und klären zu können, muss das vorhandene Wissen mindestens „näher" sein. Der Begriff „gründlich" wird also mit dem Synonym „näher" erklärt.

237 **Im allgemeinen Sprachgebrauch** werden die Begriffe „näher" und „gründlich" verwendet für „den Dingen auf den Grund gehend, sorgfältig, gewissenhaft, solide, ins Detail gehend, auch die Feinheiten beachtend, genau" etc.[1] Dem Rechtsbegriff „gründliche Fachkenntnisse" kann eine qualitative oder quantitative Dimension zugemessen werden. Damit sind „gründliche Fachkenntnisse" im tariflichen Sinne Fachkenntnisse von nicht unerheblichem Ausmaß und nicht nur oberflächlicher Art.[2]

238 Tatsächlich spielt die **Herkunft der Spezialkenntnisse** keine Rolle. Die gründlichen Fachkenntnisse deuten aber auf eine (wie auch immer geartete) berufliche Qualifikation hin, da ausdrücklich darauf hingewiesen wird, dass die

1 Zu den Begriffen vgl. www.duden.de/synonyme.

2 BAG, 24.8.1983 – 4 AZR 32/81.

Aneignung der Kenntnisse durch Erlernen gewonnen werden konnte. Das bedeutet, dass eine Ausbildung zwar nicht erforderlich ist, sicherlich aber hilfreich sein kann.

3. Vergütungsgruppen 8 bis 5c (Tätigkeiten auf Ausbildungsniveau)

Der zweite Baukasten für den Verwaltungsbereich startet ebenfalls bei VG 8 und reicht bis VG 5c. 239

VG 8 FZ 25	• schwierige Tätigkeiten • gründliche Fachkenntnisse
VG 7 FZ 47	• gründliche und vielseitige Fachkenntnisse
VG 6b FZ 57	• gründliche und vielseitige Fachkenntnisse • zu mindestens 25 % selbständige Leistungen
VG 5c FZ 49	• gründliche und vielseitige Fachkenntnisse • selbständige Leistungen

Die Hochziffern für VG 8 wurden bereits beschrieben (► Rn. 229 ff.). 240

Die Hochziffer 121 zu VG 7 lautet: 241

„Gründliche und vielseitige Fachkenntnisse verlangen gegenüber gründlichen Fachkenntnissen ein breites Aufgabengebiet mit verschiedenartigen Aufgaben, in denen ein fachliches Umdenken und die Anwendung mehrerer fachlicher Vorschriften und Regelungen geboten ist."

242 Der sprachliche Bezug zur vorangegangenen Vergütungsgruppe mit gründlichen Fachkenntnissen ist hier deutlich erkennbar, wenn es heißt „verlangen gegenüber gründlichen Fachkenntnissen ein breites Aufgabengebiet". Bei den gründlichen Fachkenntnissen war es noch ein „eng begrenztes" Aufgabengebiet. Nun wird „fachliches Umdenken und Anwendung mehrerer fachlicher Vorschriften und Regelungen" gefordert. Damit ist die Steigerung einerseits **sprachlich** und andererseits **inhaltlich** festgesteckt: Über das eng begrenzte Aufgabengebiet hinaus müssen jetzt mehrere fachliche Kenntnisse in mehreren Vorschriften und Regelungen vorgehalten und angewendet werden können.

243 Auch werden ein Umdenken, also ein Erkennen von Unterschiedlichkeiten und somit **Transferleistungen** gefordert. Gefordert ist eine Erweiterung der Fachkenntnisse dem Umfang nach.[1] Die Vielseitigkeit kann sich insbesondere aus der Menge der anzuwendenden Vorschriften und Bestimmungen ergeben.[2] Dabei werden nicht Fachkenntnisse in einer bestimmten Zahl von Rechtsgebieten oder Fachgebieten verlangt. Auch Erfahrungswissen kann „gründliche und vielseitige Fachkenntnisse" begründen.[3] Auf keinen Fall darf die Vielseitigkeit nur aus dem allgemeinen Sprachgebrauch hergeleitet werden.

244 **Das Bundesarbeitsgericht[4] umschreibt diesen Umstand wie folgt:**

„… ein Angestellter mit umfassenden Detailkenntnissen auf einem einzigen Rechtsgebiet oder sonstigen Fachgebiet (kann) eine erheblich höher zu bewertende Qualifikation aufweisen … als ein Angestellter mit nur geringen oder durchschnittlichen Kenntnissen auf mehreren Fachgebieten. Nach dem eindeutig erkennbaren Willen der Tarifvertragsparteien kommt es aber für die Frage der „gründlichen und vielseitigen Fachkenntnisse" nicht auf die Zahl der Fachgebiete an, in denen der Angestellte Fachkenntnisse aufzuweisen hat, sondern auf den Umfang seiner Fachkenntnisse insgesamt. Deshalb sind auch … zur Prüfung der vielseitigen Fachkenntnisse alle in Betracht kommenden Arbeitsvorgänge zusammen zu beurteilen."

1 Vgl. beispielsweise BAG, 28.9.1994 – 4 AZR 542/93, AP Nr. 185 zu §§ 22, 23 BAT 1975, m. w. N.

2 LAG Sachsen, 27.3.2023 – 2 Sa 194/21.

3 BAG, 29.8.1984 – 4 AZR 338/82.

4 BAG, a. a. O.

Damit ist die einseitige Vielseitigkeit festgestellt, d. h. die Vielseitigkeit kann sich ergeben entweder aus einer gewissen **Breite** oder aus einer gewissen **Tiefe.** 245

Auch in VG 7 ist keine Rede von einer spezifischen beruflichen Qualifikation. Allerdings gilt hier gleichermaßen wie bereits bei VG 8, dass eine sachgerechte und ordnungsgemäße Ausführung der übertragenen Tätigkeiten **in der Regel** (Ausnahmen sind natürlich denkbar) auf der Grundlage einer dreijährigen beruflichen Qualifikation erfolgen kann. 246

Die Hochziffer an **Vergütungsgruppe 6b** ist neben 121 auch 123. 247
Hochziffer 123 lautet:

„Selbstständige Leistungen erfordern insgesamt eine eigene Initiative, die nach Art und Umfang eine eigene geistige Beurteilung und Gedankenarbeit im Rahmen der geforderten Fachkenntnisse für das übertragene Aufgabengebiet sowie eine eigene Entschließung hinsichtlich des einzuschlagenden Weges und des zu findenden Ergebnisses verlangen. Die Letztverantwortung ist nicht erforderlich."

VG 6b steigert die Anforderungen der niedrigeren Vergütungsgruppe nicht durch einen sprachlichen Bezug innerhalb der Anmerkungen, sondern **direkt im Tariftext selbst.** Neben den gründlichen und vielseitigen Fachkenntnissen, die ja erstmals in VG 7 benannt sind, wird das neue Merkmal der selbständigen Leistungen ergänzt. Wie im Tariftext zu lesen ist, wird die Heraushebung der selbständigen Leistungen zu einem Viertel, also mit 25 Prozent der Tätigkeit gefordert. 248

! Der geforderte prozentuale Anteil (hier 25 Prozent der Tätigkeit) bezieht sich immer auf eine hundertprozentige Betrachtung. Für die reine Bewertung ist also zunächst unerheblich, ob es sich bei dem Stelleninhabenden um einen Teilzeit- oder Vollzeitbeschäftigten handelt. Zuerst erfolgt die Betrachtung der Schwierigkeit der übertragenen Aufgabe, sodann wird das festgestellte Ergebnis auf eine etwaige Teilzeitbeschäftigung umgerechnet. 249

250 Mit dieser Beschreibung der **selbstständigen Leistungen** in der Anmerkung Nr. 123 ist erkennbar, dass hiermit nicht das selbstständige Arbeiten im herkömmlichen Sinne gemeint und erfasst ist. Das Bundesarbeitsgericht hat dazu im Jahr 1985[1] festgestellt:

„Selbständige Leistungen" erfordern ein den vorausgesetzten Fachkenntnissen entsprechendes, selbständiges Erarbeiten eines Ergebnisses unter Entwicklung einer eigenen geistigen Initiative. Ein „selbständiges Erarbeiten" eines Ergebnisses und die Entwicklung einer eigenen geistigen Initiative liegen z. B. vor, wenn ein Angestellter alternativ entscheiden muss, welche Rechtsvorschriften im Einzelfall anzuwenden sind. Das BAG hat jedoch früher[2] schon klargestellt, dass für die Anerkennung von selbständigen Leistungen im Tarifsinn rechtsbegrifflich mehrere Möglichkeiten der Entscheidung gegeben sein müssen. Eine Auswahlentscheidung, bei der der Arbeitsplatzinhaber keinen Ermessens-, Gestaltungs- und Beurteilungsspielraum hat, reicht nicht aus. Selbständige Leistungen erfordern die Möglichkeit mehrerer Entscheidungsvarianten, wobei die Auswahl unter Abwägung von verschiedenen Argumenten und Kriterien zu treffen ist. Nur dann ist eine eigene Beurteilung und Entscheidung hinsichtlich des einzuschlagenden Weges i. S. d. tariflichen Merkmals festzustellen. Hierzu werden Abwägungsprozesse verlangt, der Angestellte muss also unterschiedliche Informationen verknüpfen, untereinander abwägen und so zu einer Entscheidung kommen."

251 Eine „selbständige Leistung" im vorgenannten Sinne kann in der Regel dann bejaht werden, wenn eine **Ermessensbetätigung** auch gewollt / gefordert ist, wenn unbestimmte Rechtsbegriffe zu interpretieren sind oder wenn im Rahmen der Bearbeitung **Beurteilungsspielräume** vorhanden und auszugestalten sind. Zum besseren Verständnis dient das folgende Beispiel aus dem Alltag, anhand dessen die Prüfung, ob „selbständige Leistungen" vorliegen oder nicht, gut gelingt und darstellbar ist:

---

1 BAG, 14.8.1985 – 4 AZR 21/84.

2 BAG, 23.2.1983 – 4 AZR 209/80.

Beispiel 252

Der wöchentliche Familieneinkauf kann auf zweierlei Weise stattfinden.

Entweder die ganze Familie bekundet in einem abgesteckten Zeitraum, welche Speisen und Lebensmittel sie gerne in der nächsten Woche essen und konsumieren möchte und dies wird schrittweise notiert, so dass beim Wocheneinkauf die Liste gut und zügig abgearbeitet werden kann. Dabei muss der Einkaufende nur schrittweise die Einkaufsliste abarbeiten und geringfügig ändern, wenn etwa grüne Äpfel nicht angeboten sind und dafür rote Äpfel in den Einkaufswagen kommen oder statt Spaghetti Makkaroni mitgenommen werden. Der Einkaufende arbeitet die Liste also mechanisch ab und an einigen wenigen Stellen ergeben sich kleinere gedankliche Überlegungen, die sich spontan oder im Rückblick auf andere Gelegenheiten lösen lassen.

Eine andere Variante könnte sein, dass der Einkaufende entweder vor dem Einkauf selbst die Liste zusammenschreibt oder während des Einkaufs überlegen muss, welche Speisen und Lebensmittel für die kommende Woche notwendig werden. Neben der Frage, welche Gerichte gekocht werden sollen, muss überlegt werden, welche weiteren Speisen und Lebensmittel ergänzend in den Einkaufswagen gehören. Insgesamt besteht hier ein vollumfängliches Gestaltungs- und Abwägungsermessen, das vielfältig gedankliche Überlegungen erfordert und zu einer eigenen Entschließung führt.

Dieses Beispiel zeigt sehr anschaulich die Abgrenzung zwischen selbstständigem Arbeiten auf der einen Seite und der tariflich geforderten selbstständigen Leistung auf der anderen Seite: Der vorgeplante Wocheneinkauf unter Beteiligung aller Familienmitglieder fällt in die Kategorie des selbstständigen Arbeitens. Hier sind Mengen bzw. Inhalte und Wünsche vorgegeben und werden insofern sorgfältig und zuverlässig abgearbeitet. Im anderen Fall obliegt es der konkreten eigenen Entschließungsgewalt, welche Lebensmittel und Speisen auszusuchen und einzukaufen sind. 253

254 Mit der Anmerkung zu den selbständigen Leistungen ist die zweite Variante des Einkaufsbeispiels erfasst. Es muss in der übertragenen Aufgabe um eigene Entschließungsschritte gehen, die zu treffen und auszugestalten sind. Dabei kommt es auf die Letztentscheidung nicht an. Das heißt, eine endgültige Entscheidungsgewalt ist nicht notwendig.

255 **In der Rechtsprechung[1] ist dazu beispielhaft zu lesen:**

„Das Tätigkeitsmerkmal „selbständige Leistungen" darf nicht mit dem Begriff „selbständig arbeiten" i. S. von „allein arbeiten", d. h. ohne direkte Aufsicht oder Lenkung durch Weisungen tätig zu sein, verwechselt werden."

Selbständige Leistung	**Selbständiges Arbeiten**
Inhaltliches Ausarbeiten / Erarbeiten von Texten	Versenden von Einladungsschreiben, Überwachen der Rückläufe, Vorbereiten von Gremiensitzungen
Bearbeiten von Widersprüchen	Sicherstellen der Bewirtung bei Gremiensitzungen / Veranstaltungen (Beschaffen von Getränken, Bereitstellen von Geschirr etc.)
Bearbeiten von Layouts und Inhalten / PowerPoint-Präsentationen	Aktualisieren und Pflegen der Homepage, Einstellen von Texten, Bildern, Veranstaltungshinweisen, Ankündigungen etc.
Planen und Bearbeiten von Dienstreisen inklusive der Erstellung der Dienstreiseabrechnung	
Beratung	Informationsweitergabe

[1] BAG, 18.5.1994 – 4 AZR 461/93.

Beispielgebend für die Unterscheidung ist die **Beratung.** Hierin steckt eine eigene Entschließung. In der (echten) Beratung (hier muss abgegrenzt werden zur reinen Informationsweitergabe) wird ein konkreter Lebenssachverhalt mit rechtlichen Tatbeständen verbunden und die sich daraus ergebenden möglichen Konsequenzen bzw. Lösungsansätze dargestellt. Bezogen auf den / die individuelle Ratsuchende müssen die rechtlichen Möglichkeiten geprüft und angewandt werden. Im allgemeinen Sprachgebrauch wird der Begriff Beratung aber sehr häufig für eine reine Informationsweitergabe genutzt. Hier ist mit Beratung meist die Wiedergabe von im Gesetz festgeschriebenen Fristen zur Antragstellung oder der möglichen Dauer etc. gemeint. Dies stellt allerdings keine echte Beratung dar, sondern eher eine Wiedergabe und ein Hinweis bzw. eine Erklärung von festgeschriebenen Faktoren. Beratung wäre ein ergebnisoffenes Gespräch unter Hinweis auf rechtliche Rahmenbedingungen. 256

In jedem Fall müssen die fachlichen Kenntnisse (mindestens gründlich und vielseitig) bei der Nutzung der selbständigen Leistungen eingebracht werden. 257

! Die Prüfung und das Zuerkennen von selbständiger Leistung ist sicherlich eines der schwierigsten Abwägungen im Rahmen der tariflichen Anforderungsmerkmale. 258

Vergütungsgruppe 5c enthält keine weitere neue Hochziffer, sondern erfasst ebenfalls Hochziffer Nr. 123. In VG 5c kommt damit kein neues Merkmal hinzu, sondern das Merkmal „selbständige Leistungen" wird hier ohne jedwede Ergänzung oder Einschränkung neben den gründlichen und vielseitigen Fachkenntnissen gefordert. An dieser Stelle wird verwiesen auf die Ausführungen in Kapitel 1 zu den Grundlagen der Eingruppierung und dem Erfordernis der Erfüllung der 50-Prozent-Hürde. Das heißt, bei keiner einschränkenden zeitlichen Angabe sind stets 50 Prozent des Merkmals zu erfüllen (gesamte Tätigkeit ► Rn. 45 ff.). 259

4. Vergütungsgruppen 5b bis 3 (Tätigkeiten auf Hochschulniveau)

260 Der dritte Baukasten innerhalb des Verwaltungsbereichs der Anlage 2 startet bei Vergütungsgruppe 5b und endet mit Vergütungsgruppe 3.

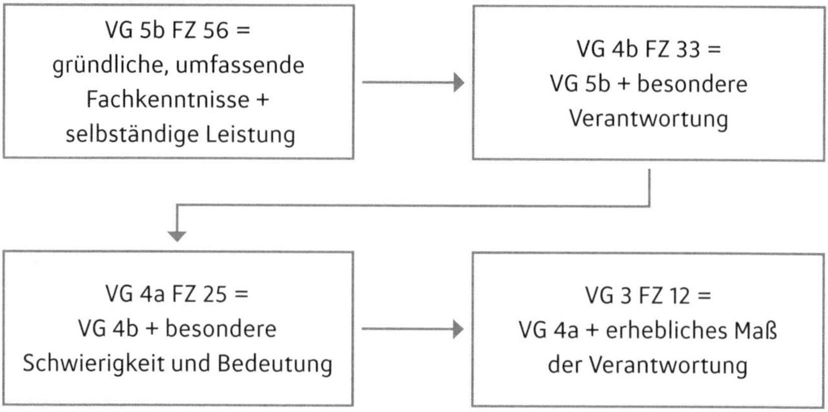

261 **Vergütungsgruppe VG 5c Fallziffer 56** verweist auf die Anmerkungen Nr. 123 und Nr. 124. Neben der Anmerkung zu den selbständigen Leistungen (Nr. 123) enthält Vergütungsgruppe 5b ebenfalls die Erklärung zu den gründlichen, umfassenden Fachkenntnissen. Dazu heißt es in **Anmerkung Nr. 124:**

„Gründliche, umfassende Fachkenntnisse erfordern gegenüber gründlichen und vielseitigen Fachkenntnissen eine Steigerung der Tiefe und Breite, das heißt der Qualität und dem Umfang nach."

262 Hiermit wird also eine Steigerung der fachlichen Kenntnisse bzw. des Know-how gefordert. Die Kenntnisse müssen sich gegenüber den gründlichen und vielseitigen Fachkenntnissen in **Tiefe und Breite** erweitern und steigern. Bei den gründlichen und vielseitigen Fachkenntnissen war eine Steigerung der **Tiefe oder Breite** vorgesehen.

! Auch hier ist der Bezug zu der niedrigeren Vergütungsgruppe erkennbar und es ist dazu eine klare Steigerung gefordert. 263

Die beiden Begriffe „gründlich“ und „umfassend“ sind damit nicht getrennt voneinander zu beurteilen. Vielmehr ist das Tätigkeitsmerkmal „gründliche, umfassende Fachkenntnisse“ den „gründlichen und vielseitigen Fachkenntnissen“ zusammenfassend gegenüberzustellen und **einheitlich zu bewerten.** Nur in denjenigen Fällen, bei denen eine entsprechende Steigerung nach Tiefe und Breite bzw. nach Qualität und Quantität gegenüber dem Tätigkeitsmerkmal „gründliche und vielseitige Fachkenntnisse“ festgestellt werden kann, ist das Tätigkeitsmerkmal „gründliche, umfassende Fachkenntnisse“ erfüllt.[1] 264

Umfassende Fachkenntnisse werden danach für einen Aufgabenkreis jedenfalls dann nicht benötigt, wenn dieser im Verhältnis zu dem Gesamtgebiet oder den Gebieten der beschäftigenden Verwaltung nur einen relativ geringen Ausschnitt darstellt. Es bedarf also einer Steigerung der Qualität und Quantität gegenüber dem Tatbestandsmerkmal „gründliche und vielseitige Fachkenntnisse“.[2] 265

Ein **Indiz für das Vorliegen** von gründlichen, umfassenden Fachkenntnissen sowie deren Notwendigkeit für die Erledigung der übertragenen Aufgabe kann sich aus einer abgeschlossenen beruflichen Hochschul-Qualifizierung ergeben. Zwar ist, wie bereits ausgeführt (► Rn. 200), im Verwaltungsbereich bislang keine abgeschlossene Qualifizierung gefordert worden bzw. notwendigerweise vorzulegen, dennoch scheinen Tätigkeiten, die gründliche, umfassende Fachkenntnisse erfordern, ein breites und tiefes Wissen vorauszusetzen. 266

1 BAG, 8.11.1967 – 4 AZR 9/67; BAG, 19.3.1975 – 4 AZR 265/74 m. w. N.; BAG, 4.4.1984 – 4 AZR 95/82.

2 BAG, 12.6.1996 – 4 AZR 1025/94; BAG, 10.12.1997 – 4 AZR 221/96.

267 Ein Blick in Vergütungsgruppe 5b Fallziffer 58 zeigt ebenfalls, dass dort Mitarbeitende mit abgeschlossener Fachhochschulbildung und entsprechender Tätigkeit einzugruppieren sind. Auf der Basis des europäischen **Bologna-Prozesses**[1] sind seit dem Jahr 2011 verpflichtend alle Hochschulabschlüsse in Bachelor und Master zu unterscheiden und differenzieren. Nach den Regelungen des deutschen Qualifikationsrahmens (DQR)[2] entspricht eine Fachhochschulbildung dem Qualifikationsgrad Bachelor.

268 **!** Weitere Hinweise zur Hochschulbildung enthält ebenfalls Abschnitt I zu Beginn der Anmerkungen zu den Tätigkeitsmerkmalen der Vergütungsgruppen 1 bis 12.

269 Vergütungsgruppe 4b Fallziffer 33 verweist auf die **Anmerkung Nr. 125,** die da lautet:

„Besonders verantwortungsvolle Tätigkeit liegt dann vor, wenn sie unter Einbeziehung von gründlichen, umfassenden Fachkenntnissen und selbstständigen Leistungen deutlich erkennbare Auswirkungen im Innen- und Außenverhältnis zeitigt.

Die besonders verantwortungsvolle Tätigkeit kann sich z. B. auf Aufsichts- und Leitungsfunktion beziehen; es können durch die Wahrnehmung der Tätigkeit in besonderer Verantwortlichkeit die kirchlich-caritativen oder materiellen Belange des Dienstgebers betroffen sein, oder sie kann sich auf die Lebensverhältnisse Dritter (z. B. Mitarbeiter, außenstehende Personen und Institutionen) erstrecken."

1 Mit „Bologna-Prozess" wird die europaweite Vereinheitlichung von Studiengängen und Studienabschlüssen sowie auf internationale Mobilität der Studenten zielende transnationale Hochschulreform bezeichnet, die auf die Schaffung eines einheitlichen Europäischen Hochschulraums (EHEA) gerichtet ist.

2 Der DQR ist ein Instrument zur Einordnung der Qualifikationen des deutschen Bildungssystems und soll zur Vergleichbarkeit deutscher Qualifikationen in Europa beitragen. Um transparenter zu machen, welche Kompetenzen im deutschen Bildungssystem erworben werden, definiert er acht Niveaus, die dem Europäischen Qualifikationsrahmen (EQR) entsprechen. Für weitergehende Informationen s. www.dqr.de.

Die **Vergütungsgruppe 4b** enthält im Text selbst die Verweisung auf Vergütungsgruppe 5b, so dass auch hier eine Steigerung der niedrigeren Anforderungen vorgesehen ist. Insgesamt dürfen die einzelnen Anforderungen daher niemals losgelöst betrachtet werden, sondern sind immer in einer fortgesetzten Anforderungsreihe zu betrachten (► Rn. 191 ff.). 270

Im allgemeinen Sprachgebrauch versteht man unter **Verantwortung** die Verpflichtung, für etwas einstehen zu müssen, dafür Sorge zu tragen, dass der Vorgang einen sachgerechten Verlauf nimmt. Konkret bedeutet dies für den Mitarbeitenden, dass er für den übertragenen Aufgabenbereich und die dort zu erledigenden Prozesse **einstehen muss.** Damit geht gleichfalls einher, dass die Tätigkeit des Mitarbeiters oder der Mitarbeiterin keiner weiteren oder nur einer sehr lockeren Kontrolle oder Überprüfung unterliegt.[1] 271

! Dafür reicht eine Mitverantwortung aus. Die eigene Zuordnung in einer Hierarchie und Unterstellung im Verhältnis zu einem Vorgesetzten ist unschädlich und steht einer besonderen Verantwortung nicht entgegen. 272

Es muss sich also insgesamt um eine Verantwortung handeln, die **über das normale Maß deutlich hinausgeht.** Denn eine „normale" Verantwortung obliegt allen Mitarbeitenden und unabhängig davon, welche Eingruppierung bzw. Wertigkeit die jeweils übertragene Aufgabe aufweist. Der Anspruch, dass die auszuübenden Tätigkeiten sorgfältig und ordnungsgemäß bearbeitet und erledigt werden, gilt zunächst gegenüber allen im Rahmen eines Arbeitsvertrags beschäftigten Mitarbeiterinnen und Mitarbeitern. Aus dieser allgemeinen Verantwortung muss sich aber die „besondere Verantwortung" herausheben. Davon ist auszugehen, wenn im Vergleich zu anderen Sachbearbeitungen eine größere Auswirkung erreicht werden kann. Dies wird anhand der folgenden konkreten Beispiele erläutert. 273

1 BAG, 19.3.1986 – AZR 643/84.

274 **Beispiele**

Besondere Verantwortung durch die Übertragung von Gruppenleitung / Teamleitung:

Hier muss der Mitarbeitende nicht nur für die eigenen Arbeitsergebnisse einstehen, sondern auch für die Arbeitsergebnisse und die ordnungsgemäße Aufgabenerledigung der ihm zugeordneten Mitarbeitenden. Es ist nicht notwendig, dass auch eine disziplinarische Personalführung übertragen wird, eine reine fachliche Anordnungsbefugnis reicht aus.

Besondere Verantwortung bei der Entscheidung über die Aufnahme neuer Klienten in die Einrichtung

Besondere Verantwortung durch den Einsatz im Bereich von Öffentlichkeitsarbeit, sofern der Stelleninhabende die zur Veröffentlichung vorgesehenen Inhalte zu verantworten hat und diese ggf. über Social-Media-Plattformen verbreitet, denn hiermit sind immaterielle Auswirkungen für den Dienstgeber verbunden

Besondere Verantwortung durch den Einsatz im Bereich Einkauf, sofern der Mitarbeiter oder die Mitarbeiterin Verkaufsverhandlungen führen und für die Einrichtung Einkäufe / Aufträge verbindlich tätigen darf

275 **Vergütungsgruppe 4a Fallziffer 25** verweist auf die **Anmerkung Nr. 126,** darin heißt es:

„Eine Tätigkeit von besonderer Schwierigkeit und Bedeutung liegt dann vor, wenn den gestellten Anforderungen nach zusätzliche Fachkenntnisse und Fähigkeiten über die der nächstniedrigen Vergütungsgruppen hinaus für die Aufgabenbewältigung notwendig sind und sie sich außerdem noch aus dieser durch ihre Bedeutung im Wirkungsgrad des Aufgabenfeldes heraushebt. Beide Elemente – besondere Schwierigkeit und Bedeutung – müssen zusammenkommen.

Die besondere Schwierigkeit der Tätigkeit liegt dann vor, wenn die zu bearbeitenden Tatbestands- und Rechtsmaterien umfangreich und vielschichtig sind, komplexe Zusammenhänge analysiert und Lösungen unter hohem

Abstraktionsgrad bewirkt werden müssen. Die Bedeutung der Tätigkeit kann sich aus der Bearbeitung besonders wichtiger Fachbereiche oder solcher von grundsätzlicher Bedeutung ergeben. Auch hier können mit der Tätigkeit deutlich erkennbare Auswirkungen im Innen- oder Außenverhältnis verbunden sein; es kann sich auch um eine richtungsweisende Tätigkeit gegenüber nachgeordneten Dienststellen handeln."

Das Anfangsmerkmal enthält zwei unterschiedliche und voneinander getrennt 276
zu betrachtende Tätigkeitsanforderungen:

- Einerseits muss die Tätigkeit sich durch eine **besondere Schwierigkeit** aus der vorangegangenen Vergütungsgruppe hervorheben.
- Andererseits muss eine **gesteigerte Bedeutung** hinzutreten.

Die tariflichen Merkmale stehen aber nebeneinander. Beide Tarifmerkmale 277
müssen geprüft werden; die Erfüllung nur eines Merkmals reicht nicht aus, sondern sie müssen kumulativ (zusammen) erfüllt sein. Das Wort „besondere" bezieht sich ausschließlich auf die Schwierigkeit und nicht auf die Bedeutung. Beide Merkmale müssen also **getrennt geprüft** und auch **bejaht** werden.[1]

Es werden zwei voneinander abgrenzbare Heraushebungsmerkmale jeweils 278
anderer / eigener Art gefordert. Die „besondere Schwierigkeit" der Tätigkeit betrifft die Anforderungen an das fachliche Können des Beschäftigten, die „Bedeutung" der Tätigkeit betrifft ihre Auswirkung, so wie in der Anmerkung Nr. 126 beschrieben.

Das Tätigkeitsmerkmal „besondere Schwierigkeit" bezieht sich nach der stän- 279
digen Rechtsprechung des Bundesarbeitsgerichts[2] auf die fachliche Qualifikation des Beschäftigten. Verlangt werden ein Wissen und Können, das die bisherigen Anforderungen **in gewichtiger Weise** übersteigen.

1 BAG, 19.3.1986 – 4 AZR 642/84.

2 BAG, 20.3.1991 – 4 AZR 471/90.

280 Diese **erhöhte Qualifikation** kann sich im Einzelfall
- aus Breite und Tiefe des geforderten fachlichen Wissens und Könnens oder
- aus außergewöhnlichen Erfahrungen oder
- einer sonstigen gleichwertigen Qualifikation (Spezialkenntnissen)

ergeben.

281 Dabei muss sich die Schwierigkeit **unmittelbar aus der Tätigkeit selbst** ergeben, so dass diese nicht etwa deswegen als besonders schwierig im Tarifsinne angesehen werden kann, weil sie unter belastenden Bedingungen geleistet werden muss.[1]

282 **Beispiel**

Dahinter verbirgt sich häufig eine Schnittstellenaufgabe, die beispielsweise neben betriebswirtschaftlichen Kenntnissen auch pädagogische Kenntnisse erfordert oder bei der neben pädagogischen Kenntnissen zusätzlich Wissen über das Zuwendungsrecht in nicht unerheblicher Breite und Tiefe vorzuhalten ist.

283 Insgesamt dürfen die Aufgaben nicht mehr nur mit gründlichen, umfassenden Fachkenntnissen zu bewältigen sein. Es müssen also aufbauend auf dem Anforderungsmerkmal „gründliche, umfassende Fachkenntnisse" zusätzliche, **besondere Kenntnisse und Fähigkeiten** für die Aufgabenbewältigung notwendig werden. Ergeben kann sich das aus einer besonderen Breite des erforderlichen Wissens und Könnens, außergewöhnlichen Spezialkenntnissen oder besonderen Erfahrungen. Die Anforderung muss sich zudem direkt aus der zu bearbeitenden Materie ergeben. Die Erfüllung kann also nicht mit **ungünstigen belastenden Arbeitsbedingungen** wie beispielsweise Hektik, Stress oder großem Arbeitsanfall begründet werden.

284 Die geforderte „besondere Schwierigkeit" könnte sich auch aus der großen Zahl der anzuwendenden Vorschriften und ihren häufigen Änderungen ergeben.

[1] BAG, 20.9.1995 – 4 AZR 413/94; BAG, 19.5.2010 – 4 AZR 912/08; BAG, 9.12.2015 – 4 AZR 11/13.

Hingegen knüpft das Tätigkeitsmerkmal „Bedeutung" an die **Auswirkungen des Aufgabenkreises** an. Diese betreffen

- die Größe des Aufgabengebiets oder
- die Tragweite der zu bearbeitenden Materie oder
- die Auswirkungen der Tätigkeit für den innerdienstlichen Bereich, für betroffene Dritte oder für die Allgemeinheit[1].

Die **Auslegung** dieses Begriffs entspricht dem allgemeinen Sprachgebrauch. 285
Danach ist etwas „von Bedeutung", wenn es von Belang ist oder große Tragweite oder gewichtige Nachwirkungen hat. Es kommt also darauf an, ob die Auswirkungen bzw. die Tragweite der Tätigkeit des Beschäftigten deutlich wahrnehmbar bedeutungsvoller sind.[2]

Die letzte Vergütungsgruppe dieses Baukastens, VG 3 **Fallziffer 12,** verweist 286
auf die **Anmerkung Nr. 127** mit dem folgendem Wortlaut:

„Das hier geforderte Maß der Verantwortung muss die Tätigkeit entscheidend prägen, zumal schon für die Tätigkeit der Vergütungsgruppe 4b eine besondere Verantwortung verlangt wird. Dabei muss es sich im Regelfall um besonders schwierige Grundsatzfragen oder wichtige Fachbereiche mit richtungweisender Bedeutung handeln. Die wahrgenommene Tätigkeit kann sich z. B. darauf beziehen, dass in besonderer Intensität Leitungs-, Koordinierungs- oder aufsichtliche Tätigkeiten, schwierige und umfangreiche Aufgaben beim Personaleinsatz oder in der Menschenführung oder wirtschaftliche Verantwortung verlangt werden."

Damit wird abstrakt umschrieben, dass die Verantwortung dieser Vergü- 287
tungsgruppe die Verantwortung übersteigen muss, die die Merkmale der nächstniedrigeren Vergütungsgruppe insgesamt fordern. Diese **besondere / erhebliche Verantwortung** der Tätigkeit kann daher nur mit Umständen begründet werden, die nicht schon zur Begründung der Merkmale der niedrigeren Vergütungsgruppe herangezogen wurden und damit „verbraucht" sind.[3]

---

1 BAG, 19.5.2010 – 4 AZR 912/08.

2 BAG, 19.3.1986 – 4 AZR 642/84.

3 BAG, 6.6.1984 – 4 AZR 203/82.

288 Hier wird nochmals eine erhebliche Heraushebung aus der niedrigeren Vergütungsgruppe gefordert, es muss sich also um eine besonders weitreichende, hohe Verantwortung handeln, das heißt um eine **Spitzenposition mit herausgehobenem Charakter.**[1] Dieses Maß an Verantwortung kann in der Position des gehobenen Beschäftigungsdienstes nicht mehr nennenswert überboten werden. Dafür in Betracht kommen solche Beschäftigte, die große Arbeitsbereiche zu leiten haben und damit für eine hohe Anzahl von ihnen unterstellten Mitarbeitenden verantwortlich sind. Die Begriffe „hohe Anzahl" oder „große Arbeitsbereiche" sind aber nicht zahlenmäßig definiert, sondern ergeben sich aus dem Blick nach innen in die jeweilige Organisationsstruktur und dem sich daraus abzuleitenden internen Vergleich.

289 **Beispiele**

In einem Caritasverband beträgt die durchschnittliche Leitungsspanne 7-12 unterstellte Mitarbeitende. Sind dort einer Leitung 25 Mitarbeitende ständig zugeordnet und wurden die jeweiligen niedrigeren Anforderungen der VG 5b bis VG 4a bereits positiv bejaht, so spricht Einiges dafür, dass auch das herausgehobene Maß der Verantwortung durch die vergleichsweise „hohe Anzahl" der Unterstellten erfüllt sein kann.

290 Für ein besonderes Maß an Verantwortung könnte auch sprechen, wenn der übertragene Arbeitsbereich ein Thema betrifft, das für alle Mitarbeitenden gleichermaßen entscheidend ist, etwa **Querschnittsbereiche** wie Personal, Finanzen, Organisation und Ähnliches. Das geforderte Maß an Verantwortung kann auch bei Mitarbeiterinnen und Mitarbeitern vorliegen, die fachliche oder organisatorische **Konzepte für nachgeordnete Bereiche** zu erstellen haben und insofern für die ordnungsgemäße Arbeit der nachgeordneten Bereiche die Verantwortung tragen.[2]

1 BAG, 16.4.1986 – 4 AZR 595/84.

2 BAG, 20.9.1995 – 4 AZR 413/94.

Schaut man innerhalb der Vergütungsgruppe 3 in die anderen Fallziffern, so erkennt man dort gleichsam **hohe Verantwortungsebenen.** Diese betreffen beispielsweise in Fallziffer 1 die Leitung des technischen Dienstes in Einrichtungen mit mindestens 450 Betten, in Fallziffer 2a die Leitung von Einrichtungen der stationären Altenhilfe mit mindestens 120 Plätzen, denen wesentliche Funktionen der Betriebs- und Wirtschaftsführung übertragen sind, in Fallziffer 15 die Geschäftsführung von Regional-, Kreis- oder Ortscaritasverbänden und Fachverbänden mit abgeschlossener Fachhochschulausbildung mit mindestens zehn Mitarbeitenden, in Fallziffer 20 die Verwaltungsleitung in Krankenhäusern mit mindestens 80 Betten etc. 291

Aus dieser **vergleichenden Betrachtung** ist ersichtlich, dass es sich hier tatsächlich um eine Spitzenposition handelt, die einerseits nur schwer erreichbar ist und in der Einrichtung nicht mehrfach vorhanden sein kann und die zum anderen nur schwer überboten wird. 292

! An dieser Stelle muss nochmals darauf hingewiesen werden, dass die Anforderungen der Vergütungsgruppe 3 erst dann zu prüfen sind, wenn bereits die Anforderungsmerkmale der niedrigeren Vergütungsgruppen 5b bis 4a positiv bejaht worden sind und noch kein Argumentationsverbrauch eingetreten ist. 293

5. Vergütungsgruppen 2 bis 1 (Tätigkeiten mit wissenschaftlicher Hochschulbildung)

294 Der vierte und letzte Baukasten startet bei Vergütungsgruppe 2 und steigert sich bis zu der Vergütungsgruppe 1 über die Vergütungsgruppen 1b und 1a.

VG 2 FZ 12 = abgeschlossene wissenschaftliche Hochschulbildung und entsprechende Tätigkeit

VG 1b FZ 13 = VG 2 + hochwertige Leistungen und besonders schwieriger Aufgabenbereich

VG 1a = unterschiedliche Leitungsfunktionen

VG 1 = unterschiedliche Leitungsfunktionen

295 Die **wissenschaftliche Hochschulbildung** stellt die Grundlage für die Zuordnung ab VG 2 dar. Außer den Bewährungs-Fallziffern, die den Aufstieg aus VG 3 markieren, fordern alle übrigen Fallziffern diese berufliche Qualifikation als Voraussetzung. Was darunter im Einzelnen zu verstehen ist, beschreibt Abschnitt I zu Beginn der „Anmerkungen zu den Tätigkeitsmerkmalen der Vergütungsgruppen 1 bis 12“. Jedenfalls ist auf der Grundlage des Bologna-Prozesses und den Ausführungen des Deutschen Qualifikationsrahmens (DQR) der Studienabschluss „Master“ bzw. ein vergleichbarer Abschluss vorzuweisen.

296 Als weiteres Merkmal ist eine „entsprechende Tätigkeit“ gefordert. Bei der **entsprechenden Tätigkeit** muss es sich um eine Aufgabe handeln, die genau diese Qualifikation benötigt, damit die inhaltlichen Anforderungen sachgerecht

erfüllt werden können. Hierzu muss die auszuübende Tätigkeit akademischen Zuschnitt haben, d. h. sie erfordert die Fähigkeit eines einschlägig ausgebildeten Akademikers auf dem entsprechenden akademischen Fachgebiet. Nicht ausreichend ist, dass die entsprechenden Kenntnisse des Mitarbeitenden für seinen Aufgabenkreis lediglich nützlich oder erwünscht sind; sie müssen vielmehr zur Ausübung der Tätigkeit **erforderlich** und damit notwendig sein.[1]

In Vergütungsgruppe 2 ist in Fallziffer 18 ebenfalls vermerkt, dass „Mitarbeiter, die aufgrund gleichwertiger Fähigkeiten und Erfahrungen hinsichtlich Aufgabenbereich und Verantwortung den Mitarbeitern in Tätigkeitsmerkmalen dieser Vergütungsgruppe vergleichbar sind" zugeordnet werden können. Hierzu wird auf die **Anmerkung Nr. 103** verwiesen. Diese lautet: 297

„Die Mitarbeiter müssen Fähigkeiten und Erfahrungen besitzen, die denen der Mitarbeiter mit der vorgeschriebenen Vor- und Ausbildung gleichwertig sind. Es wird jedoch nicht das gleiche Wissen und Können gefordert, wie es durch die vorausgesetzte Vorbildung bzw. Ausbildung erworben wird. Andererseits genügt es noch nicht, dass der Mitarbeiter nur auf einem begrenzten Einzelarbeitsgebiet Leistungen erbringt, die denen eines Angestellten mit der Vor- und Ausbildung gleichwertig sind. Es muss eine der Vor- und Ausbildung ähnlich gründliche Beherrschung eines auch vom Umfang her entsprechenden Wissensgebiets gefordert werden."

Diese Option stellt eine **Alternative zur geforderten wissenschaftlichen Hochschulbildung** dar. Sie ermöglicht somit eine gewisse Durchlässigkeit des Zwangs der genannten Qualifikation. Die Anforderungen der Vergütungsgruppe 2 können damit entweder durch Erfüllung der genannten Studienqualifikation erfolgen oder durch die Erfüllung der sogenannten „Sonstigen-Anforderungen". Die Eingruppierung der „sonstigen" Mitarbeitenden erfordert, dass diese über gleichwertige Fähigkeiten und Erfahrungen wie ein entsprechend ausgebildeter Mitarbeiter bzw. eine entsprechend ausgebildete Mitarbeiterin verfügen müssen. Dabei können aus der auszuübenden Tätigkeit Rückschlüsse auf die Fähigkeiten und Erfahrungen der Mitarbeitenden gezogen werden, wenn diese eine „entsprechende Tätigkeit" ausüben. 298

[1] BAG, 14.9.2016 – 4 AZR 964/13; BAG, 18.4.2012 – 4 AZR 441/10.

299 Dies allein reicht jedoch noch nicht aus, um die so genannte **Sonstigen-Anerkennung** positiv zu bejahen.[1] Das Bundesarbeitsgericht[2] führt dazu aus:

„Die Eingruppierung der sonstigen Beschäftigten erfordert, dass sie über gleichwertige Fähigkeiten und Erfahrungen wie [...]verfügen muss. Dabei wird nicht ein Wissen und Können verlangt, wie es durch die entsprechende Ausbildung vermittelt wird, wohl aber eine ähnlich gründliche Beherrschung eines entsprechend umfangreichen Wissensgebietes, wobei Fähigkeiten und Erfahrungen auf einem eng begrenzten Teilgebiet nicht ausreichen."

300 ! Damit ist ein **subjektives Element** dahingehend zu prüfen, ob die Mitarbeiterin oder der Mitarbeiter tatsächlich über vergleichbares Wissen / Können und Erfahrung verfügt.

301 Bei der subjektiven Voraussetzung „gleichwertige Fähigkeiten und Erfahrungen" ist es zwar rechtlich möglich, aus der ausgeübten Tätigkeit eines Beschäftigten **Rückschlüsse auf seine Fähigkeiten und Erfahrungen** zu ziehen. Daraus kann jedoch weder ein Rechtssatz noch ein allgemeiner Erfahrungssatz hergeleitet werden, dass immer dann, wenn ein „sonstiger Mitarbeiter" eine „entsprechende Tätigkeit" ausübt, dieser auch über „gleichwertige Fähigkeiten und Erfahrungen" im tariflichen Sinne verfügt. Vielmehr zeigt die Lebenserfahrung, dass „sonstige Mitarbeiter", selbst wenn sie im Einzelfall eine „entsprechende Tätigkeit" ausüben, gleichwohl – anders als ein Arbeitnehmer mit entsprechender Ausbildung – häufig an anderen Stellen deswegen nicht eingesetzt werden können, weil ihnen für andere Tätigkeiten Kenntnisse und Erfahrungen fehlen.[3]

302 Die Fähigkeiten und Erfahrungen eines Beschäftigten müssen dem jeweiligen Berufsbild grundsätzlich in seiner vollen Bandbreite entsprechen. Fähigkeiten und Erfahrungen in einem **Teilgebiet** sind nicht ausreichend.[4]

---

1 BAG, 5.5.2021 – 4 AZR 666/19.

2 BAG, 9.7.1997 – 4 AZR 635/95; BAG, 22.3.2000 – 4 AZR 105/99.

3 LAG Rheinland-Pfalz, 21.9.2022 – 7 Sa 2/22.

4 BAG, 8.10.1987 – 4 AZR 151/96.

Aus der zitierten Rechtsprechung ist abzuleiten, dass die Ausübung einer entsprechenden Tätigkeit nicht den zwingenden Rückschluss erlaubt, dass diesen Mitarbeitenden auch vergleichbare Erfahrungen und Kenntnisse wie den Mitarbeitenden aus der Qualifikation vermittelt wurden. Für die Anerkennung als sogenannter „sonstiger Mitarbeiter" bedarf es darüber hinaus auch einer sogenannten „Verwendungsbreite": Nicht nur punktuelle und auf eine spezifische Tätigkeit festgestellte Kenntnisse reichen aus. Vielmehr müssen der Qualifikation entsprechend breite Kenntnisse und damit auch eine **breit gefächerte Einsetzbarkeit** nachfolgen. 303

! Mit dieser Bewertung ist auch ein Schutz der beruflichen Qualifikation verbunden. 304

Die übrigen Tatbestände in Vergütungsgruppe 2 beinhalten unterschiedliche **Leitungsfunktionen.** Im Rahmen der AVR-Reform in den Jahren 2011/2012 sind auch einige Tatbestände aus VG 2 herausgenommen und in andere Anlagen verschoben worden. Dies betrifft beispielsweise die **Ärztinnen und Ärzte,** die aktuell in der Anlage 30 zu finden sind (zu den ärztlichen Funktionszuordnungen ► Rn. 75 ff.). 305

Werden in caritativen Einrichtungen (speziell der Erziehungshilfe oder sonstigen Hilfesystematiken wie Jugendhilfe, Altenhilfe, Obdach- und Wohnungslosenhilfe) **Psychologen** beschäftigt, sind diese ebenfalls der VG 2 Fallziffer 12 zuzuordnen. Die Eingruppierung von Psychologen führt oft zu Fragen und Ratlosigkeit, da meist zuerst die Anlage 33 in den Blick genommen wird. Die dortigen Zuordnungen erfassen jedoch nur solche Tätigkeiten, die entweder Mitarbeitenden mit einem **Studium im Bereich Soziale Arbeit** zugedacht sind oder konkrete Funktionen wie etwa Leitung und Ähnliches beinhalten. Auch die in Entgeltgruppe S 17 Fallgruppe 6 genannten „Kinder- und Jugendlichenpsychotherapeuten und Psychagogen mit staatlicher Anerkennung oder staatlich anerkannter Prüfung und entsprechender Tätigkeit" sind nicht mit den Psychologen gleichzusetzen, sondern erfassen ein eigenes Qualifikationsprofil (► Rn. 695 ff.). 306

307 In **Vergütungsgruppe 1b** finden sich neben den vielfältigen Leitungsaufgaben nur wenige Anforderungen ohne Leitung. Mit der **Fallziffer 13** ist das Tarifmerkmal „hochwertige Leistungen und besonders schwieriger Aufgabenbereich“ verbunden. Diese Formulierung deutet darauf hin, dass es besonders schwieriger Aufgaben bedarf, bevor überhaupt die Erbringung hochwertiger Leistungen erfolgen kann.

308 ! Die „schwierigen Aufgaben“ müssen sich beträchtlich und gewichtig aus Vergütungsgruppe 2 herausheben und wesentlich höhere fachliche Qualifikationsanforderungen an die Mitarbeitenden stellen.

309 **Hochwertige Leistungen** bauen auf schwierigen Aufgaben auf. Im allgemeinen Sprachgebrauch werden dem Adjektiv „hochwertig“ mehrere Bedeutungen zugemessen, etwa „von großem Wert“, „wertvoll“ oder auch „gehaltvoll“. Hochwertige Leistungen weisen allerdings nicht, wie zu vermuten wäre, auf die persönlichen Leistungen des Stelleninhabenden hin, sondern auf eine besondere (wissenschaftliche) Qualifikation, die zur ordnungsgemäßen Erledigung erforderlich sein muss. Es kommt also vielmehr auf die Anforderungen aus der übertragenen Tätigkeit an. Diese können sich beispielsweise ergeben aus einem besonderen Spezialgebiet oder einer interdisziplinären Tätigkeit.

310 Die beiden höchsten **Vergütungsgruppen 1a und 1** beinhalten nahezu nur noch spezifische Leitungsaufgaben oder Stabsfunktionen, die lediglich in großen sozialen Einrichtungen mit Konzernstruktur denkbar sind. Auf eine detaillierte Darstellung wird deshalb an dieser Stelle verzichtet.

III. Weitere Berufsfelder in Anlage 2

In Anlage 2 sind neben dem Verwaltungsbereich noch vielfältige andere Eingruppierungstatbestände enthalten. Hingewiesen werden soll beispielhaft auf einige dieser Berufsfelder. Die Fülle an den genannten Tätigkeiten ist zu umfangreich, als dass diese erschöpfend betrachtet werden könnten, zudem liegt der Schwerpunkt dieses Buches auf dem Blick aus und für die Praxis. Daher werden im Folgenden nur solche Bereiche dargestellt, die in der praktischen Anwendung regelmäßig die meisten Fragen aufwerfen. 311

1. Bezügerechner

In Anlage 2 sind eigene Tatbestandsmerkmale enthalten für Mitarbeitende, 312
die in der Lohn- und Gehaltsabrechnung eingesetzt sind, die sogenannten Bezügerechner. Bezügerechner sind aber nicht unter dem Buchstaben „B" zu finden, sondern unter dem Buchstaben „M" eingeordnet als „**M**itarbeiter als Berechner von Bezügen, deren Tätigkeit …".

Die Zuordnung der Bezügerechner startet in Vergütungsgruppe 7 Fallziffer 36 313
und steigert sich über die Vergütungsgruppe 6b Fallziffer 44 bis zur der Vergütungsgruppe 5c Fallziffer 42.

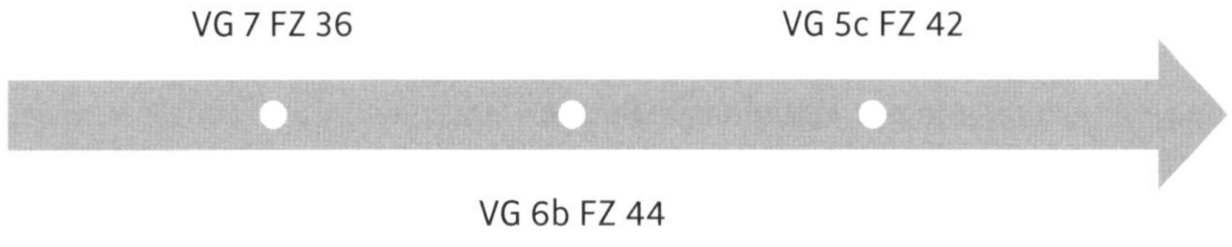

Soweit Begriffe verwendet werden, die auch aus der Verwaltung bekannt sind, gelten die dazu gemachten Aussagen entsprechend.

2. Betreuungskräfte (Zusatzkräfte / Alltagsbegleiter)

314 Die ursprünglich in der bis zum 31. Dezember 2022 befristeten Anlage 22 geregelten Zusatzkräfte, früher auch „Alltagsbegleiter“ genannt, sind nunmehr in der Anlage 2 in Vergütungsgruppe 10 zu finden.

315 Nach dem **Tätigkeitsprofil** im Berufsportal der Bundesagentur für Arbeit „berufenet“[1] übernehmen

„Betreuungskräfte bzw. Alltagsbegleiter/innen die soziale Betreuung hilfsbedürftiger Menschen im stationären Umfeld, z. B. von Menschen mit demenzbedingten Fähigkeitsstörungen, psychischen Erkrankungen oder geistigen Behinderungen. Sie sind außerdem für die Unterstützung von Senioren im häuslichen Bereich zuständig. Betreuungskräfte bzw. Alltagsbegleiter/innen helfen bei Verrichtungen des täglichen Lebens, assistieren im Alltag und sichern die Teilnahme am gesellschaftlichen Leben. Sie wirken unterstützend und aktivierend, bieten z. B. persönlichkeits-, kreativitäts- oder bewegungsfördernde Freizeit- und Gruppenaktivitäten an. Darüber hinaus führen sie hauswirtschaftliche Tätigkeiten aus, bereiten Speisen zu und servieren diese, und sie erledigen organisatorische Tätigkeiten am Computer. Sie sind Ansprechpartner/innen sowohl der zu betreuenden Menschen selbst als auch der Angehörigen.“

316 ! In den AVR hat sich die ursprüngliche Begrifflichkeit „Alltagsbegleiter“ über die Bezeichnung „Zusatzkräfte“ hin zu der aktuellen Benennung „Betreuungskräfte“ gewandelt.

317 Betreuungskräfte **in der ambulanten Pflege** werden von VG 10 Fallziffer 18 erfasst:

„Betreuungskräfte in der ambulanten Pflege mit Tätigkeiten zur Unterstützung im Alltag, soweit sie im Rahmen der von ihnen auszuübenden Tätigkeiten in einem Umfang von mindestens 25 v. H. ihrer vereinbarten Arbeitszeit gemeinsam

[1] Vgl. dazu www.berufenet.arbeitsagentur.de, Stichwort: Alltagsbegleiter.

mit Bezieherinnen und Beziehern von Pflegeleistungen tagesstrukturierend, aktivierend, betreuend oder pflegend tätig werden"

Betreuungskräfte **in der stationären Pflege** werden von VG 10 Fallziffer 19 er- 318
fasst:

„Betreuungskräfte mit Tätigkeiten in der Betreuung und Aktivierung in stationären Pflegeeinrichtungen, soweit sie im Rahmen der von ihnen auszuübenden Tätigkeiten in einem Umfang von mindestens 25 v. H. ihrer vereinbarten Arbeitszeit gemeinsam mit Bezieherinnen und Beziehern von Pflegeleistungen tagesstrukturierend, aktivierend, betreuend oder pflegend tätig werden"

Nach § 43b und § 45a SGB XI haben alle Pflegebedürftigen, also auch Pflege- 319
bedürftige mit einem Pflegegrad der Stufe 1, in teil- und vollstationären Pflegeeinrichtungen einen **Rechtsanspruch auf Maßnahmen zur zusätzlichen Betreuung und Aktivierung,** die über die nach Art und Schwere der Pflegebedürftigkeit notwendige Versorgung hinausgehen. In enger Kooperation und fachlicher Absprache mit den Pflegekräften und Pflegeteams betreuen und begleiten die zusätzlichen Betreuungskräfte beispielsweise beim Lesen, beim Basteln, beim Spazierengehen oder bei der Teilnahme an kulturellen Veranstaltungen. Durch diese Betreuung und Aktivierung sollen den Bewohnerinnen und Bewohnern bzw. Pflegegästen in den Einrichtungen zusätzliche Zuwendung, mehr Austausch mit anderen Menschen und bessere Teilnahme am Leben in der Gemeinschaft ermöglicht werden.

Zusätzliche Betreuungskräfte dürfen jedoch weder regelmäßig noch planmä- 320
ßig in **körperbezogene Pflegemaßnahmen** sowie hauswirtschaftliche Tätigkeiten eingebunden werden. Maßnahmen der Behandlungspflege bleiben ausschließlich den dafür qualifizierten Pflegekräften vorbehalten. Die Einhaltung dieser Vorgaben obliegt der verantwortlichen Pflegefachkraft nach § 71 Abs. 3 SGB XI. Die Grundsätze der Arbeit und Aufgaben der zusätzlichen Betreuungskräfte sind in Richtlinien geregelt. Diese werden vom **Spitzenverband Bund der Pflegekassen** (GKV-Spitzenverband gemäß § 217 a SGB V[1]) beschlossen.

[1] Für weitere Einzelheiten s. www.gkv-spitzenverband.de und entsprechende Informationen des Bundesgesundheitsministeriums, www.bundesgesundheitsministerium.de.

321 Für die Betreuungstatbestände sind eine Vielzahl von Anmerkungen angestellt (Nr. 144 bis 150). Für beide Betreuungstatbestände wird auf die **Anmerkung Nr. 144** verwiesen, die klarstellt, dass pflegefachliche Tätigkeiten und Pflegehilfstätigkeiten von diesem Tätigkeitsmerkmal nicht erfasst sind. Diese Aufgaben fallen unter die Anlagen 31 und 32 und dort unter die Entgeltgruppe P 4 (siehe dazu im Kapitel 3 ► Rn. 361, 397).

322 **Anmerkung Nr. 145** enthält eine Klarstellung bezüglich der Anwendbarkeit von Anlage 1 Abschnitt V. In **Anmerkung Nr. 146** wird darauf verwiesen, dass es Überleitungsregelungen gab infolge von Veränderungen in den letzten Jahren. Ergänzend wird klargestellt, dass die Regelungen der beiden Fallziffern 18 und 19 zunächst nur bis zum 31. Dezember 2024 Geltung beanspruchen.[1]

323 ! Sollte es bereits frühere Zuordnungen dieser Arbeitskräfte geben, so bestimmt **Anmerkung Nr. 147,** dass die höhere Eingruppierung weiterhin erhalten bleibt.

324 Zur Einhaltung des Pflegemindestlohns wird in **Anmerkung Nr. 148** festgelegt, dass die Einstiegsstufe in Stufe 4 zu gewähren ist. Damit sollen die Anforderungen an den Pflegemindestlohn gewahrt sein. Insbesondere hier können sich künftige Änderungen ergeben, da der Pflegemindestlohn einer regelhaften Anpassung unterliegt.

325 **Anmerkung Nr. 149** verweist auf die mit der Betreuung einhergehenden Regelungen aus dem SGB XI (§ 43b SGB XI / § 45a SGB XI) und stellt klar, dass das Tätigkeitsmerkmal auch erfüllt ist bei Mitarbeitenden in der Verwaltung, Haustechnik, Küche, hauswirtschaftlichen Versorgung und in der Gebäudereinigung, im Empfangs- und Sicherheitsdienst, in der Garten- und Geländepflege, bei Wäscherei sowie Logistik, soweit sie im Rahmen der von ihnen auszuübenden Tätigkeiten in einem Umfang von mindestens 25 Prozent der vereinbarten Arbeitszeit gemeinsam mit Bezieherinnen und Beziehern von Pflegeleistungen tagesstrukturiend, aktivierend, betreuend oder pflegend tätig werden.

[1] Mit einer Verlängerung ist aber zu rechnen.

Ergänzend enthält **Anmerkung Nr. 150** eine monatliche Zulage, die sich seit 1. 326
März 2024 auf 133,80 Euro beläuft. Die Zulage ist bis zum 31. Dezember 2024 befristet.

3. Größenangaben bei sonstigen Tätigkeiten

Anlage 2 enthält in allen Vergütungsgruppen Steigerungen nach Platzzahl, 327
Bettenzahl, Anzahl der Vollportionen oder Ähnliches. Über diese Größenangaben und sonstige vorgegebene Volumina erfolgen **gestaffelte Zuordnungen.** Ob der Arbeitsrechtlichen Kommission bei der Erstellung dieser Größensteigerungen objektiv nachvollziehbare Kriterien zugrunde lagen, kann nur positiv vermutet werden. Auf welcher Grundlage Größenordnungen zustande gekommen sind bzw. welche Basisbetrachtung seitens der AK angestellt wurde, ist jedenfalls nicht bekannt.

Beispielhaft werden einige dieser Steigerungstatbestände genannt:

3.1 Pförtner

328

3.2 Küchenleitung

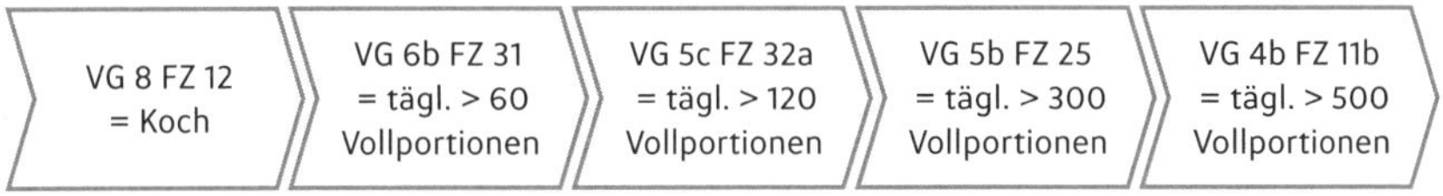

329

Hinzu treten hier noch die Anmerkungen Nr. 132 und Nr. 133, mit denen die 330
Berechnung der Vollportionen näher definiert werden.

331 Wie bei allen Leitungsaufgaben existieren hier ebenfalls **ständige Vertretungen**. Dabei stellt die Anmerkung Nr. 48 klar, dass diese nicht die Vertretungen in Urlaubs- und Abwesenheitszeiten sind.

3.3 Hauswirtschaftliche Betriebsleitung

332

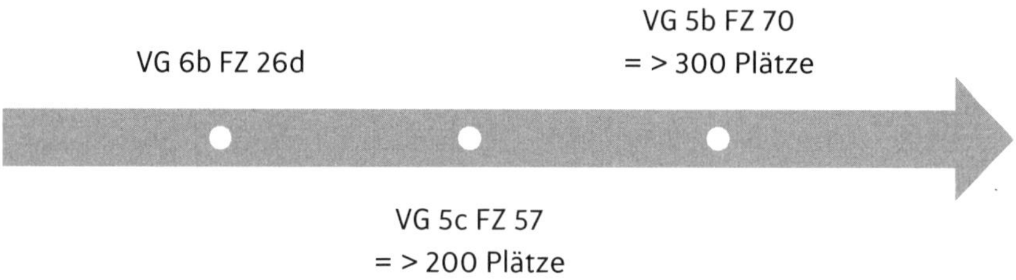

3.4 Einrichtungsleitung in der stationären Altenhilfe

333

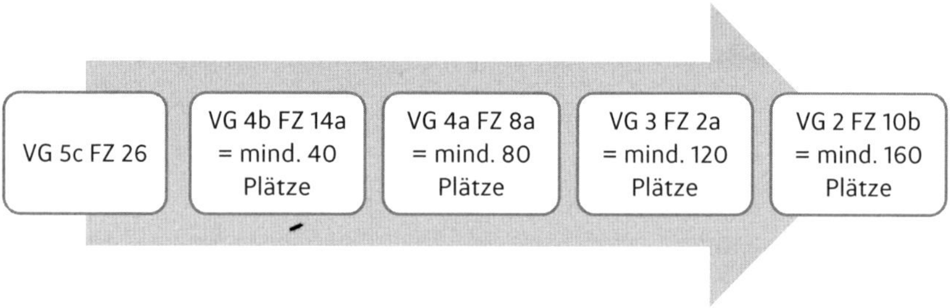

334 Wie bei den einzelnen Berufsgruppen dargestellt, verweisen die einzelnen Vergütungsgruppen auf unterschiedliche Anmerkungen. Es empfiehlt sich daher, diese immer sehr sorgfältig zu lesen.

IV. Ausblick

Insgesamt ergibt sich häufig ein Zusammenspiel aus mehreren Anlagen der AVR und damit an Eingruppierungssystemen. Die Arbeitsrechtliche Kommission des Deutschen Caritasverbandes kündigt regelmäßig zu Beginn einer neuen Amtsperiode an, sich nun prioritär um die Erneuerung der Anlage 2 zu bemühen. Leider ist es bislang bei diesen Bemühungen geblieben. Aus Sicht der AVR-Anwender bzw. der Mitarbeitenden ist zu wünschen, dass tatsächlich das alte System der Anlage 2 ebenfalls in die (nunmehr nicht mehr ganz so neue Welt der) Eingruppierungssystematik nach den Anlagen 30 bis 33 umgewandelt werden wird. Denn die Unzufriedenheit der Mitarbeitenden wächst zunehmend, da sich ein Gefühl von „abgehängt sein" mit einer damit verbundenen Ungleichbehandlung verbreitet. 335

Kapitel 3: Eingruppierung für den Pflegedienst (Anlagen 31 und 32)

Die Eingruppierungsmerkmale für den Bereich der Pflege finden sich in zwei AVR-Anlagen (Anlage 31 und Anlage 32). Die Unterscheidung zwischen diesen Anlagen erfolgt derart, dass die Anlage 31 den Bereich der stationären Pflege im Kontext von Krankenhäusern abbildet, während die Anlage 32 die gesamte weitere Pflege im stationären Kontext (klassische Altenhilfe) und darüber hinaus auch im ambulanten und teilstationären Bereich erfasst. Die „Pflege-Anlagen" 31 und 32 basieren aber auf der gleichen Struktur und sind nahezu wortidentisch. Die nachfolgenden Ausführungen gelten daher gleichermaßen für beide Anlagen, es sei denn, es wird eine spezielle Anlage ausdrücklich benannt.

I. Die Grundsystematik der Anlagen 31 und 32

Anhand der Grundstruktur soll zunächst die Systematik der Anlagen 31 und 32 336
betrachtet werden. Dazu bedarf es eines Blicks in die Vergangenheit. Als in den Jahren 2011/2012[1] die AVR (zumindest in Teilen) reformiert und die Anlagen 30 bis 33 neu hinzugefügt wurden, ging damit auch ein **Systemwechsel** einher. Zur Verdeutlichung werden im Folgenden nur einige der Veränderungen genannt:

1 Inkrafttreten: RK BW / NRW / Bayern ab 1.1.2011, RK Mitte ab 1.4.2011, RK Nord ab 1.7.2011, RK Ost mit Ausnahme von § 14 (gültig ab 1.1.2013) ab 1.7.2012.

Altes System (Anlage 2)	**Neues System (Anlagen 30 ff.)**
Vergütungsgruppen	Entgeltgruppen
absteigende Zählweise	aufsteigende Zählweise
Bewährungsaufstiege	keine Bewährungsaufstiege
keine Entwicklungsstufen	sechs Entwicklungsstufen

337 Dieses „neue System" in den Anlagen 30 ff. basiert auf einer **Grund-Tabelle,** die aber zunächst nur im Hintergrund existiert und nicht in den Anlagen selbst Verwendung findet bzw. dort nicht / zum Teil nicht abgebildet wird. Es ist davon auszugehen, dass bei einer Erneuerung der Anlage 2 diese momentan **unsichtbare** Grund-Tabelle dann tatsächlich in Erscheinung tritt und mit realem Inhalt gefüllt werden wird. Das bedeutet, die jetzt geltende Anlage 2 wird sich aller Voraussicht nach in dieser Grund-Tabelle verändern bzw. entwickeln.

338 Dort finden sich auf der (senkrechten) y-Achse die Entgeltgruppen 1 bis 15 und auf der (waagrechten) x-Achse die Stufen 1 bis 6:

	Stufe 1	Stufe 2	Stufe 3	Stufe 4	Stufe 5	Stufe 6
EG 15						
EG 14						
EG 13						
EG 12						
EG 11						
EG 10						
EG 9c						
EG 9b						
EG 9a						
EG 8						
EG 7						
EG 6						
EG 5						
EG 4						
EG 3						
EG 2						
EG 1						

Dabei ist die **Entgeltgruppe 9** in drei Buchstaben von a) bis c) untergliedert. 339

Die Stufen sind in § 13 der jeweiligen Anlage näher ausgestaltet. Anders als in 340
Anlage 2 sind sie zeitlich nicht gleichmäßig verteilt, sondern steigern sich **mit zunehmender Betriebszugehörigkeit.** Dieses Grundgerüst tritt nur verdeckt („unsichtbar") in Erscheinung. Das liegt daran, dass die vorherrschenden Zuordnungen innerhalb der beiden Pflegeanlagen in die **P-Entgeltgruppen** stattfinden. Somit entfalten die reinen Entgeltgruppen im konkreten Anwendungsfall noch wenig Praxisrelevanz.

Im Regelungstext der Anlagen 31 und 32 erscheinen die Entgeltgruppen je- 341
weils in § 16 (Jahressonderzahlung). Die **Jahressonderzahlung** wird (seltsam anmutend) in die folgenden drei Entgeltkategorien unterteilt:

- Entgeltgruppen 1 bis 8
- Entgeltgruppen 9a bis 12
- Entgeltgruppen 13 bis 15

! Diese Entgeltgruppen beziehen sich nicht auf die in der Pflege verwen- 342
deten P-Entgeltgruppen, sondern auf die oben benannte (derzeit „unsichtbare") Grund-Tabelle.

Weiter fällt auf, dass die **Entgeltgruppe 16** in der Aufzählung der Jahresson- 343
derzahlung fehlt. Auch daran ist erkennbar, dass „Entgeltgruppe" und „P-Entgeltgruppe" nicht identisch sind, sondern als Hintergrund fungieren. Weitere Klarheit bringt auch der Regelungstext in § 12 Absatz 1, mit dem jede der oben genannten Entgeltgruppen einer P-Entgeltgruppe gegenübergestellt wird. Daraus folgt, dass die gemeinsame Basis für die Anlagen 31 bis 33 eine **Systematik mit einer (zur Zeit noch unsichtbaren) Grund-Tabelle** bildet. Auf diese sind jeweils die spezifischen Arbeitsfelder aufgesetzt:

- Für die Pflegedienste in Anlage 31 und 32 sind dies die „P-Entgeltgruppen",
- für den Sozial- und Erziehungsdienst in Anlage 33 sind dies die „S-Entgeltgruppen".

344 Beiden ist immanent, dass die Anzahl der Entgeltgruppen (aus der Grund-Tabelle) nicht mit der Anzahl der Entgeltgruppen der P-Kategorie bzw. S-Kategorie übereinstimmt. Dazu auch ► Rn. 486 ff.

345 Seit 2017 existiert im jeweiligen **Anhang A** der „Pflege-Anlagen" 31 und 32 eine halbe Tabelle ab EG 9b bis EG 15, die mit Werten gefüllt ist. Dazu existieren auch Anforderungsmerkmale (siehe dazu im Folgenden ► Rn. 487 ff.). **Anhang B** enthält die Summen-Tabelle für die P-Entgeltgruppen. Die Grundsätze der Eingruppierung gelten hier ebenfalls. Wie bereits in Kapitel 1 ausgeführt (► Rn. 23 ff.), sind in Abschnitt I der Anlage 1 die vier Grundsätze festgehalten: Entscheidend für eine korrekte Zuordnung ist die dauerhaft auszuübende Tätigkeit, die einen Zeitanteil von mindestens 50 Prozent ausmacht, so dass sich daraus tarif-/eingruppierungsautomatisch die richtige Zuordnung ergibt.

II. Anhang D: Aufbau und Inhalte

346 Die Anforderungsmerkmale für die stationäre Pflege finden sich im jeweiligen Anhang D der einschlägigen Anlage 31 oder 32.

1. Grundsätzliche Eingruppierungsregelungen

347 Unter der Überschrift „Grundsätzliche Eingruppierungsregelungen" beschreibt und definiert **Anlage 31 Anhang D** neben den verschiedenen Qualifikationsvarianten (1. Wissenschaftliche Hochschulbildung, 2. Hochschulbildung und 3. Anerkennung von Abschlüssen in der ehemaligen DDR) zwei weitere wichtige Punkte:

- Unter „4. Unterstellungsverhältnisse“ wird klargestellt, dass **Teilzeitkräfte** im Zusammenhang mit der Zählweise für die Anzahl der unterstellten Personen nur entsprechend ihres Anteils an der Vollzeit zu berücksichtigen sind. Diese Information wird für die Zuordnung der Leitungsebene innerhalb der Pflege wichtig (► Rn. 429 ff.).
- Unter „5. Ständige Vertreter“ ist geregelt, dass mit einer **ständigen Vertretung** nicht eine Urlaubs- und sonstige Abwesenheitsvertretung erfasst wird. Diese Klarstellung korrespondiert mit einem der bekannten Grundsätze der Eingruppierung aus Anlage 1, der da lautet: Ausschließlich „nicht nur vorübergehende“ Tätigkeiten sind bewertungsrelevant (► Rn. 36 ff.).

! **Für Anlage 32** gelten diese grundsätzlichen Eingruppierungsregelungen ebenfalls kraft Verweisung. Denn am Beginn von Anhang D zu Anlage 32 wird direkt auf die beschriebenen Regelungen in Anhang D zu Anlage 31 verwiesen. 348

2. Abschnitte I und II

Anhang D ist jeweils unterteilt in **Abschnitt I** („I. Mitarbeiter in der Pflege“) und 349
Abschnitt II („II. Leitende Mitarbeiter in der Pflege“). Jeder dieser Abschnitte enthält für sich eine weitere Aufgliederung in die Buchstaben „a) Entgeltgruppen zu Anhang B“ und „b) Entgeltgruppen zu Anhang A“.

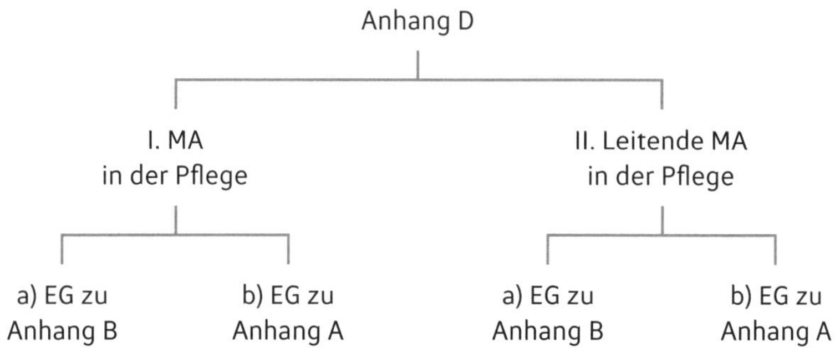

350 Diese auf den ersten Blick irritierende Unterteilung löst sich dahingehend auf, dass Anhang B tabellarisch die **P-Entgeltgruppen** erfasst. Der Hinweis unter Buchstabe a) auf die Entgeltgruppen zu Anhang B weist damit zu den Anforderungsmerkmalen der Entgeltgruppen P 4 bis P 9, die dort sprachlich abgebildet sind.

351 Fast bei allen Entgeltgruppen sind in einem Klammersatz Hinweise auf entsprechende **Anmerkungen zu den Tätigkeitsmerkmalen** zu finden. Im Text findet man sie im geltenden Anhang (Anhang D zu Anlage 31, Anhang D bzw. E zu Anlage 32) jeweils am Ende von Abschnitt I und II.

352 ! Die Anmerkungen in Textform sind Bestandteile der AVR und müssen als Grundlage für die Eingruppierung mit herangezogen werden.

3. Entgeltgruppen, Vorbemerkungen und Anmerkungen

353 Die Entgeltgruppen (EG) P 4 und P 6 bilden die niedrigste Ebene unterhalb der examinierten Fachkraft mit dreijähriger Ausbildung ab, wobei EG P 4 **reine Anlerntätigkeiten** enthält und EG P 6 die **einjährige Ausbildung** erfasst. Dass sich die AVR um Übersichtlichkeit bemühen, wird insbesondere dadurch erkennbar, dass alle Entgeltgruppen immer gleichlautend mit der **männlichen Form** „Pflegehelfer" bzw. „Pfleger" einleitend beginnen. Diese Verkürzungen sind keineswegs als Einschränkung der Qualifizierung zu deuten, sie dienen vielmehr ausschließlich der besseren Lesbarkeit.

354 ! Direkt zu Beginn des Abschnitts I. werden in den **Vorbemerkungen** die Begriffe „Pflegehelfer" und „Pfleger" mit beruflichen Entsprechungen weiter aufgefächert.

Allen Entgeltgruppen sind in einem Klammerzusatz eine oder mehrere **Anmerkungen** zugeordnet. 355

Beispiel 356

Entgeltgruppe 7:
„Pfleger mit mindestens dreijähriger Ausbildung und entsprechender Tätigkeit. (Hierzu Anmerkungen Nrn. 1 bis 3 und 7)"

Die benannten und ausformulierten Anmerkungen finden sich gebündelt **am Ende von Abschnitt I.** Der Inhalt der Anmerkungen ist unterschiedlich. Einige Anmerkungen enthalten neben zu erfüllenden Voraussetzungen für Heraushebungen auch Zulagenzahlungen, weitere Erläuterungen, Prüfungsanforderungen und Ähnliches. 357

Beispiele 358

Anmerkung Nr. 2 zu Entgeltgruppen I. Mitarbeiter in der Pflege des Anhangs D zu Anlage 31:
„Mitarbeiter der Entgeltgruppen P 4 bis P 9, die zeitlich überwiegend in Einheiten für Intensivmedizin (Stationen für Intensivbehandlungen und Intensivüberwachung sowie Wachstationen, die für Intensivüberwachung eingerichtet sind) Patienten pflegen, erhalten für die Dauer dieser Tätigkeit eine monatliche Zulage von 100,00 Euro."

Anmerkung Nr. 4 zu Entgeltgruppen I. Mitarbeiter in der Pflege des Anhangs D zu Anlage 32:
„Tätigkeiten, die sich aufgrund besonderer Schwierigkeit erheblich aus der Entgeltgruppe P 7 herausheben, sind
a) Tätigkeiten in Spezialbereichen, in denen eine Fachweiterbildung nach den DKG-Empfehlungen zur Weiterbildung von Gesundheits- und (Kinder-) Krankenpflegekräften (siehe Anmerkung Nr. 6) vorgesehen ist, oder
[...]"

III. Die Entgeltgruppen für Mitarbeitende in der Pflege

359 Die Entgeltgruppen (EG) der beiden „Pflegeanlagen" 31 und 32 werden der Klarheit wegen im Folgenden getrennt dargestellt.

1. Mitarbeitende im Pflegedienst in Krankenhäusern (Anlage 31)

360 Anhang D zu Anlage 31 erfasst ausschließlich **Mitarbeitende im Pflegedienst in Krankenhäusern,** wie die Überschrift erkennen lässt.

1.1 Pflegehilfskräfte und Pflegefachkräfte

361 **EG P 4** stellt die niedrigste Eingruppierungsoption dar. Sie erfordert keinerlei Vorkenntnisse, sondern ausschließlich eine **entsprechende Tätigkeit als Pflegehelfer.** In einem Klammerzusatz wird auf die Anmerkungen Nr. 1 bis 3 verwiesen (dazu im Folgenden ► Rn. 387 ff.). Die Formulierung „entsprechende Tätigkeit" verbindet eine mögliche Qualifikation mit der konkreten auszuübenden Tätigkeit. Eine entsprechende Tätigkeit liegt vor, wenn die Kenntnisse, das Wissen, die Qualifikation und / oder die Weiterbildung genau die Voraussetzung darstellen, die zur Ausübung der Aufgabe notwendig erscheint.[1]

362 **!** Diese Definition gilt vor allem für die nachstehenden Entgeltgruppen und deren berufliche Anforderungen.

[1] BAG, 25.10.1972 – 4 AZR 511/71.

Auf EG P 4 folgt **EG P 6** mit der Tätigkeit als **Pflegehelfer mit einjähriger Ausbildung.** Auch hier steht der Klammersatz mit dem Verweis auf die Anmerkungen Nr. 1 bis 3 (► Rn. 387 ff.). 363

Ab EG P 7 finden sich aufeinander aufbauend in den jeweils ersten Fallgruppen die **examinierten Fachkräfte** in der Grundzuordnung und in Heraushebungen: 364

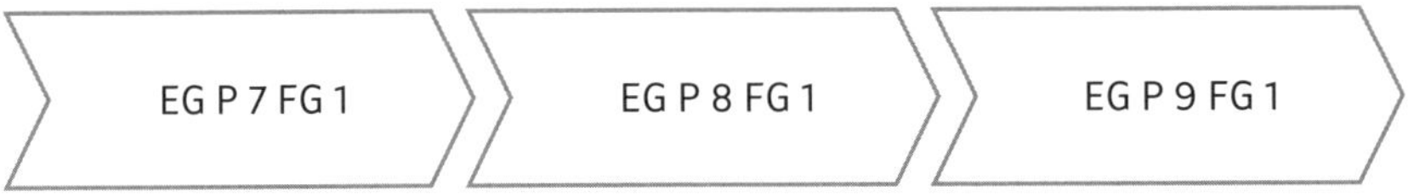

EG P 7 unterteilt sich in zwei Varianten, damit sind zwei mögliche Zuord- 365
nungsalternativen abgebildet. Diese Unterteilungen werden als sogenannte **Fallgruppen** bezeichnet. In Fallgruppe 2 ist keine weitere verschiedene Tätigkeitsvariante für die klassische Pflege abgebildet, sondern dort ist ein weiteres Aufgabenprofil hinterlegt, nämlich Operationstechnische Assistenten (OTA) bzw. Anästhesietechnische Assistenten (ATA), siehe dazu die folgenden Ausführungen in ► Rn. 386. Die Aufteilung in verschiedene Fallgruppen setzt sich auch in **EG P 8 und EG P 9** fort.

> **!** In Fallgruppe 1 wird jeweils die klassische Pflege abgebildet, während 366
> die weiteren Fallgruppen entweder andere Berufsfelder oder weitere Tätigkeiten erfassen.

In EG P 7 Fallgruppe 1 findet sich die examinierte Fachkraft, welche die drei- 367
jährige Ausbildung in der Pflege erfolgreich abgeschlossen hat (bzw. eine in den Vorbemerkungen genannte Alternative zur beruflichen Qualifikation erfüllt).

Aufbauend auf EG P 7 benennen **EG P 8 und EG P 9** jeweils in Fallgruppe 1 Stei- 368
gerungen zur Grundqualifikation in der Pflege. So müssen für **EG P 8 Fallgruppe 1** Tätigkeiten übertragen werden, die sich aufgrund „besonderer Schwierigkeit“ aus EG P 7 „erheblich“ herausheben.

369 Für die erhebliche Heraushebung durch besondere Schwierigkeit müssen die Anforderungen der Anmerkung Nr. 4 erfüllt sein. **Darunter fallen:**

„a) Tätigkeiten in Spezialbereichen, in denen eine Fachweiterbildung nach den DKG-Empfehlungen zur Weiterbildung von Gesundheits- und (Kinder-)Krankenpflegekräften (siehe Anmerkung Nr. 6) vorgesehen ist, oder

b) die Wahrnehmung einer der folgenden besonderen pflegerischen Aufgaben außerhalb von Spezialbereichen nach Buchstabe a:
- *Wundmanager,*
- *Gefäßassistent,*
- *Breast Nurse / Lactation,*
- *Painnurse,*
- *auf einer Stroke-Unit-Station,*
- *auf einer Intermediate-Care-Station,*
- *bei den Begleitenden Psychiatrischen Diensten (BPD) oder*

c) die Tätigkeit im Case- oder Caremanagement."

370 Diese Anmerkung macht deutlich: **Exaktes Lesen ist elementar wichtig** für das Verständnis und die richtige Deutung. Die Beachtung der in den Anmerkungen aufgezählten Punkte ist unabdingbar!

371 **Beispiel**

Die Formulierung unter Buchstabe a) „... in denen eine Fachweiterbildung ... **vorgesehen** ist" bedeutet, dass diese Weiterbildung nicht abgeschlossen vorliegen muss. Übertragen sein muss eine Tätigkeit, für die eine solche Weiterbildung existiert. Der / Die Mitarbeitende muss nicht über diese Weiterbildung verfügen, er / sie muss aber in einem solchen Bereich **eingesetzt** werden. Das erschließt sich aus dem Satzbeginn: „Tätigkeiten in Spezialbereichen, **in denen** ... vorgesehen ist". Daraus ist abzuleiten, dass dem / der Mitarbeitenden eine solche Tätigkeit zur Ausübung übertragen sein muss. **Im Umkehrschluss:** Mitarbeitende, die über diese Weiterbildung zwar verfügen, die aber keine „Tätigkeit im Spezialbereich" auszuüben haben, können diese Heraushebung nicht beanspruchen. Priorität kommt es also auf die **übertragene, auszuübende Tätigkeit** an und nicht auf die persönlichen Qualifikationen von Mitarbeitenden!

Anders ist es bei den Buchstaben b) und c): Hier weisen die einleitenden Worte „die **Wahrnehmung** einer der folgenden besonderen pflegerischen Aufgaben" darauf hin, dass eine der in der Aufzählung folgenden Aufgaben **erfüllt** sein muss. Auf eine mögliche weitere Qualifikation kommt es ebenfalls nicht an. 372

EG P 9 Fallgruppe 1 fordert als Heraushebungsmerkmal eine abgeschlossene Fachweiterbildung und eine entsprechende Tätigkeit. Dazu erläutert Anmerkung Nr. 6, welche Fachweiterbildungen nach den DKG-Empfehlungen erfasst sind. Die Anforderungen in Fallgruppe 9 lassen auch zweifelsfrei erkennen, dass eine solche Fachweiterbildung erfolgreich abgeschlossen sein muss. Zudem muss auch eine „entsprechende Tätigkeit" (► Rn. 361) vorliegen. 373

Auch **EG P 9 Fallgruppe 2** bezieht sich auf die pflegerische Tätigkeit. Hier wird eine erfolgreich abgeschlossene Fachweiterbildung zur Hygienefachkraft und eine entsprechende Tätigkeit gefordert. Die **Weiterbildung zur Hygienefachkraft** (Fachgesundheits- und Krankenpfleger für Hygiene und Infektionsprävention) ist derzeit in Deutschland je nach Bundesland unterschiedlich geregelt. Auf Grundlage von Studienergebnissen hat eine Arbeitsgruppe der Deutschen Gesellschaft für Krankenhaushygiene (DGKH) einen Entwurf für eine einheitliche Weiterbildung zur „Fachkraft für Hygiene und Infektionsprävention" erarbeitet. Ziel ist es, die bundeseinheitliche Weiterbildung und Anerkennung zu gewährleisten. Ein vorliegender Rahmenlehrplan soll den Mindeststandard der Weiterbildung definieren, dieser ist von den Weiterbildungseinrichtungen einzuhalten.[1] 374

EG P 7 Fallgruppe 2 fordert eine Qualifikation als Operationstechnischer Assistent (OTA) oder Anästhesietechnischer Assistent (ATA), siehe dazu ► Rn. 365. Auch diese Qualifikation muss den Anforderungen der DKG-Empfehlungen entsprechen. Ergänzend braucht es auch hier eine „entsprechende Tätigkeit". 375

[1] Rahmenlehrplan zur strukturierten und einheitlichen Weiterbildungsqualifikation zur Fachkraft für Hygiene und Infektionsprävention der Deutschen Gesellschaft für Krankenhaushygiene (DGKH), abrufbar unter www.die-vhd.de.

376 **EG P 8** hat gleich drei weitere Fallgruppen. **Fallgruppe 2** beinhaltet die Praxisanleitung in der Pflege mit berufspädagogischer Zusatzqualifikation nach bundesrechtlicher Regelung und ebenfalls eine entsprechende Tätigkeit. Zunächst wird klargestellt, dass Praxisanleitung hier eine Tätigkeit auf Basis einer abgeschlossenen Weiterbildung darstellt.

1.2 Praxisanleitung

377 Die **Praxisanleitung** ist gesetzlich in § 4 Absatz 1 Pflegeberufe-Ausbildungs- und Prüfungsverordnung (PflAPrV) verankert und dient der situativen Anleitung von Nachwuchskräften innerhalb der praktischen Ausbildungszeit zur Pflegefachkraft. Gemäß den Grundlagen der Eingruppierung nach Anlage 1 Abschnitt I AVR (► Kapitel 1, siehe dort Rn. 45 ff.) ist an den erforderlichen Zeitanteil zu erinnern. Nach Absatz 2 Buchstabe b) entspricht

„die gesamte auszuübende Tätigkeit den Tätigkeitsmerkmalen einer … Entgeltgruppe, wenn zeitlich mindestens zur Hälfte Arbeitsvorgänge anfallen, die für sich genommen Anforderungen eines Tätigkeitsmerkmals dieser … Entgeltgruppe erfüllen."

378 Das Tätigkeitsmerkmal muss die 50-Prozent-Hürde erreichen. Für die Frage, welche Tätigkeiten der Praxisanleitung und welche Tätigkeiten der eigenen pflegerischen Tätigkeit zuzuordnen sind, hat das Bundesarbeitsgericht eine sehr eindeutige Zuordnung getroffen.[1] Danach wird die pflegerische Tätigkeit **in zwei Arbeitsvorgänge aufgeteilt:**

- Der erste Arbeitsvorgang befasst sich mit der eigenen pflegerischen Tätigkeit für und am Patienten.
- Der zweite Arbeitsvorgang enthält alle Tätigkeiten, die im Beisein eines Auszubildenden stattfinden.

379 **Auf die Praxis bezogen** bedeutet das: Sind beide Personen (Mitarbeitender und Auszubildender) im Dienst eingetragen, unterstellt das Bundesarbeitsgericht, dass hier auch eine Praxisanleitung konkret stattfindet. Zeitlich werden also

[1] BAG, 9.9.2023 – 4 AZR 161/20.

alle gemeinsamen Dienste zusammengerechnet und diese gemeinsamen Dienste müssen mindestens 50 Prozent betragen. Dann sind die Voraussetzungen der Fallgruppe 2 erfüllt. Erfasst wird also die Praxisanleitung in der Pflege mit einer berufspädagogischen Zusatzqualifikation nach bundeseinheitlichen Regelungen und einer entsprechend übertragenen Tätigkeit.

Zur Eingruppierung der Praxisanleitung hat das Bundesarbeitsgericht am 17. März 2021 eine Grundsatzentscheidung[1] getroffen, die wegen ihrer Bedeutung für die Praxis im Folgenden mit Sachverhalt und Gründen auszugsweise dargestellt wird: 380

In diesem Fall hat die Klägerin die Auffassung vertreten, dass sie als Praxisanleiterin gemäß EG P 8 TVöD / VKA[2] zu vergüten ist. Sie bezog sich darauf, dass es sich bei der Praxisanleitung um ein sogenanntes Funktionsmerkmal handele und zudem die gesamte Tätigkeit von Praxisanleitern einen einzigen großen Arbeitsvorgang darstelle.

Die Klage wurde abgewiesen.

In seiner Begründung führte das Bundesarbeitsgericht aus, die Klägerin verfüge im konkreten Fall zwar über eine für Praxisanleitungen in der Pflege entsprechend geforderte berufspädagogische Zusatzqualifikation, sie übe aber keine „entsprechende Tätigkeit" im Sinn der Eingruppierungsregelung aus. Bei dem Eingruppierungsmerkmal der EG P 8 Fallgruppe 2 handele es sich gerade nicht um ein Funktionsmerkmal. Vielmehr sei erforderlich, dass die auszuübende Tätigkeit entsprechend den allgemeinen Eingruppierungsvoraussetzungen mindestens zur Hälfte Arbeitsvorgänge umfasse, die die Anforderungen des tariflichen Tätigkeitsmerkmals für sich erfüllten. Dies sei bei der Klägerin nicht der Fall.

Weiter stellt das Gericht fest, dass bei der Tätigkeit der Praxisanleitung nicht automatisch von „einem großen Arbeitsvorgang" ausgegangen werden kann. Vielmehr müsse darauf abgestellt werden, wann welche Tätigkeiten als Praxisanleitung für Auszubildende oder andere Anzuleitende während der Zeit der Zuweisung und Anleitung (welche untrennbar mit der Patientenversorgung

[1] BAG, 17.3.2021 – 4 AZR 327/20.

[2] Diese entspricht den Anforderungen der EG P 8 Fallgruppe 2.

aus der Station verbunden seien) gesehen werden können. Demgegenüber bilde sich ein zweiter Arbeitsvorgang, der die Zeiten umfasse, in denen dem/der Mitarbeitenden keine Auszubildenden oder andere Personen zur Anleitung zugewiesen sind. Arbeitsergebnis sei hier vielmehr die aufgrund der pflegerischen Tätigkeit auf der Station zu leistende Fachkräfteversorgung der Patienten.

381 **Im Ergebnis sah das Bundesarbeitsgericht in diesem Fall also zwei Arbeitsvorgänge,** und zwar einen Arbeitsvorgang mit Praxisanleitung (wenn Auszubildende anwesend waren) und einen zweiten Arbeitsvorgang, wenn der Mitarbeiter oder die Mitarbeiterin alleine für den Dienst eingeteilt war. Eine Eingruppierung nach EG P 8 Fallgruppe 2 war daher für die Klägerin nicht zu erreichen.

382 ! Diese Entscheidung ist lesenswert, da in vielen Krankenhäusern hierzu große Unsicherheit herrscht. Die Kombination aus Qualifikation als subjektives Element und auszuübender Tätigkeit als objektive Anforderung ist eine typische Zusammensetzung für die korrekte Zuordnung. Es müssen zum einen die Fachkräfteanforderungen erfüllt werden und zum anderen muss eine entsprechende Tätigkeit übertragen sein.

383 **EG P 8 Fallgruppe 3** erfasst Hebammen und Entbindungspfleger mit mindestens dreijähriger Ausbildung und entsprechender Tätigkeit. Hier stoßen die AVR an ihre Aktualisierungsgrenze: Zwar sind in den letzten Jahren die Eingruppierungsregelungen der Anlagen 31 und 32 mehrfach überarbeitet worden, jedoch wurde die geänderte Hebammen-Ausbildung noch nicht berücksichtigt.

1.3 Hebammen und Entbindungspfleger

Die **Hebammen-Ausbildung** ist durch das Hebammenreformgesetz (HebRefG), das am 1. Januar 2020 in Kraft getreten ist, umfassend reformiert und modernisiert worden. Hebammen werden nunmehr akademisch im Rahmen von Regelstudiengängen ausgebildet. Das Studium ist als duales Studium ausgestaltet. Rechtliche Grundlagen bilden das neue Hebammengesetz (HebG) sowie die auf dessen Grundlage erlassene **Studien- und Prüfungsverordnung für Hebammen** (HebStPrV). Es handelt sich dabei um ein sogenanntes Berufszulassungsgesetz.[1] Die Entgeltgruppe EG P 8 bildet aktuell nur den Ausbildungsstand ab. Man wird sehen, ob sich durch die Anhebung der Qualifikationsebene von der Ausbildung auf das Studienniveau die Zuordnung in den AVR ebenfalls anpassen wird bzw. anpassen muss. 384

! Der notwendige Änderungsbedarf, der sich für die AVR daraus ergibt, muss von der Arbeitsrechtlichen Kommission in jedem Fall aufgegriffen und bearbeitet werden. 385

1.4 Operationstechnische und Anästhesietechnische Assistenten

EG P 8 Fallgruppe 4 beinhaltet „Mitarbeiter der Entgeltgruppe P 7 Fallgruppe 2, deren Tätigkeit sich aufgrund besonderer Schwierigkeit erheblich aus der Entgeltgruppe P 7 Fallgruppe 2 heraushebt". Dies sind hier wiederum OTA oder ATA, die – ähnlich wie die examinierten Pflegekräfte – in einem speziellen oder besonderen Bereich eingesetzt sind. Die Ausführungen zu EG P 8 Fallgruppe 1 (► Rn. 368 ff.) gelten entsprechend. EG P 8 Fallgruppe 4 verweist auch auf die Anmerkungen Nr. 1 bis Nr. 6. Dazu gelten ebenfalls die entsprechenden Ausführungen zu Fallgruppe 1. 386

[1] Berufszulassungsgesetze beruhen auf der Gesetzgebungskompetenz des Bundes nach Art. 74 Abs. 1 Nr. 19 GG. Näheres auf der Seite des Bundesgesundheitsministeriums, www.bundesgesundheitsministerium.de.

1.5 Zulagentatbestände

387 Alle Entgeltgruppen EG P 4 bis P 9 innerhalb des Abschnitts a) „Entgeltgruppen zu Anhang B“ enthalten als Klammerzusatz den Verweis zu den **Anmerkungen Nr. 1 bis 3.** In diesen Anmerkungen sind jeweils Zulagentatbestände für verschiedenartige pflegerische Tätigkeiten aufgelistet. **Genaues Lesen ist angesagt!**

388 Bereits in der Einleitung zu der **Anmerkung Nr. 1** ist eine zeitliche Komponente enthalten. Dort heißt es: „Mitarbeiter der Entgeltgruppen P 4 bis P 9, die die Grund- und Behandlungspflege zeitlich überwiegend bei ... ausüben“. Damit wird klargestellt, dass abweichend von dem Grundsatz, dass zu mindestens 50 Prozent die Tätigkeitsmerkmale erfüllt werden müssen, hier eine **andere zeitliche Vorgabe** festgelegt ist. Um diesen Zulagentatbestand zu erfüllen, müssen die Zulagenvoraussetzungen **mehr als 50 Prozent** erfüllt werden.

389 ! Es reicht hier eine Erfüllungsquote von mindestens 50,01 Prozent der Arbeitszeit.

390 Die Zahlung der monatlichen Zulage nach der **Anmerkung Nr. 1** ist abhängig von der Erfüllung und Durchführung der dort aufgezählten Merkmale. Die Erfüllung eines der aufgezählten Merkmale (Buchstaben a bis g) reicht aus. Es handelt sich bei der Aufzählung um eine abschließende Aufzählung.

391 Die **Anmerkung Nr. 2** beinhaltet eine monatliche Zulage für ebenfalls besonders beschriebene Tätigkeiten in Einheiten für Intensivmedizin, die in einem Klammerzusatz näher erläutert werden. Auch hier gilt die Maßgabe, dass „zeitlich überwiegend“ diese Tätigkeiten erfüllt werden müssen.

392 Die Zulage nach der **Anmerkung Nr. 3** kombiniert die Grund- und Behandlungspflege für Patienten, die schwerbrandverletzt sind, in Einheiten für Schwerbrandverletzte. Allerdings ist die Zahlung dieser Zulage lokal begrenzt. Es ist nur der Anwendungsbereich der Einsatzzentrale / Rettungsleitstelle der Feuerwehr Hamburg davon erfasst.

> ! Sollten bereits Zulagen nach den Anmerkungen Nr. 1 bzw. Nr. 2 gezahlt werden, so verringern sich diese jeweils um den Betrag, der nach Nr. 3 gezahlt wird. 393

Am Ende von EG P 7 FG 1 fällt auf, dass zusätzlich auf **Anmerkung Nr. 7** verwiesen wird. Dieser Hinweis scheint jedoch fehlzugehen. Ein Blick in diese Anmerkung lässt erkennen, dass es sich hierbei um eine Tätigkeit auf Basis einer Hochschulbildung handelt und somit ein Studium erfasst ist. Tatsächlich ist mit EG P 7 allerdings die Fachkraftebene erreicht, so dass es sich bei dem Verweis auf Anmerkung Nr. 7 nach der Überzeugung der Autorin um einen Übertragungsfehler handeln muss. 394

2. Mitarbeitende im Pflegedienst in sonstigen Einrichtungen (Anlage 32)

Anlage 32 unterteilt die Anforderungsmerkmale in zwei Anhänge. **Anhang D** erfasst alle außerklinischen Tätigkeitsbereiche der Pflege, also die klassische stationäre Altenpflege. Die teilstationären und ambulanten Einrichtungen sind in **Anhang E** abgebildet. Beide Anhänge verweisen zur Klarstellung auf den Geltungsbereich der Anlage nach § 1 Absatz 1 Buchstaben a) bis d) bzw. e) Anlage 32. 395

> ! Grundsätzlich ist Anlage 32 nach dem gleichen Muster aufgebaut wie Anlage 31. Dies gilt sowohl für Anhang D als auch für Anhang E und die jeweils ausgeschriebenen Anforderungsmerkmale. Zu beachten sind auch hier die allgemeinen Vorbemerkungen, die sich über Verweis auf Anlage 31 aus dieser Anlage ergeben und hier ebenfalls Geltung beanspruchen. 396

2.1 Pflegehilfskräfte und Pflegefachkräfte

397 **EG P 4** stellt die niedrigste Eingruppierungsoption dar und fordert keinerlei Vorkenntnisse, sondern ausschließlich eine **entsprechende Tätigkeit als Pflegehelfer.** In einem Klammerzusatz wird auf die Anmerkungen Nr. 1 bis 3 verwiesen (dazu im Folgenden ► Rn. 409 ff.). Für die Formulierung „entsprechende Tätigkeit“ wird auf die vorangegangenen Ausführungen zu Anlage 31 verwiesen (► Rn. 361).

398 Auf EG P 4 folgt **EG P 6** mit einer Tätigkeit als Pflegehelfer mit **einjähriger Ausbildung.** Auch hier steht der Klammerzusatz mit dem Verweis auf die Anmerkungen Nr. 1 bis 3 (► Rn. 409 ff.). **EG P 7** enthält die examinierte Fachkraft, welche die **dreijährige Ausbildung** in der Pflege erfolgreich abgeschlossen hat (bzw. eine in den Vorbemerkungen genannte Alternative der beruflichen Qualifikation erfüllt).

399 **Ab EG P 7** finden sich aufeinander aufbauend die **examinierten Fachkräfte** in der Grundzuordnung und in Heraushebungen. Aufbauend auf EG P 7 benennen EG P 8 und EG P 9 jeweils in Fallgruppe 1 Steigerungen zur Grundqualifikation in der Pflege.

400 Für **EG P 8 Fallgruppe 1** müssen Tätigkeiten übertragen werden, die sich aufgrund „besonderer Schwierigkeit“ aus P 7 „erheblich“ herausheben. Die **Anmerkung Nr. 4** erfasst diese Voraussetzung der besonderen Schwierigkeit und setzt deren Anforderungen wie folgt fest:

„Tätigkeiten, die sich aufgrund besonderer Schwierigkeit erheblich aus der Entgeltgruppe P 7 herausheben, sind solche, die besondere, durch eine Weiterbildung erworbene Kenntnisse oder Fähigkeiten erfordern. Die schwierige Tätigkeit muss überwiegend ausgeübt werden. Die Weiterbildung muss einen Gesamtumfang von mindestens 220 Stunden (Theorie und Praxis) haben.“

Anders als in Anlage 31 (!) muss für diese Heraushebung eine Weiterbildung erfolgreich absolviert sein. Der vorgegebene Weiterbildungsumfang von 220 Stunden einschließlich Theorie und Praxis muss dabei ebenfalls erfüllt sein. Bestimmte Weiterbildungen sind nicht vorgegeben. 401

! Es gilt auch hier: Mitarbeitende, die über diese Weiterbildung verfügen, aber keine „Tätigkeit im Spezialbereich" auszuüben haben, können diese Heraushebung nicht beanspruchen. 402

Es kommt auf die übertragene, also die aus**zu**übende, Tätigkeit an und auf die persönlichen Qualifikationen des Mitarbeitenden. Sowohl das subjektive als auch das objektive Eingruppierungselement müssen zusammenkommen. 403

Anmerkung Nr. 5 lautet: 404

„Auf Pfleger in Einrichtungen, die aufgrund Erfüllung der Anforderung der Anmerkung Nr. 4 in Entgeltgruppe P 8 eingruppiert sind, finden
a) Buchstabe b) der Anmerkung Nr. 1 und
b) Abschnitt VIII Absatz e) Satz 2 Nr. 4 erster Spiegelstrich der Anlage 1 zu den AVR
keine Anwendung."

Damit wird darauf verwiesen, dass in Psychiatrien und psychiatrischen Einrichtungen **keine weitere Zulage** gezahlt wird, sofern die Mitarbeiterin oder der Mitarbeiter bereits in EG P 8 eingruppiert ist. Damit soll eine doppelte Entlohnung für diese Besonderheit ausgeschlossen werden. Die höhere Eingruppierung erfasst damit in diesem speziellen Anwendungsbereich die Zulage. 405

EG P 8 Fallgruppe 2 erfasst die Praxisanleitung in der Pflege mit einer berufspädagogischen Zusatzqualifikation nach bundeseinheitlichen Regelungen und eine entsprechende Qualifikation. Die Ausführungen zu Anlage 31 (► Rn. 376 ff.) gelten hier entsprechend. 406

EG P 9 fordert in **Fallgruppe 1** als Heraushebungsmerkmal eine „abgeschlossene Fachweiterbildung" und „eine entsprechende Tätigkeit". **Anmerkung** 407

Nr. 6 klärt, welche Fachweiterbildung nach den DGKG-Empfehlungen erfasst sind. Zudem muss auch eine „entsprechende Tätigkeit" vorliegen. Auch **Fallgruppe 2** bezieht sich auf die pflegerische Tätigkeit. Hier wird eine erfolgreich abgeschlossene Fachweiterbildung zur Hygienefachkraft und eine entsprechende Tätigkeit gefordert.

408 Die **Weiterbildung zur „Hygienefachkraft"** (Fachgesundheits- und Krankenpfleger für Hygiene und Infektionsprävention) ist derzeit in Deutschland in den Bundesländern unterschiedlich geregelt. Auf Grundlage von Studienergebnissen hat die Arbeitsgruppe „offensive Hygiene" der Deutschen Gesellschaft für Krankenhaushygiene (DGKH) einen Entwurf für eine einheitliche Weiterbildung zur „Fachkraft für Hygiene und Infektionsprävention" erarbeitet. Ziel ist es, eine bundeseinheitliche Weiterbildung und Anerkennung zu gewährleisten. Ein vorliegender Rahmenlehrplan soll den Mindeststandard der Weiterbildung regeln, der durch die Weiterbildungseinrichtungen einzuhalten ist.[1]

2.2 Zulagentatbestände

409 Alle Entgeltgruppen EG P 4 bis EG P 9 innerhalb des dargestellten Abschnitts a) „Entgeltgruppen zu Anhang B" enthalten einen Verweis zu den Anmerkungen Nr. 1 bis 3, jeweils im Klammerzusatz nach den Anforderungsmerkmalen. In den Anmerkungen sind jeweils **Zulagentatbestände** für verschiedenartige pflegerische Tätigkeiten aufgelistet. **Genaues Lesen ist angesagt!**

410 Bereits im Einleitungssatz zu **Anmerkung Nr. 1** ist ein zeitlicher Hinweis enthalten:

„Mitarbeiter der Entgeltgruppe P 4 bis P 9, die die Grund- und Behandlungspflege zeitlich überwiegend bei [es folgen vielfältige Aufzählungen von bestimmten Personengruppen und Behandlungs-/Krankheitsvarianten] … ausüben".

1 Rahmenlehrplan zur strukturierten und einheitlichen Weiterbildungsqualifikation zur Fachkraft für Hygiene und Infektionsprävention der Deutschen Gesellschaft für Krankenhaushygiene (DGKH), abrufbar unter www.die-vhd.de.

Damit ist klargestellt, dass abweichend von der Grundregel aus Anlage 1 Abschnitt I (zu mindestens 50 Prozent müssen die Tätigkeitsmerkmale erfüllt werden) hier eine **abweichende zeitliche Vorgabe** festgeschrieben ist. Um den Zulagentatbestand zu erreichen, müssen die Zulagenvoraussetzungen zu mehr als 50 Prozent erfüllt werden, allerdings reicht hier (rechtlich gesehen) eine Erfüllungsquote von mindestens 50,01 Prozent der Arbeitszeit aus. 411

Die Zulage Nr. 1 ist **monatlich** ausgestaltet und abhängig von der Erfüllung und Durchführung der dort aufgezählten Merkmale. Die Erfüllung eines der aufgezählten Merkmale reicht aus. Es handelt sich um eine **abschließende** Aufzählung. Weitere Optionen können damit nicht analog daneben gestellt werden. Eine Ermessensentscheidung ist ebenfalls nicht vorgesehen. 412

Verwunderlich ist, dass die Aufzählungspunkte sich eher nach Klinik als nach klassischer Altenpflege anhören. Dieser Umstand ist darin begründet, dass die Arbeitsrechtliche Kommission für die Altenhilfe zwar eine eigene Anlage geschaffen hat (anders als der TVöD im kommunalen Bereich), aber dennoch **keine eigenen Zulagentatbestände** festgeschrieben hat. Damit bleibt es bei exakt den gleichen Aufzählungen wie in Anlage 31. In der Praxis dürfte dies, vor allem wegen des geforderten hohen Zeitanteils, dazu führen, dass die Zulage in der stationären Altenpflege (regulär) nur selten zur Auszahlung kommt. 413

Anders sieht es für die Beschäftigten in der **teilstationären und ambulanten** Pflege aus. Denn die Formulierung im letzten Satz der Anmerkung Nr. 1 lautet: 414

„Gleiches gilt für Mitarbeiter der Entgeltgruppen P 4 bis P 9, die die Grund- und Behandlungspflege zeitlich überwiegend in der häuslichen Pflege ausüben, für die Dauer dieser Tätigkeit."

! Hier ist die Erfüllung der geforderten Tätigkeiten durchaus denkbar, da sich die Formulierung „Gleiches gilt" nicht auf die Erfüllung der verschiedenen Personengruppen / Pflegesituationen bezieht, sondern nur auf die Zahlung der Zulage. 415

416 Die Beschäftigten nach **Anhang E** dürfen sich über die Zulage freuen, da außer der Vorgabe des Zeitanteils keine weitere Voraussetzung zu erfüllen ist. Zudem ist anzunehmen, dass in der ambulanten Pflege die Grund- und Behandlungspflege in der häuslichen Pflege stattfindet.

417 **Zulage Nr. 2** beinhaltet eine monatliche Zulage für ebenfalls besonders beschriebene Tätigkeiten in Einheiten für Intensivmedizin, die in einem Klammersatz näher erläutert werden. Auch hier gilt die zeitliche Maßgabe, dass „zeitlich überwiegend" diese Tätigkeiten erfüllt werden müssen. Dies dürfte ebenfalls in der stationären (und ambulanten) Pflege nicht vorkommen, so dass auch diese Zulage nur eine geringe Praxisrelevanz entwickelt.

418 **Zulage Nr. 3** ist nicht besetzt.

3. Mitarbeitende im Pflegedienst in ambulanten oder teilstationären Einrichtungen (Anlage 32 Anhang E)

419 **Anhang E** der Anlage 32 erfasst alle Mitarbeitenden, die nach § 1 Absatz 1 Buchstabe e) Anlage 32 in „ambulanten Pflegediensten oder teilstationären Pflegeeinrichtungen" tätig sind.

420 Relativ knapp wird zu Beginn des Anhangs E klargestellt, dass alle Regelungen (einschließlich der Vorbemerkungen und damit den Ausführungen zu Unterstellungen und Vertretungen) für Beschäftigte, die unter Abschnitt I („Mitarbeiter in der Pflege") fallen, **nach den Vorgaben und Anforderungen des Anhangs D** zu betrachten sind. Es gelten damit die vorherigen Ausführungen (► Rn. 395 ff.) entsprechend.

IV. Die Entgeltgruppen für leitende Mitarbeitende in der Pflege

1. Leitende Mitarbeitende im Pflegedienst in Krankenhäusern (Anlage 31)

Ein weiteres Thema neben den Pflegehilfskräften und Pflegefachkräften ist die 421
Eingruppierung der Leitung bzw. der leitenden Mitarbeitenden in der Pflege. Dieser Bereich findet sich in **Anhang D im Abschnitt II** nach den Mitarbeitern in der Pflege (Abschnitt I).

Zunächst werden in den **Vorbemerkungen** einige Klarstellungen zur allgemei- 422
nen Leitungsstruktur vorgenommen. Anhand von regelmäßigen Leitungs- und Organisationsstrukturen werden Gruppen-, Team-, Stations- sowie Bereichs- und Abteilungsleitungen in grobe Richtgrößen unterteilt.

1.1 Leitungsebenen

Als **unterste Leitungsebene** fungiert eine Gruppen- bzw. eine Teamleitung 423
mit in der Regel nicht mehr als neun unterstellten Mitarbeitenden. Die **Stationsleitung** umfasst als kleinste organisatorische Einheit in der Regel nicht mehr als zwölf unterstellte Mitarbeitende. **Ein Bereich / eine Abteilung** umfasst in der Regel mehrere Stationen. Der Leitung sind dabei in der Regel nicht mehr als 48 Mitarbeitende unterstellt.

Weiter wird klargestellt, dass die Mitarbeitenden fachlich unterstellt sein müs- 424
sen. Soweit für vergleichbare organisatorische Einheiten von den verwendeten Bezeichnungen für die Leitungen **abweichende Bezeichnungen** genutzt werden oder gebräuchlich sind, ist dies unbeachtlich. Damit wird „Wortklauberei" vermieden und verhindert, dass durch die Nutzung anderer Begrifflichkeiten die Strukturen unterwandert werden. Ebenfalls wird klargestellt, dass die Regelungen auch für Leitungskräfte **in der Entbindungspflege** Geltung haben.

425 Eine Begrifflichkeit fällt besonders ins Auge: **„in der Regel".** Wird diese Begrifflichkeit genutzt, so erkennen geübte Rechtsanwender, dass die auf diese Wendung folgende Aussage mit einer gewissen Vorsicht zu behandeln ist. Zum Vergleich werden beispielsweise die folgenden Begriffe verwendet: meistens, für gewöhnlich, häufig etc. Dahinter steckt also gleichermaßen eine Einschränkung, dass es auch Fälle geben kann, bei denen die „in-der-Regel"-Volumen nicht erreicht oder übererfüllt werden. Konkret sind in der Darstellung der Organisationstruktur **Mitarbeitergrößen** genannt und mit Leitungsebenen verknüpft. Die Sätze müssen aber einer einschränkenden Lesart unterzogen und wie folgt gewertet werden:

426 Als unterste Leitungsebene fungiert eine **Gruppen- bzw. Teamleitung** mit in der Regel (häufig, meistens, für gewöhnlich) nicht mehr als neun unterstellten Mitarbeitern. Es können im Einzelfall auch mehr als neun Mitarbeitende sein, ohne dass sich daraus die Leitungsebene verändert oder der Mitarbeiter einen Anspruch auf eine höhere Zuordnung herleiten kann. Dies gilt natürlich gleichermaßen für die weiteren Leitungsebenen.

427 **Für die Stationsleitung hat das Bundesarbeitsgericht am 13.5.2020[1] eine Entscheidung getroffen. Folgender Leitsatz dient der Klarstellung:**

„Beschäftigte in der Pflege leiten im Regelfall dann eine „große Station" iSd. Entgeltgruppe P 13 der Anlage 1 – Entgeltordnung (VKA) zum TVöD / VKA, wenn ihnen als Stationsleitung mehr als zwölf Beschäftigte (Vollzeitäquivalente) fachlich unterstellt sind. Mit dem Begriff „in der Regel" haben die Tarifvertragsparteien aber zu erkennen gegeben, dass im Ausnahmefall neben der Zahl fachlich unterstellter Beschäftigter auch andere Faktoren für die Bewertung maßgeblich sein können, ob eine Station als „groß" im Tarifsinn anzusehen ist."

428 **!** Diese Entscheidung ist zwar zum TVöD (kommunale Fassung) ergangen. Sie ist jedoch 1:1 übertragbar, da der Wortlaut der AVR dem kommunalen Tarif entspricht.

[1] BAG, 13.5.2020 – 4 AZR 173/19.

1.2 Unterstellte Personen

Weiter auffallend ist die Formulierung **„Mitarbeiter unterstellt“.** Abgesehen von dem Umstand, dass hier jegliche gendergerechte Sprache außer Acht gelassen wird, deutet diese Formulierung auf die Zählung der jeweiligen unterstellten Person hin. Einfacher könnte man formulieren, es geht um „jede einzelne Nase“, die der Leitung zugeordnet ist. An dieser Stelle sollten AVR-Anwendern wieder die allgemeinen Eingruppierungsregelungen zu Beginn der Anlage 31 im Anhang D in den Sinn kommen – und zwar **Nr. 4 zu den Unterstellungsverhältnissen** (► Rn. 347). Dort heißt es: 429

„Bei der Zahl der unterstellten oder in der Regel unterstellten bzw. beaufsichtigten oder der in dem betreffenden Bereich beschäftigten Personen zählen Teilzeitbeschäftigte entsprechend dem Verhältnis der mit ihnen im Arbeitsvertrag vereinbarten Arbeitszeit zur regelmäßigen Arbeitszeit einer/eines Vollzeitbeschäftigten. Für die Eingruppierung ist es unschädlich, wenn im Organisations- und Stellenplan zur Besetzung ausgewiesene Stellen nicht besetzt sind.“

Etwas verklausuliert wird hier klargestellt, dass eben nicht „einzelne Nasen“ erfasst werden, sondern objektive **Stellenanteile** zu betrachten sind, wie das folgende Beispiel verdeutlicht: 430

Beispiel 431

Steht eine Leitung einem Team von 12 Mitarbeitenden vor, so könnte überlegt werden, dass es sich um eine Stationsleitung nach EG P 12 handelt. Sind unter den 12 Mitarbeitenden viele Teilzeitkräfte und besteht das Team nur aus 8,75 Vollzeitäquivalenten, wird aber schnell klar, dass es sich um eine Team- bzw. Gruppenleitung handelt, die regulär der EG P 10 zuzuordnen ist.

Diese Betrachtung führt zu einer **gerechten Vergleichbarkeit der Teamgrößen** sowohl untereinander als auch zueinander. Dienstgeber und Dienstnehmer sind bei der Eingruppierung nicht der Willkür unterworfen, sondern 432 nachvollziehbaren Kriterien. Der Umstand, dass ein Mitarbeiter oder eine Mitarbeiterin in Teilzeit beschäftigt ist, hat damit auf die Eingruppierung der jeweiligen Leitung keine Auswirkungen, da die Teamgröße mit x-Stellenanteilen gleichbleibt. Gleichfalls wird in der Vorbemerkung darauf hingewiesen, dass unbesetzte Stellen ebenfalls mitzählen. Auch dies führt zu einer Eingruppierungsgerechtigkeit. Denn die Leitung hat weder Einfluss auf die Entscheidung des Teilzeitwunschs von Mitarbeitenden noch auf die Entscheidung der Besetzung einer Stelle.

433 Die jeweils genannten **Größenordnungen** der erforderlichen Unterstellungen (12, 25, 48 unterstellte Mitarbeitende etc.) erklären sich nicht aus dem Text der AVR selbst und sind bei Entstehung der Anlage 31 weitestgehend aus dem kommunalen Tarif (TVöD / VkA) übernommen worden.

1.3 Leitung und Vertretung

434 Die Leitungsaufgaben starten bei EG P 9 als niedrigste mögliche Zuordnung und reichen bis EG P 16 als höchstmögliche Zuordnung. Dabei ist die Systematik innerhalb der Steigerungen immer gleich:

- Eine Leitungsebene hat eine **Grundeingruppierung.**
- Dazu existiert eine Steigerungsform in die **nächsthöhere Zuordnung** und gleichzeitig eine **Vertretung in der nächstniedrigeren** Zuordnung.
- Die erste Fallgruppe enthält die originäre Leitungsebene und die zweite Fallgruppe die Vertretungsregelung der nächsthöheren P-Entgeltgruppe.

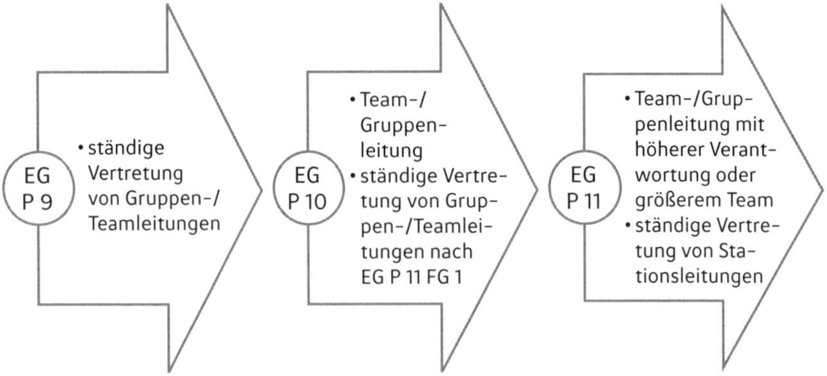

Bei der **ständigen Vertretung** ist auf die allgemeinen Eingruppierungsregelungen zu Beginn der Anlage 31 im Anhang D zu verweisen. Dort ist in Nr. 5 festgehalten: 435

„Ständige Vertreter sind nicht die Vertreter in Urlaubs- und sonstigen Abwesenheitsfällen."

Danach sollte ausdrücklich noch einmal die Vertretungsregelung in den Blick genommen werden: Nur diejenigen Vertretungen sind ständige Vertretungen, denen **über die reine Abwesenheitsvertretung hinaus** Aufgaben delegiert wurden und die auch in Anwesenheit der eigentlichen Leitungsperson Aufgabenanteile (Dienstplangestaltung, Bestellungen etc.) wahrzunehmen haben. Das bedeutet: Eine Eingruppierung nach dem „Vertretermerkmal" kann nur dort stattfinden, wo die Vertretung auch tatsächlich mit regelmäßigen Aufgaben gefüllt ist und als „ständige Vertretung" deklariert ist. 436

Das Schicksal der Leitung prägt und bestimmt damit auch das Schicksal der Vertretung: Steigt die Leitung auf, steigt unweigerlich auch die Vertretung mit. Gleiches gilt für Rückgruppierungen infolge von Strukturveränderungen (nicht jedoch bei unbesetzten Stellen). 437

Bis EG P 14 sind die **Rahmenangaben der Leitungsgröße** aus der Vorbemerkung (in der Regel Team-/Gruppenleitung ≈ 9 Stellenanteile; Stationsleitung ≈ 12 Stellenanteile, Bereichs-/Abteilungsleitung bis zu ≈ 48 Stellenanteile) eine gute Richtschnur. 438

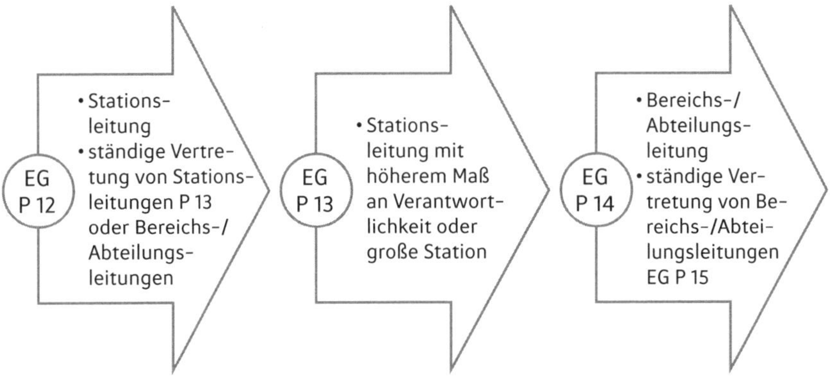

439 EG P 15 und EG P 16 enthalten zusätzlich weitere Merkmale. Zudem besteht zwischen EG P 16 und EG P 15 keine Vertretung mehr.

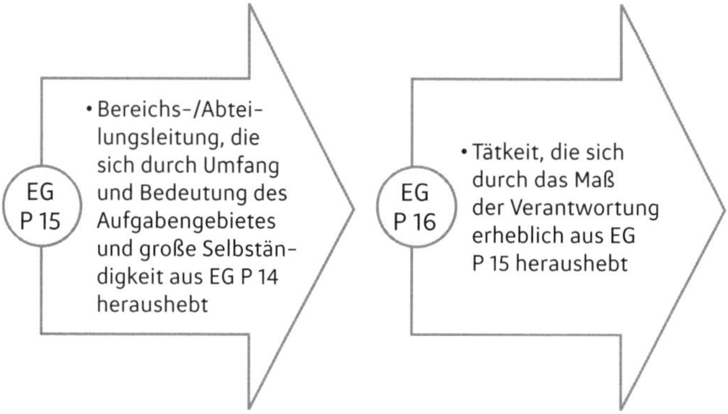

440 Zumindest nicht ausdrücklich genannt ist die **Pflegedienstleitung.** Bei Erfüllen der Voraussetzungen (Teamgröße) steht einer Zuordnung der Pflegedienstleitung in die Leitungsstruktur jedoch nichts entgegen.

441 Interessant ist auch der Umstand, dass unter Abschnitt I (Mitarbeiter in der Pflege) zwischen EG P 7 und EG P 9 jederzeit ein **Fachkraftstatus** vorherrschen muss, hingegen ist dies innerhalb der Leitungsstruktur nicht – zumindest nicht ausdrücklich – gefordert, da ausschließlich die Rede ist von „Mitarbeiter als (...) Leitung / Vertretung". In der Praxis wird der Fall einer Leitungskraft ohne Fachkraftstatus jedoch zu vernachlässigen sein.

2. Leitende Mitarbeitende in sonstigen Einrichtungen (Anlage 32)

2.1 Anhang D – Stationäre Einrichtungen

Auch in Anhang D zu Anlage 32 existiert die Unterteilung in „Mitarbeiter in der Pflege" (Abschnitt I) und „Leitende Mitarbeiter in der Pflege" (Abschnitt II) als Ergänzung zu den Pflegehilfskräften und Pflegefachkräften. Abschnitt II beginnt mit zwei kurzen Vorbemerkungen. Dort wird klargestellt, dass die **rein fachliche Unterstellung** ausreicht. Eine weitergehende disziplinarische Unterstellung und Kompetenz sind damit gegenüber den Unterstellten nicht notwendig. 442

! Hiervon betroffen sein könnte Personal, welches über einen Dienstleistungsvertrag Aufgaben mit wahrnimmt (Stichwort: Arbeitnehmerüberlassung, Gestellung etc.). 443

Des Weiteren wird in den Vorbemerkungen darauf hingewiesen, dass die Bezeichnungen für die organisatorischen Einheiten nur **exemplarischen Charakter** haben und keinesfalls verbindliche Festlegungen enthalten. Diese Klarstellung ist – ähnlich wie in Anlage 31 – insofern wichtig, als dass keine Auseinandersetzungen anhand von Begrifflichkeiten bzw. Benennungen entstehen sollen. Es werden typische und in der Organisationsbetrachtung übliche Bezeichnungen für Leitungseinheiten verwendet. 444

In den Anforderungsmerkmalen selbst geht es um Unterstellungsvolumina, das heißt **die Größe eines Teams bestimmt die Eingruppierung.** 445

446 **Beispiel**

EG P 12
„Mitarbeiter als Wohnbereichs-, Wohngruppen- bzw. Teamleiter, denen mindestens 12 Mitarbeiter durch ausdrückliche Anordnung ständig unterstellt sind"

447 Die Angabe der Anzahl der unterstellten „Mitarbeiter" könnte auf die Zählung der jeweiligen unterstellten Personen hindeuten. Der Umstand, der nicht gender-gerechten Sprache soll hier außer Acht bleiben, aber der Bezug zu „unterstellten" Mitarbeitern könnte andeuten, es ginge um „jede einzelne Nase", die der Leitung zugeordnet ist. Alle mit der Eingruppierung befassten AVR-Anwender sollten sich an dieser Stelle Folgendes in Erinnerung rufen: Am Beginn des Anhangs D zu Anlage 32 wird auf die **allgemeinen Eingruppierungsregelungen** der Anlage 31, Anhang D verwiesen. Man stößt dort auf die Regelung Nr. 4 mit der Überschrift „Unterstellungsverhältnisse", die da lautet:

„Bei der Zahl der unterstellten oder in der Regel unterstellten bzw. beaufsichtigten oder der in dem betreffenden Bereich beschäftigten Personen zählen Teilzeitbeschäftigte entsprechend dem Verhältnis der mit ihnen im Arbeitsvertrag vereinbarten Arbeitszeit zur regelmäßigen Arbeitszeit einer/eines Vollzeitbeschäftigten. Für die Eingruppierung ist es unschädlich, wenn im Organisations- und Stellenplan zur Besetzung ausgewiesene Stellen nicht besetzt sind."

448 Diese Aussage bedeutet nichts anderes, als dass eben nicht „jede Nase" erfasst werden muss, sondern im Gegenteil nur die **objektiven Stellenanteile** zu betrachten sind.

449 **Beispiel**

Ist die Leitungsspanne eines Teams bei 15 Mitarbeitenden, kommt auf den ersten Blick eine Zuordnung nach Entgeltgruppe P 11 Fallgruppe 1 in Frage. Bei genauerem Betrachten besteht das Team aber aus Vollzeit- und

Teilzeitkräften. Insgesamt belegen die 15 Mitarbeitenden nur 11,25 Vollzeitäquivalenten. Die Zuordnung erfolgt deshalb nach EG P 10 Fallgruppe 1.

Diese Bewertung führt zu einer gerechten **Vergleichbarkeit der Teamgrößen** 450 unter- und zueinander. Dienstgeber und Dienstnehmer sind dabei nachvollziehbaren Kriterien unterworfen. Der Umstand, dass ein Mitarbeiter oder eine Mitarbeiterin in Teilzeit beschäftigt ist, hat auf die Eingruppierung der jeweiligen Leitung keine Auswirkungen, da die Teamgröße mit x-Stellenanteilen gleichbleibt. Gleichfalls wird darauf hingewiesen, dass **unbesetzte Stellen** ebenfalls mitzählen. Auch dies führt zu einer Eingruppierungsgerechtigkeit. Denn weder hat die Leitung Einfluss auf den Teilzeitwunsch der Mitarbeitenden noch auf die Besetzung einer Stelle.

Die jeweils genannten **Größenordnungen** der erforderlichen Unterstellungen 451 erklären sich nicht aus dem Text der AVR selbst. Sie sind bei Entstehung der Anlage 32 weitestgehend aus dem kommunalen Tarif (TVöD / VKA) übernommen worden.

Leitung geht mit einer **ausdrücklichen** Unterstellung einher, das heißt die 452 Mitarbeitenden müssen seitens des Dienstgebers ausdrücklich der Anordnungsbefugnis / dem Weisungsrecht der Leitungskraft zugeordnet sein und werden.

Die **Leitungsaufgaben** starten bei EG P 9 als niedrigste mögliche Zuordnung 453 und reichen bis EG P 16 als höchstmögliche Zuordnung. Dabei ist die Systematik innerhalb der Steigerungen immer gleich:

- Eine Leitungsebene hat eine Grundeingruppierung.
- Dazu existiert eine Steigerungsform in die nächsthöhere Zuordnung und gleichzeitig eine Vertretung in der nächstniedrigeren Zuordnung.
- Die erste Fallgruppe enthält die originäre Leitungsebene, die zweite Fallgruppe enthält demgegenüber die Vertretungsregelung der nächsthöheren P-Entgeltgruppe.
- In einigen Fällen existiert eine Fallgruppe 3.

454 **!** Genaues Lesen der einzelnen Anforderungen empfiehlt sich in jedem Fall.

455 Die **Leitungsgrößen** beziehen sich auf Mindestangaben, die für eine höhere Zuordnung ausreichen. Allerdings sind diese infolge der Anwendung der allgemeinen Eingruppierungshinweise immer entsprechende **Vollzeitäquivalenten:**

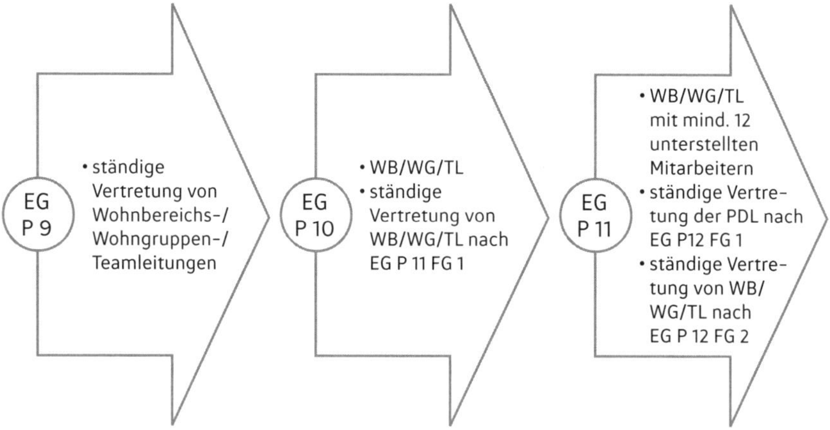

456 Bei der **ständigen Vertretung** ist erneut auf die allgemeinen Eingruppierungsregelungen zu verweisen, die sich kraft Verweises zu Beginn des Anhangs D der Anlage 32 **in Anlage 31 Anhang D** finden. Dort ist in Nr. 5 festgehalten:

„Ständige Vertreter sind nicht die Vertreter in Urlaubs- und sonstigen Abwesenheitsfällen."

457 Ausdrücklich ist erneut die Vertretungsregelung in den Blick zu nehmen: Danach sind nur solche Vertretungen ständige Vertretungen, denen **über die reine Abwesenheitsvertretung hinaus** Aufgaben delegiert wurden und die auch in Anwesenheit der eigentlichen Leitungsperson Aufgabenanteile wahrzunehmen haben. Eine Eingruppierung nach dem „Vertretermerkmal" kann nur dort stattfinden, wo die Vertretung auch tatsächlich mit regelmäßigen Aufgaben gefüllt ist.

Eine ständige Vertretung ist unter Umständen aus den **Leistungsverträgen mit den Pflegekassen** bzw. der Heimaufsicht heraus erforderlich. 458

459 **!** Das Schicksal der Leitung prägt und bestimmt auch das Schicksal der Vertretung. Steigt die Leitung auf, steigt unweigerlich die Vertretung mit. Gleiches gilt für Rückgruppierungen infolge von Strukturveränderungen (nicht jedoch bei unbesetzten Stellen).

Bis EG P 16 steigert sich die Teamgröße auf stattliche 80 Leitungsanteile. 460

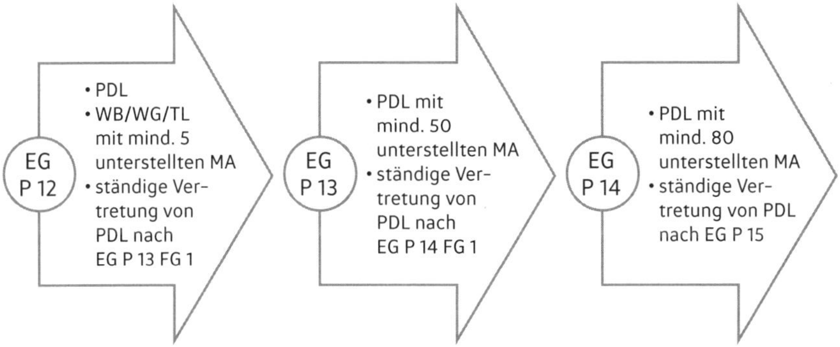

EG P 15 und EG P 16 enthalten zusätzlich weitere Merkmale und zudem besteht zwischen EG P 16 und EG P 15 keine Vertretung mehr: 461

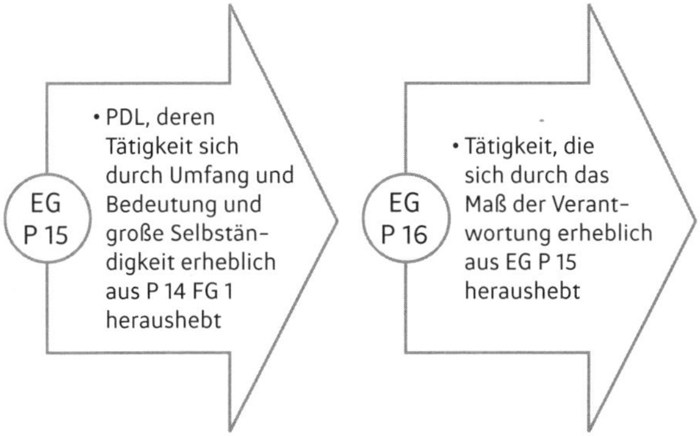

462 Die Aufgabe als **Pflegedienstleitung** ist nicht näher definiert. Pflegedienstleitung ist eine Funktionsbezeichnung für die verantwortliche Pflegefachkraft nach § 71 SGB XI, die eine Führungstätigkeit in Pflegeeinrichtungen, ambulanten Diensten und in Rehakliniken ausübt.

463 Unter Abschnitt I („Mitarbeiter in der Pflege") war zwischen EG P 7 und EG P 9 jederzeit ein **Fachkraftstatus** im Text der jeweiligen Entgeltgruppe gefordert. Für Abschnitt II („Leitende Mitarbeiter in der Pflege") ist hingegen zwischen EG P 9 und EG P 12 für die Wohnbereichs-, Wohngruppen und Teamleitungen ein solcher nicht ausdrücklich benannt.

2.2 Anhang E – Teilstationäre / Ambulante Einrichtungen

464 Im Anhang E finden sich alle **nicht stationären** Dienstleistungen. Unterteilt sind die Zuordnungen hier exakt wie im Anhang D, also in Abschnitt I (Mitarbeiter in der Pflege) und in Abschnitt II (Leitende Mitarbeiter in der Pflege).

465 Für die **Mitarbeitenden in der Pflege** wird mit einem Satz („Es gilt Abschnitt I des Anhangs D.") vollständig auf die Anforderungsmerkmale und Systematik in Anhang D verwiesen, so dass an dieser Stelle ebenfalls auf die entsprechenden Ausführungen (► Rn. 442 ff.) verwiesen wird. Für die leitenden Mitarbeitenden in der Pflege existieren eigenständige Anforderungsmerkmale.

466 Die **Leitungsaufgaben** beginnen ebenfalls bei EG P 9 als niedrigste mögliche Zuordnung und reichen bis EG P 16 als höchstmögliche Zuordnung. Es wird zunächst auf die Vorbemerkungen aus der Leitungsebene zu Anhang D verwiesen. Um Wiederholungen an dieser Stelle zu vermeiden, wird deshalb ebenfalls zu den entsprechenden Ausführungen verwiesen (► Rn. 442 ff.).

467 Die **Systematik innerhalb der Leitungsstruktur** folgt einem stets gleichen Muster: Eine Leitungsebene hat eine Grundeingruppierung, dazu existiert eine Steigerungsform in die nächsthöhere Zuordnung und gleichzeitig eine Vertretung in der nächstniedrigeren Zuordnung. Verschiedene Fallgruppen enthalten unterschiedliche Anforderungen und Vertretungen. In einer Fallgruppe (bei EG P 9, P 10 und P 11 in zwei Fallgruppen) sind die originären

Leitungsmerkmale abgebildet, die andere(n) Fallgruppe(n) enthalten demgegenüber die Vertretungsregelung der nächsthöheren P-Entgeltgruppe. **Das genaue Lesen der einzelnen Anforderungen empfiehlt sich also in jedem Fall.**

Die Leitungsstruktur startet in **EG P 8** mit der Vertretung für eine Gruppen- 468
bzw. Teamleitung nach EG P 9. Die Steigerung der Leitungen folgt der Steigerung des Volumens der Teamgröße, also je größer das Team, umso höher die Zuordnung. Eine Besonderheit, die in den anderen Pflegezuordnungen nicht vorzufinden ist, ist die Unterscheidung der Teamgröße nach **fachkräfteorientierter Teamzusammensetzung:** Ab EG P 10 kommt es nicht nur auf die Teamgröße an sich an, sondern zusätzlich auf die Frage, wie sich das Team zusammensetzt. **EG P 10** fordert in Fallgruppe 3:

„Mitarbeiter als Gruppenleiter bzw. Teamleiter, denen mindestens 6 Mitarbeiter oder 4 Pflegefachkräfte durch ausdrückliche Anordnung ständig unterstellt sind."

Das Team wird also nach zwei Kriterien zahlenmäßig aufgesplittet: **Die Anzahl** 469
der Fachkräfte steht der gesamten Teamgröße gegenüber. Eine geringere Anzahl an Fachkräften reicht also für eine höhere Zuordnung aus.

! An dieser Stelle ist noch einmal an den Verweis auf Anhang D zu erin- 470
nern: Dort wird wiederum auf die allgemeinen Eingruppierungsregelungen der Anlage 31, Anhang D verwiesen.

Im Zusammenhang mit den **Unterstellungsvolumina** ist zu beachten, dass 471
die Anzahl der unterstellten „Mitarbeiter" keineswegs auf die Zählung der jeweiligen unterstellten Personen hindeutet. Die Verwendung der nicht gendergerechten Sprache soll hier außer Acht bleiben, aber der Bezug zu „unterstellten Mitarbeitern" könnte andeuten, es ginge um „jede einzelne Nase", die der Leitung zugeordnet ist. Die allgemeinen Eingruppierungsregelungen der Anlage 31, Anhang D klären diesen Irrtum auf: Unter Regelung Nr. 4 (Unterstellungsverhältnisse) heißt es:

„Bei der Zahl der unterstellten oder in der Regel unterstellten bzw. beaufsichtigten oder der in dem betreffenden Bereich beschäftigten Personen zählen Teilzeitbeschäftigte entsprechend dem Verhältnis der mit ihnen im Arbeitsvertrag vereinbarten Arbeitszeit zur regelmäßigen Arbeitszeit einer / eines Vollzeitbeschäftigten. Für die Eingruppierung ist es unschädlich, wenn im Organisations- und Stellenplan zur Besetzung ausgewiesene Stellen nicht besetzt sind."

472 Diese Aussage bedeutet, dass nur die **objektiven Stellenanteile** zu betrachten sind.

473 **Beispiel**

Liegt die Leitungsspanne eines Teams bei 15 Mitarbeitenden, so kommt auf den ersten Blick eine Zuordnung nach EG P 12 Fallgruppe 1 in Frage. Bei genauerem Betrachten besteht das Team aber aus Vollzeit- und Teilzeitkräften und aus Pflegefach-, Pflegehilfs- und anderen Kräften wie Hauswirtschaftskräften etc. Tatsächlich befinden sich im Team nur 6,5 pflegefachliche Vollzeitäquivalenten und 10,75 Vollzeitäquivalenten insgesamt. Damit erfolgt die Zuordnung nach EG P 11 Fallgruppe 1.

474 Diese Betrachtung führt zu einer gerechten **Vergleichbarkeit der Teamgrößen** unter- und zueinander. Die Dienstgeber als auch die Dienstnehmer sind bei der Eingruppierung nicht der Willkür unterworfen, sondern nachvollziehbaren Kriterien. Der Umstand, dass eine Mitarbeiterin oder ein Mitarbeiter **in Teilzeit** beschäftigt wird, hat damit auf die Eingruppierung der jeweiligen Leitung keine Auswirkungen. Die Teamgröße mit x-Stellenanteilen verändert sich nicht. Gleichfalls wird in der Vorbemerkung darauf hingewiesen, dass **unbesetzte Stellen** ebenfalls mitzählen. Auch dies führt zu einer Eingruppierungsgerechtigkeit. Weder hat die Leitung Einfluss auf die Frage des Teilzeitwunsches des Mitarbeitenden, noch auf die Frage der Besetzung einer Stelle.

Die jeweils genannten **Größenordnungen** der erforderlichen Unterstellungen erklären sich nicht aus dem Text der AVR selbst. Sie sind bei Entstehung der Anlage 32 weitestgehend aus dem kommunalen Tarif (TVöD / VkA) übernommen worden. 475

Leitung geht mit einer **ausdrücklichen** Unterstellung einher, das heißt die Mitarbeitenden müssen seitens des Dienstgebers ausdrücklich der Anordnungsbefugnis / dem Weisungsrecht der Leitungskraft zugeordnet sein und werden. In der konkreten Systematik zeigen sich die Anforderungen wie folgt: 476

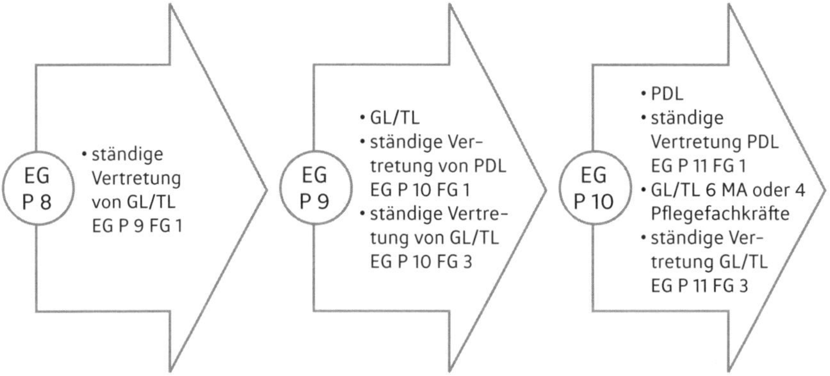

Bei der **ständigen Vertretung** ist noch einmal auf die allgemeinen Eingruppierungsregelungen hinzuweisen, die sich kraft Verweises zu Beginn im Anhang D der Anlage 32 in Anlage 31, Anhang D finden. Dort ist in Nr. 5 festgehalten: 477

„Ständige Vertreter sind nicht die Vertreter in Urlaubs- und sonstigen Abwesenheitsfällen."

Danach sind nur solche Vertretungen **ständige Vertretungen,** denen über die reine Abwesenheitsvertretung hinaus Aufgaben delegiert wurden und die auch in Anwesenheit der eigentlichen Leitungsperson Aufgabenanteile wahrzunehmen haben. Eine Eingruppierung nach dem „Vertretermerkmal" kann nur dort stattfinden, wo die Vertretung auch tatsächlich mit regelmäßigen Aufgaben gefüllt ist (bereits ► Rn. 456 ff.). 478

Eine ständige Vertretung ist unter Umständen aus den **Leistungsverträgen** mit den Pflegekassen bzw. der Heimaufsicht heraus erforderlich. 479

480 **Das Schicksal der Leitung prägt und bestimmt damit auch das Schicksal der Vertretung.** Steigt die Leitung auf, steigt unweigerlich die Vertretung mit. Gleiches gilt für Rückgruppierungen infolge von Strukturveränderungen (nicht jedoch bei unbesetzten Stellen).

481 Bis EG 16 steigert sich die Teamgröße gesplittet nach unterstellten Pflegefachkräften einerseits und Gesamt-Teams andererseits:

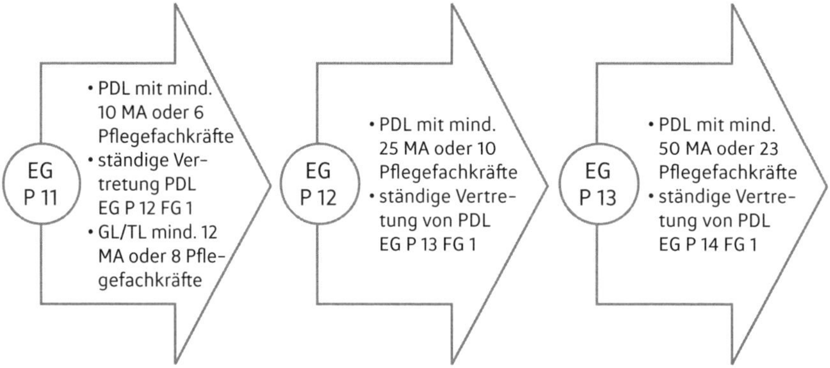

482 EG P 15 und EG P 16 enthalten zusätzlich weitere Merkmale. Zudem besteht zwischen EG P 16 und EG P 15 keine Vertretung mehr:

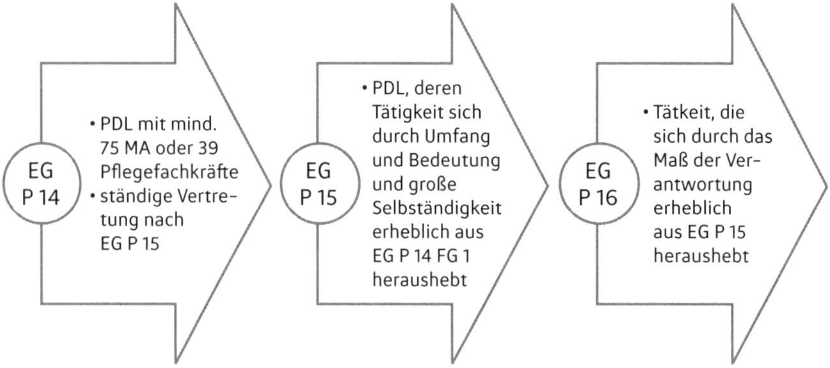

483 Die Aufgabe als **Pflegedienstleitung** ist nicht näher definiert. Pflegedienstleitung ist aber eine Funktionsbezeichnung für die verantwortliche Pflegefachkraft nach § 71 SGB XI, die eine Führungstätigkeit in Pflegeeinrichtungen, ambulanten Diensten und Rehakliniken ausübt.

Unter Abschnitt I „Mitarbeiter in der Pflege“ war zwischen EG P 7 und EG P 9 jederzeit ein Fachkraftstatus im Text der jeweiligen Entgeltgruppe gefordert. Für Abschnitt II „Leitende Mitarbeiter in der Pflege“ ist hingegen zwischen EG P 9 und EG P 12 für die Wohnbereichs-, Wohngruppen und Teamleitungen ein solcher nicht ausdrücklich benannt. 484

Für EG P 8 bis P 12 ist eine **Anmerkung** vorgesehen: 485

„Mitarbeiter der Entgeltgruppen P 8 bis P 12, die die Grund- und Behandlungspflege zeitlich überwiegend in der häuslichen Pflege ausüben, erhalten für die Dauer dieser Tätigkeit eine monatliche Zulage von 46,02 Euro.“

V. Weitere Entgeltgruppen in den Anlagen 31 und 32

Neben den Pflegefach- und Pflegehilfskräften, die sich in beiden Anlagen 486 und dort im jeweiligen Anhang D unter Abschnitt I, den Mitarbeitenden in der Pflege und Abschnitt II, den Leitenden Mitarbeitenden in der Pflege befinden, existieren **weitere Entgeltmerkmale in Anhang D.** Wie bereits in der Grafik (► Rn. 349) dargestellt, gliedert sich Anhang D in die Abschnitte I und II und dort in a) und b). Die Kategorie b) ist überschrieben mit „Entgeltgruppen zu Anhang A“.

Es werden zunächst in I. Entgeltgruppe 9b, Entgeltgruppe 9c, Entgeltgruppe 487 10, Entgeltgruppe 11 und Entgeltgruppe 12 sowie unter II. b) Entgeltgruppe 13, Entgeltgruppe 14 und Entgeltgruppe 15 dargestellt. Auffällig ist, dass diese Entgeltgruppen **nicht über ein „P“ verfügen.** Folgt man der Überschrift und blickt in **Anhang A,** so finden sich dort die entsprechenden Tabellen, die auf der y-Achse die EG 9b bis 15 und auf der x-Achse die Stufen 1 bis 6 enthalten. Anhang A und die dazugehörigen inhaltlichen Ausgestaltungen in Anhang D sind durch die Änderungen im Jahr 2017 in die Anlagen 31 und 32 eingefügt worden.

488 Ziel dieser Entgeltgruppen ist die Abbildung von Tätigkeiten, die sich **im Kontext von Pflege ergeben,** die aber nicht mehr mit der Pflege an Patienten / Bewohner / Klienten selbst im Zusammenhang stehen. Wie aus den Anmerkungen zu diesen Entgeltgruppen erkennbar, insbesondere aus der **Anmerkung Nr. 7,** handelt es sich um Tätigkeiten, die auf der Basis einer Hochschulausbildung gedacht sind.

489 Die **hochschulische Ausbildung** wird zu Beginn von Anhang D in den grundsätzlichen Eingruppierungsregelungen dargestellt. Dort heißt es unter **Ziffer 2,** dass eine abgeschlossene Hochschulbildung dann vorliegt, wenn von einer staatlichen Hochschule im Sinne des Hochschulrahmengesetzes ein Diplomgrad mit dem Zusatz „FH" oder ein entsprechender Bachelorgrad erworben worden ist. Das Studium setzt eine **Hochschulzugangsberechtigung** und ein **mindestens sechssemestriges Studium** voraus.

490 Weiter nennt die Anmerkung Nr. 7 verschiedenartige Tätigkeiten in einer **beispielhaften Aufzählung.** Daraus ist ebenfalls gut erkennbar, dass es sich nicht mehr um Tätigkeiten am bzw. für den Patienten handeln kann. Es finden sich dort Aufzählungen wie „Steuerung und Gestaltung hochkomplexer Pflegeprozesse auf der Grundlage wissenschaftsbasierter oder wissenschaftsorientierter Entscheidungen" oder die Mitwirkung an der „Entwicklung von Qualitätsmanagementkonzepten, Leitlinien und Expertenstandards" etc.

1. Objektive und subjektive Anforderungen

491 Ab EG 9b wird eine objektive und eine subjektive Anforderung gleichermaßen als Erfüllung für die Zuordnung vorausgesetzt. Die Formulierung

„Mitarbeiter mit abgeschlossener Hochschulbildung und einer den Anforderungen der Anmerkung Nr. 7 entsprechenden Tätigkeit sowie sonstige Mitarbeiter, die aufgrund gleichwertiger Fähigkeiten und ihrer Erfahrungen entsprechende Tätigkeiten ausüben"

lässt erkennen, dass einerseits der / die Mitarbeitende eine **abgeschlossene Hochschulbildung** erfüllen und andererseits eine den Anforderungen der Anmerkung Nr. 7 entsprechende Tätigkeit ausüben muss.

! Es kommt also sowohl auf die persönliche Qualifikation als auch auf die übertragene Tätigkeit (das „Soll") an. 492

Die Formulierung „entsprechende Tätigkeit" verbindet die genannte Qualifikation mit der konkreten auszuübenden Tätigkeit. Eine **entsprechende Tätigkeit** liegt immer dann vor, wenn die Kenntnisse, das Wissen, die Qualifikation und / oder die Weiterbildung genau die Voraussetzung darstellen und fordern, die zur Ausübung der Aufgabe notwendig erscheint.[1] 493

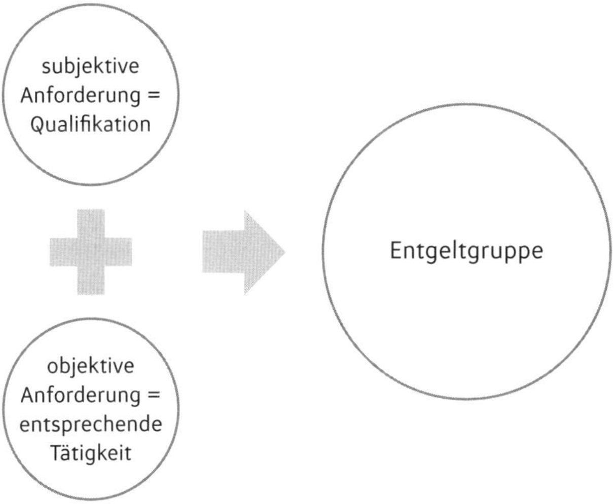

[1] BAG, 28.6.1989 – 4 AZR 115/89.

494 Das Bundesarbeitsgericht hat dazu bereits im Jahr 1972[1] festgestellt:

„Eine entsprechende Tätigkeit liegt nur dann vor, wenn sie objektiv ein Wissen und Können erfordert, das sich im Vergleich zu einer abgeschlossenen wissenschaftlichen Hochschulbildung als ähnlich gründliche Beherrschung eines entsprechenden umfangreichen Wissensgebietes darstellt."

495 Eine Qualifikation, die nur hilfreich erscheint, stellt keine entsprechende Tätigkeit dar.[2] Vielmehr muss die Qualifikation die **adäquate Vor- und Ausbildung** sein, die für die Ausübung dieser Tätigkeit und für dieses geforderte Berufsbild typisch und wesensprägend ist.

2. Sonstige Mitarbeitende

496 In den Fallgruppen der einzelnen Entgeltgruppen ab EG 9b bis EG 12, in denen diese konkrete Qualifikation gefordert wird, ist gleichermaßen auch folgende **Alternative** formuliert: „sonstige Mitarbeiter, die aufgrund gleichwertiger Fähigkeiten und ihrer Erfahrungen entsprechende Tätigkeiten ausüben".

497 Diese Alternative findet sich überall dort, wo eine **konkrete Qualifikation** gefordert ist. Die Formulierung weist auf eine gewisse Durchlässigkeit des Zwangs der genannten Qualifikation hin. Die Anforderung kann entweder durch Erfüllen der genannten Studienqualifikation erfolgen oder durch Erfüllen der „Sonstigen-Anforderungen". Voraussetzung ist, dass der „sonstige Mitarbeitende" über **gleichwertige Fähigkeiten und Erfahrungen** wie ein entsprechend ausgebildeter Mitarbeitender verfügen muss. Dabei können aus der auszuübenden Tätigkeit Rückschlüsse auf die Fähigkeiten und Erfahrungen der Beschäftigten gezogen werden, wenn diese eine „entsprechende Tätigkeit" ausüben. Dies allein reicht jedoch noch nicht, um die „Sonstigen-Anerkennung" zu bejahen.[3]

1 BAG, 25.10.1972 – 4 AZR 511/71.

2 BAG, 18.4.2012 – 4 AZR 441/10.

3 BAG, 5.5.2021 – 4 AZR 666/19.

Das Bundesarbeitsgericht führt in der zitierten Entscheidung dazu aus: 498

„Die Eingruppierung der sonstigen Beschäftigten erfordert, dass sie über gleichwertige Fähigkeiten und Erfahrungen wie [...] verfügen muss. Dabei wird nicht ein Wissen und Können verlangt, wie es durch die entsprechende Ausbildung vermittelt wird, wohl aber eine ähnlich gründliche Beherrschung

eines entsprechend umfangreichen Wissensgebietes, wobei Fähigkeiten und Erfahrungen auf einem eng begrenzten Teilgebiet nicht ausreichen (zum „sonstigen Angestellten" BAG 9. Juli 1997 - 4 AZR 635/95 - zu B II 2 c der Gründe). Solche gleichwertigen Fähigkeiten können insbesondere durch Berufserfahrung erworben sein. Dabei können aus der auszuübenden Tätigkeit Rückschlüsse auf die Fähigkeiten und Erfahrungen der Beschäftigten gezogen werden, wenn diese eine „entsprechende Tätigkeit" ausübt. Sie werden aber nicht schon dadurch nachgewiesen, dass die „sonstige Beschäftigte" auf einem einzelnen Arbeitsgebiet einer Sozialarbeiterin/Sozialpädagogin Leistungen erbringt, die auf diesem begrenzten Gebiet gleichwertig sind (zur „sonstigen Mitarbeiterin" BAG 22. März 2000 - 4 AZR 105/99 - zu I 6 a aa der Gründe)."

Bei der subjektiven Voraussetzung der „gleichwertigen Fähigkeiten und Er- 499
fahrungen" ist es zwar rechtlich möglich, aus der ausgeübten Tätigkeit eines Beschäftigten **Rückschlüsse** auf dessen Fähigkeiten und Erfahrungen zu ziehen. Daraus kann jedoch weder der Rechtssatz noch ein allgemeiner Erfahrungssatz abgeleitet werden, dass immer dann, wenn ein „sonstiger Mitarbeiter" eine „entsprechende Tätigkeit" ausübt, dieser auch über „gleichwertige Fähigkeiten und Erfahrungen" im tariflichen Sinne verfügt. Vielmehr zeigt die Lebenserfahrung, dass „sonstige Mitarbeiter", selbst wenn sie im Einzelfall eine „entsprechende Tätigkeit" ausüben, gleichwohl – anders als ein Beschäftigter mit der entsprechenden Ausbildung – häufig an anderen Stellen deswegen nicht eingesetzt werden können, weil ihnen für diese Tätigkeiten Kenntnisse und Erfahrungen fehlen.[1]

1 LAG Rheinland-Pfalz, 21.9.2022 – 7 Sa 2/22.

500 Die Fähigkeiten und Erfahrungen der Beschäftigten müssen dem jeweiligen Berufsbild grundsätzlich in seiner vollen Bandbreite entsprechen. Fähigkeiten und Erfahrungen in einem **Teilgebiet** sind nicht ausreichend.[1]

501 Aus diesen Entscheidungen ist abzuleiten, dass die Ausübung einer entsprechenden Tätigkeit noch nicht den absoluten Rückschluss zulässt, dass dem oder der Beschäftigten auch vergleichbare Erfahrungen und Kenntnisse wie aus bzw. in der Qualifikation vermittelt worden sind. Für die Anerkennung als „sonstiger Mitarbeiter" bedarf es darüber hinaus vielmehr auch einer sogenannten **Verwendungsbreite.** Das heißt, nicht nur punktuelle und auf eine spezifische Tätigkeit festgestellte Kenntnisse reichen aus, sondern vielmehr müssen der Qualifikation entsprechende breite Kenntnisse und damit auch eine breit gefächerte Einsetzbarkeit nachfolgen.

502 **!** Mit dieser Bewertung ist auch ein Schutz der (beruflichen) Qualifikation verbunden. Jedenfalls muss der Mitarbeitende vergleichbare Kenntnisse für die Ausübung der entsprechenden Tätigkeiten vorweisen.

3. Entgeltgruppen 9b bis 15

503 Die Entgeltgruppen sind in einer eigenen Tabelle im **Anhang A** abgebildet und verteilen sich auf insgesamt acht Entgeltgruppen. Die Tabellenstruktur ist bekannt aus der P-Systematik: Auf der x-Achse ordnen sich aufsteigend die Entgeltgruppen an und auf der y-Achse existieren sechs Stufen, die Stufe 1 und Stufe 2 als Grundstufen und die Stufen 3 bis 6 als Entwicklungsstufen. Die folgenden Merkmale sind inhaltlich nicht neu. Die unbestimmten Rechtsbegriffe der Entgeltgruppen 9b bis 15 existieren bereits in Anlage 2 (► Rn. 213).

[1] BAG, 8.10.1987 – 4 AZR 151/96.

3.1 Entgeltgruppe 9b

Die Einstiegs-Entgeltgruppe 9b fordert zunächst die Erfüllung der abgeschlossenen Hochschulbildung und einer dieser entsprechenden Tätigkeit, die sich aus dem **Tätigkeitskatalog der Anmerkung Nr. 7** oder einer vergleichbaren Tätigkeit ergeben. Die Alternative besteht in dem bereits dargestellten (► Rn. 496 ff.) Erfüllen der Eigenschaft als „sonstiger Mitarbeiter". 504

3.2 Entgeltgruppe 9c

Gefordert für die Entgeltgruppe 9c wird eine Heraushebung aus EG 9b durch eine Tätigkeit, die „besonders verantwortungsvoll" ist. Es handelt sich hierbei um ein Heraushebungsmerkmal, welches das **Baukastenprinzip** (► Rn. 191) gut erkennen lässt. Zunächst müssen die Anforderungen der niedrigeren Entgeltgruppe erfüllt sein, erst dann können die Anforderungen der Entgeltgruppe 9c geprüft werden. 505

Das Bundesarbeitsgericht führt in einer Entscheidung[1] aus: 506

„Unter „Verantwortung" im Tarifsinn ist die Verpflichtung des Beschäftigten zu verstehen, dafür einstehen zu müssen, dass in dem übertragenen Dienst- oder Arbeitsbereich die dort – auch von anderen Beschäftigten – zu erledigenden Aufgaben sachgerecht, pünktlich und vorschriftsgemäß ausgeführt werden."

In einer anderen Entscheidung[2] heißt es: 507

„Bei dem Heraushebungsmerkmal der „besonders verantwortungsvollen" Tätigkeit handelt es sich um einen unbestimmten Rechtsbegriff. […] Je nach der Lage des Einzelfalles kann sie sich auf andere Mitarbeiter oder dritte Personen, Sachen, Arbeitsabläufe, zu gewinnende wissenschaftliche Resultate oder auf technische Zusammenhänge beziehen…"

1 BAG, 13.5.2020 – 4 AZR 173/19.

2 BAG, 21.1.2015 – 4 AZR 253/13.

508 ! Eine besondere Verantwortung kann sich daher aus verschiedenen Perspektiven ergeben. Zu nennen wäre u. a. die Verantwortung für zugeordnete Mitarbeitende und damit für deren zu erbringende Arbeitsergebnisse, ebenfalls bei Auswirkungen gegenüber Dritten oder bei Auswirkungen, die sich auf materielle oder ideelle Belange des Dienstgebers ergeben könnten.

3.3 Entgeltgruppen 10 und 11

509 Diese beiden Entgeltgruppen können gemeinsam betrachtet werden, da materiell-rechtlich **kein Unterschied** besteht. Der Unterschied zwischen EG 10 und EG 11 ergibt sich lediglich aus dem zeitlichen Anteil. Entgeltgruppe 10 beinhaltet eine Ausnahme zu der allgemeinen Grundregel des sogenannten Hälfteprinzips aus Anlage 1 (dazu bereits ► Rn. 45 ff.).

510 Beide Entgeltgruppen fordern eine Heraushebung durch **besondere Schwierigkeit und Bedeutung.** EG 10 fordert diese Heraushebung aus EG 9c zu einem Drittel. EG 11 benennt keinen eigenen Zeitanteil, so dass hier wieder der Grundsatz aus Anlage 1 greift. EG 11 muss sich also zu 50 Prozent der Tätigkeit durch besondere Schwierigkeit und Bedeutung aus der niedrigeren Entgeltgruppe (Achtung – hier nicht EG 10, sondern EG 9c!) herausheben. Durch das Baukastenprinzip hebt sich EG 11 nicht aus EG 10, sondern aus EG 9c heraus. Dies ergibt sich daraus, dass grundsätzlich das Baukastenprinzip immer eine Steigerung um 50 Prozent erhöhter Tätigkeit voraussetzt.

511 **Bei den Anforderungen „besondere Schwierigkeit und Bedeutung" handelt es sich um zwei voneinander abgrenzbare Erweiterungen eigener Art:**

Die tarifliche Anforderung der **besonderen Schwierigkeit** verlangt ein Wissen und Können, das die Anforderungen der vorherigen Entgeltgruppe in beträchtlicher und gewichtiger Weise übersteigt. Das Merkmal bezieht sich auf die **fachliche Qualifikation.** Diese kann sich im Einzelfall aus der Breite und Tiefe des geforderten fachlichen Wissens und Könnens ergeben, aber auch aus außergewöhnlichen Erfahrungen oder einer sonstigen gleichwertigen Qualifikation, etwa Spezialkenntnissen. Dabei muss sich die Schwierigkeit unmittelbar aus der Tätigkeit selbst ergeben, so dass diese nicht etwa deswegen als besonders schwierig im Tarifsinne angesehen werden kann, weil sie unter belastenden Bedingungen geleistet werden muss.[1] Die Schwierigkeit der Tätigkeit betrifft also die Anforderungen an das fachliche Können des / der Beschäftigten.

Beispiele 512

Dies könnte erfüllt sein, wenn neben den fachlichen Kenntnissen auch andere, etwa betriebswirtschaftliche oder verwaltungswirtschaftliche Kenntnisse hinzukommen müssen, etwa durch eine Schnittstellentätigkeit oder die Leitung von kleineren Einrichtungen.
Ebenso kann dieses Merkmal der besonderen Schwierigkeit erfüllt sein, wenn der / die Beschäftigte erweiterte fachliche Kenntnisse benötigt, etwa durch eine erforderliche Zusatzqualifikation / Weiterbildung.

Für die **gesteigerte Bedeutung** genügt eine deutlich wahrnehmbare Heraus- 513
hebung. Sie muss sich auf die Auswirkungen der Tätigkeit beziehen und kann sich aus Art oder Größe des Aufgabengebiets sowie aus der Tragweite für den innerdienstlichen Bereich und die Allgemeinheit ergeben.[2] Bei der Bedeutung wird auf die Auswirkungen und die erkennbaren Folgen des Handelns abgestellt.

Beispiele 514

Eine herausgehobene Bedeutung kann sich durch Entscheidungsverantwortung darstellen, etwa für ein zugewiesenes Budget, sofern sich hieraus Konsequenzen für den Dienstgeber ergeben können.
Denkbar ist die herausgehobene Bedeutung auch durch eine Auswirkung, die sich eher im ideellen Bereich darstellt, etwa der Öffentlichkeitsarbeit oder Ähnliches.

1 BAG, 24.2.2021 – 4 AZR 269/20, Rn. 30 f.; s. auch BAG, 25.2.2009 – 4 AZR 20/08, Rn. 36.

2 St. Rspr., z. B. BAG, 24.2.2021 – 4 AZR 269/20, Rn. 33; BAG, 20.5.2009 – 4 AZR 184/08, Rn. 44 m. w. N.

515 **Beide Merkmale sind getrennt voneinander zu prüfen und positiv festzustellen.** Ein Fehler, der in der Praxis häufig vorkommt, ist: Aus der Bejahung des einen Merkmals wird automatisch das weitere Merkmal abgeleitet. Es handelt sich jedoch um zwei getrennte Merkmale mit unterschiedlichen Blickwinkeln, die kumulativ zunächst geprüft und beide unabhängig voneinander auch positiv festgestellt werden müssen. Es kann also nicht die Prüfung der Bedeutung zurückstehen, wenn die „besondere Schwierigkeit" festgestellt ist. Umgekehrt kann die „besondere Schwierigkeit" nicht außer Acht gelassen werden, wenn die „besondere Bedeutung" vorliegt.

516 **Ein weiterer häufiger Fehler in der Praxis** liegt in der Nutzung der Argumente, die bereits für die vorherige Entgeltgruppe herangezogen worden waren. Alle Argumente, die bereits zur Bejahung eines Merkmals geführt haben, dürfen aber kein zweites Mal genutzt werden. Umstände, die für die Erfüllung einer tariflichen Anforderung eines Heraushebungsmerkmals berücksichtigt worden sind, können grundsätzlich nicht noch einmal für die Begründung eines weiteren Heraushebungsmerkmals einer höheren Entgeltgruppe herangezogen werden; sie sind „verbraucht".[1]

517 ! Ähnlich wie das Einsetzen eines „Jokers" kann jedes Argument nur einmal zur Bejahung einer Anforderung eingesetzt werden und ist nach seinem Einsatz verbraucht.

3.4 Entgeltgruppe 12

518 Die nächste und in „I. Mitarbeiter in der Pflege" unter b) letzte Steigerung ergibt sich aus EG 12. Es wird in nochmaliger Heraushebung aus EG 11 ein „herausgehobenes Maß an Verantwortung" gefordert. Auch hier gilt, dass alle bisherigen genutzten Argumente nicht erneut herangezogen werden können für die Darlegung des Merkmals dieser herausgehobenen Verantwortung.

[1] BAG, 22.6.2022 – 4 AZR 495/21; s. auch BAG, 26.1.2005 – 4 AZR 487/03.

Das Bundesarbeitsgericht formuliert zu diesem Merkmal[1]: 519

„Die Entgeltgruppe verlangt eine besonders weitreichende, hohe Verantwortung, die diejenige beträchtlich überschreitet, die begriffsnotwendig schon die Merkmale der niedrigeren Entgeltgruppe erfordern."

Und weiter heißt es in der Rechtsprechung[2]: 520

„Die Verantwortung, die sich durch ihr Maß aus der niedrigeren Entgeltgruppe heraushebt, kann sich je nach Einzelfall auf den Behördenapparat als solchen, auf die Wahrnehmung von Aufsichtsfunktionen, auf Belange des Arbeitgebers oder auf die Lebensverhältnisse Dritter beziehen. Dieses Maß an Verantwortung kann nur in einer Spitzenposition des gehobenen Angestelltendienstes erreicht werden, zB durch Angestellte, die große Arbeitsbereiche bei Verantwortung für mehrere Arbeitsgruppen mit qualifizierten Gruppenleitern leiten oder durch Angestellte, die besonders schwierige Grundsatzfragen mit richtungsweisender Bedeutung für nachgeordnete Bereiche oder die Allgemeinheit bearbeiten."

In der Rechtsprechung wird dieses herausgehobene Maß der Verantwortung 521
nicht unterhalb der zweiten fachlichen Hierarchieebene angenommen. Insbesondere die Betrachtung der Teilbarkeit von Verantwortung steht einer Anerkennung dieser herausgehobenen Verantwortung entgegen. Für die Anerkennung derartiger Verantwortung wird eine Spitzenposition gefordert. Diese **Spitzenposition** wird infolgedessen unterhalb der zweiten fachlichen Hierarchieebene nicht mehr angenommen werden können.[3]

3.5 Entgeltgruppen 13 bis 15

Darauf aufbauend werden in Abschnitt II b) die Entgeltgruppen zu Anhang A 522
weitergeführt mit den Entgeltgruppen 13 bis 15. Mit EG 13 beginnt eine neue Kategorie. Jeweils zwei Fallgruppen enthalten EG 13, EG 14 und EG 15. Dabei bezieht sich die erste Fallgruppe immer auf eine abstrakte

1 BAG, 22.6.2022 – 4 AZR 440/21.

2 BAG, 26.1.2005 – 4 AZR 6/04; BAG, 7.5.2008 – 4 AZR 303/07.

3 BAG, 12.6.1996 – 4 AZR 94/95.

Anforderungsumschreibung, währenddessen die zweite Fallgruppe Krankenhäuser und Pflegeeinrichtungen in den Blick nimmt und die Schwierigkeit sowie die Verantwortung der übertragenen Aufgabe den Wertungsanforderungen der jeweiligen ersten Fallgruppe gleichstellt.

523 So heißt es in Fallgruppe 2 stets:

„Mitarbeiter in Krankenhäusern und Pflegeeinrichtungen, deren Tätigkeit wegen der Schwierigkeit der Aufgaben und der Größe ihrer Verantwortung ebenso zu bewerten ist wie Tätigkeiten nach Fallgruppe 1."

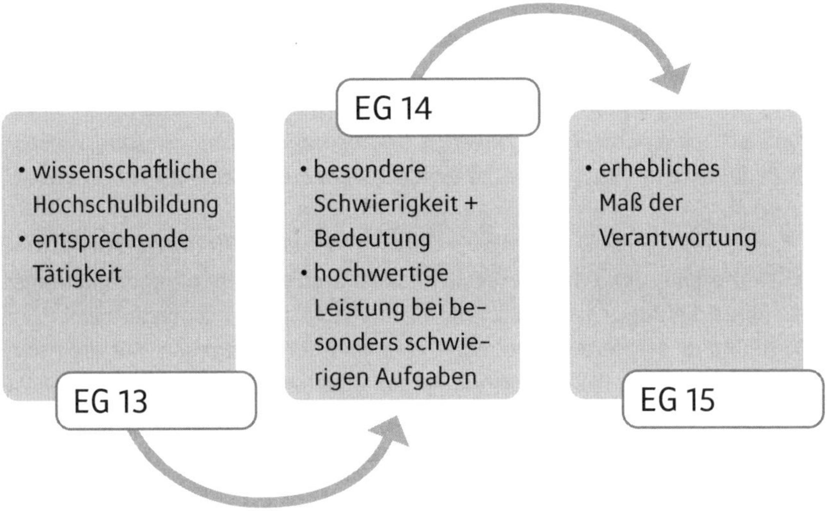

524 Gefordert werden eine abgeschlossene wissenschaftliche Hochschulbildung und eine entsprechende Tätigkeit. Die **wissenschaftliche Hochschulbildung** ist in den Vorbemerkungen im Anhang D geregelt. Anlage 32 Anhang D verweist zu Beginn auf die Vorbemerkungen der Anlage 31 Anhang D. Dort ist unter **Ziffer 1** ausführlich beschrieben, welche Abschlüsse eine wissenschaftliche Hochschulbildung darstellen. Insbesondere wird verwiesen auf den **Masterabschluss.** Klargestellt ist auch, dass ein **Bachelorstudiengang** die Anforderungen an ein wissenschaftliches Hochschulstudium nicht erfüllen kann. Weiter wird ausgeführt, dass eine abgeschlossene wissenschaftliche Hochschulbildung die Abschlussprüfung in einem Studiengang voraussetzt, der

seinerseits mindestens das Zeugnis der allgemeinen Hochschulreife fordert und eine Regelstudienzeit von mindestens acht Semestern (ohne Praxis- bzw. Prüfungssemester) umfasst.[1]

! Diese drei Entgeltgruppen 13, 14 und 15 stehen unter dem Oberthema „Pflege". Sie bilden also eine Weiterführung der Entgeltgruppen 9b bis 12. EG 13 stellt die Grundeingruppierung dar und EG 14 sowie EG 15 heben sich jeweils davon heraus. 525

Zunächst startet dieser Baukasten mit der abgeschlossenen wissenschaftlichen Hochschulbildung ohne konkrete Benennung einer spezifischen Tätigkeit, allerdings mit dem Hinweis auf eine „entsprechende Tätigkeit". Das bedeutet, die wissenschaftliche Hochschulbildung muss für die Tätigkeit **eine Voraussetzung darstellen.** Ebenfalls befindet sich diese Entgeltgruppe unter der Überschrift der Anlagen 31/32 und damit in der Zuordnung „Pflege", so dass sowohl Studium als auch Tätigkeit mit der Pflege im größeren Kontext stehen müssen. Es geht nicht darum, dass Mitarbeitende in der Pflege eingesetzt werden, sondern gemeint ist der große Zusammenhang von **pflegerischen Herausforderungen** wie etwa Leitung, konzeptionelle Überlegungen, Qualitätsmanagement, strategische Ausrichtung etc. 526

EG 14 fordert eine Heraushebung in Form von zwei Alternativen. Beide Alternativen müssen jeweils **zu einem Drittel** vorliegen, so der Wortlaut der EG 14. Die erste Alternative kann durch eine Heraushebung durch „besondere Schwierigkeit und Bedeutung" erfüllt werden. Die zweite Alternative erfordert „hochwertige Leistungen bei besonders schwierigen Aufgaben". 527

! In den Tarifverträgen des öffentlichen Dienstes sind dies keine neuen Begriffe. Vielmehr sind sie in jahrzehntelanger Rechtsprechung fortentwickelt und inhaltlich gestaltet worden. 528

1 Vgl. Anlage 31 Anhang D (grundsätzliche Eingruppierungsregelungen) Ziffer 1, wissenschaftliche Hochschulbildung.

529 **Erste Alternative** – besondere Schwierigkeit und Bedeutung:

Die tarifliche Anforderung der „besonderen Schwierigkeit“ verlangt ein Wissen und Können, das die Anforderungen der niedrigeren Entgeltgruppe in beträchtlicher und gewichtiger Weise übersteigt. Das Merkmal bezieht sich auf die fachliche Qualifikation der Mitarbeitenden. Diese kann sich im Einzelfall aus der Breite und Tiefe des geforderten fachlichen Wissens und Könnens ergeben, aber auch aus außergewöhnlichen Erfahrungen oder einer sonstigen gleichwertigen Qualifikation, etwa Spezialkenntnissen. Dabei muss sich die Schwierigkeit unmittelbar aus der Tätigkeit selbst ergeben, so dass diese nicht etwa deswegen als besonders schwierig im Tarifsinne angesehen werden kann, weil sie unter belastenden Bedingungen geleistet werden muss.[1] Bei der „besonderen Bedeutung“ genügt eine deutlich wahrnehmbare Heraushebung. Sie muss sich auf die Auswirkungen der Tätigkeit beziehen und kann sich aus Art oder Größe des Aufgabengebiets sowie aus der Tragweite für den innerdienstlichen Bereich und die Allgemeinheit ergeben.[2]

530 **Zweite Alternative** – hochwertige Leistungen bei besonders schwierigen Aufgaben:

Dieses Merkmal enthält die Heraushebung aus Entgeltgruppe 13 in Form von besonders hochwertigen inhaltlichen Anforderungen. Es handelt sich also um eine Heraushebung der fachlichen Natur. Eine Steigerung der Verantwortlichkeit ist nicht gefordert. Mit dem anderslautenden Begriff der „hochwertigen Leistungen“ wird auf den Wert der Tätigkeit abgestellt, womit demgemäß eine ganz besondere wissenschaftliche Qualifikation auf Seiten des Mitarbeitenden gefordert wird.[3]

531 **EG 15 fordert ein herausgehobenes Maß der Verantwortung.** Diese Entgeltgruppe verlangt damit eine besonders weitreichende, hohe Verantwortung, die diejenige beträchtlich überschreitet, die begriffsnotwendig schon die

---

[1] BAG, 22.6.2022 – 4 AZR 495/21; BAG, 25.2.2009 – 4 AZR 20/08 und auch zu EG S 15 BAG, 24.2.2021 – 4 AZR 269/20.

[2] St. Rspr., z. B. BAG, 24.2.2021 – 4 AZR 269/20, Rn. 33; BAG, 20.5.2009 – 4 AZR 184/08, Rn. 44 m. w. N.

[3] BAG, 7.10.1981 – 4 AZR 239/79.

Merkmale der niedrigeren Entgeltgruppe erfordern.[1] Unter „Verantwortung" im Tarifsinne ist die Verpflichtung des Beschäftigten zu verstehen, dafür einstehen zu müssen, dass in dem übertragenen Dienst- oder Arbeitsbereich die dort – auch von anderen Beschäftigten – zu erledigenden Aufgaben sachgerecht, pünktlich und vorschriftsgemäß ausgeführt werden.[2] Die Verantwortung, die sich durch ihr Maß aus der niedrigeren Entgeltgruppe heraushebt, kann sich **je nach Einzelfall** auf den Behördenapparat als solchen, auf die Wahrnehmung von Aufsichtsfunktionen, auf Belange des Arbeitgebers oder auf die Lebensverhältnisse Dritter beziehen.

Dabei ist zu beachten, dass bereits die Heraushebungsmerkmale der „beson- 532
deren Schwierigkeit und Bedeutung" eine gesteigerte Verantwortung mit sich bringen. Diese gesteigerte Verantwortung muss, damit die Voraussetzungen für eine Eingruppierung in die EG 15 erfüllt sind, **erheblich überschritten** sein. Dieses Maß an Verantwortung kann nur in einer Spitzenposition des gehobenen Angestelltendienstes erreicht werden, etwa durch Angestellte, die große Arbeitsbereiche bei Verantwortung für mehrere Arbeitsgruppen mit qualifizierten Gruppenleitungen leiten oder die besonders schwierige Grundsatzfragen mit richtungsweisender Bedeutung für nachgeordnete Bereiche oder die Allgemeinheit bearbeiten.[3]

Abschließend kann man festhalten, dass die Entgeltgruppen 13 bis 15 in der 533
Praxis der Eingruppierung aktuell noch wenig Beachtung gefunden haben und nur wenige Mitarbeitende sich in diesen Entgeltgruppen befinden. Zukünftig, insbesondere bei einer **Reform der Anlage 2,** ist jedoch denkbar, dass insbesondere die Leitungsfunktionen wie Heimleitungen größerer Einrichtungen etc. sich in diesen Kategorien wiederfinden werden.

Als zweite Alternative ist in den Entgeltgruppen 13, 14 und 15 jeweils der „sons- 534
tige Mitarbeiter" zu finden. Hierzu wird auf die obigen Ausführungen (► Rn. 496 ff.) verwiesen.

---

1 BAG, 26.1.2005 – 4 AZR 6/04.

2 BAG, 13.5.2020 – 4 AZR 173/19, Rn. 38; BAG, 26.1.2005 – 4 AZR 6/04.

3 BAG, 7.5.2008 – 4 AZR 303/07, Rn. 25 m. w. N.

Kapitel 4: Eingruppierung für den Sozial- und Erziehungsdienst (Anlage 33)

In diesem Kapitel werden die Eingruppierungsregelungen für den Sozial- und Erziehungsdienst dargestellt. Bevor der Blick auf die einschlägige Anlage 33 fällt, könnte der AVR-Anwender oder die AVR-Anwenderin auf den gleichlautenden Titel der Anlage 2d („Vergütungsgruppen für Mitarbeiter im Erziehungsdienst") aufmerksam werden. In der aktuell geltenden Fassung der AVR ist diese Anlage 2d noch enthalten und unter Umständen kann es heute noch Arbeitsverhältnisse geben, die bereits vor dem Jahr 2011 bestanden haben und für die Teile aus dieser Anlage weiterhin Geltung beanspruchen. Es ist der Geltungsbereich der Anlage 2d zu beachten. Dort wird klargestellt, dass diese Anlage seit Inkrafttreten der Anlage 33 mit einer kleinen Ausnahme (bezogen auf die Vergütungsgruppen 1a und 2) keine Anwendung mehr findet.

I. Die Grundsystematik der Anlage 33

Anlage 33 hat mit ihrem Inkrafttreten in den Jahren 2011 / 2012[1] ebenfalls eine 535
neue Systematik eingeführt (zu den Anlagen 31/32 ► Rn. 336 ff.). In dieser „neuen" Anlage sind verschiedene berufliche Tätigkeiten zusammengefasst, die im engeren oder weiteren Sinn dem **Sozial- und Erziehungsdienst** zuzuordnen sind. Hierzu gehören Berufsfelder in der klassischen Kinderbetreuung

[1] Inkrafttreten: RK BW / NRW / Bayern gültig ab 1.1.2011, RK Mitte gültig ab 1.4.2011, RK Nord gültig ab 1.7.2011, RK Ost mit Ausnahme von § 14 gültig ab 1.7.2012, § 14 gültig ab 1.1.2013.

gleichermaßen wie sozialpädagogische Tätigkeiten bis hin zum handwerklichen Erziehungsdienst in den Werkstätten für Menschen mit Behinderungen oder in beruflichen Bildungseinrichtungen.

536 **!** Die Entgeltgruppen werden durch ein **„S"** markiert, so dass klar erkennbar ist, dass es sich um eine Zuordnung nach Anlage 33 und damit um eine Tätigkeit im Bereich der Sozial- und Erziehungsdienste handelt.

537 § 1 fasst den **Geltungsbereich der Anlage 33** kurz und knapp mit der folgenden Formulierung zusammen:

„Diese Anlage gilt für Mitarbeiter im Sozial- und Erziehungsdienst."

Mit diesem Wortlaut wird der gleichermaßen breite wie auch klare Anwendungsbereich definiert.

538 Anlage 33 ist mit verschiedenen Anhängen ausgestattet. Die einzelnen Anforderungsmerkmale finden sich im **Anhang B.** Bezogen auf die Eingruppierung enthält § 11 Abs. 1 Anlage 33 den Hinweis, dass Mitarbeitende im Sozial- und Erziehungsdienst sich „nach den Tätigkeitsmerkmalen des Anhang B" zu richten haben. Weitere anlagenspezifische Erklärungen sind nicht vorhanden. Grundsätzlich gelten auch für die Eingruppierung nach Anlage 33 die **allgemeinen Voraussetzungen und Anforderungen der Anlage 1 Abschnitt I** als Grundpfeiler der Eingruppierung (siehe dazu Kapitel 1 ab ► Rn. 23 ff.). Die **Anhänge D bis F** enthalten insoweit nur Regelungen zu Überleitung und Besitzstand im Zusammenhang mit den Veränderungen in den Jahren 2011 / 2012 sowie 2015 und sind hier ohne Belang.

539 Im Rahmen der Erneuerung der AVR in 2011 / 2012 wurden die Anlagen 30 bis 33 neu hinzugefügt. Damit war auch eine **Veränderung des Vergütungssystems** erfasst. Um nur einige der Veränderungen zu nennen: Weg von der Vergütungsgruppe hin zur Entgeltgruppe, keine absteigende Zählweise mehr wie in Anlage 2, sondern nunmehr aufsteigende Nennung, Wegfall der Bewährungsaufstiege und nur noch sechs Stufen zur Entwicklung.

Das neue System basiert auf einer (zur Zeit unsichtbaren) Grund-Tabelle. Darin finden sich auf der (senkrechten) y-Achse die Entgeltgruppen 1 bis 15 und auf der (waagrechten) x-Achse die Stufen 1 bis 6: 540

	Stufe 1	Stufe 2	Stufe 3	Stufe 4	Stufe 5	Stufe 6
EG 15						
EG 14						
EG 13						
EG 12						
EG 11						
EG 10						
EG 9c						
EG 9b						
EG 9a						
EG 8						
EG 7						
EG 6						
EG 5						
EG 4						
EG 3						
EG 2						
EG 1						

Diese **Grund-Tabelle** ist nur im Hintergrund existent und bildet das Basisgerüst für die Anlagen 30 bis 33. Sie findet nicht in den Anlagen selbst Verwendung bzw. wird dort nicht abgebildet. Es ist davon auszugehen, dass bei einer **Erneuerung der Anlage 2** diese momentan unsichtbare Grund-Tabelle dann tatsächlich in Erscheinung tritt und mit realem Inhalt gefüllt wird. Mit anderen Worten, die aktuelle Anlage 2 wird sich in dieser Grund-Tabelle verändern und entwickeln. 541

Dieses Grundsystem wurde in den vergangenen Jahren zum Teil ergänzt und aktualisiert. Daher ist die **Entgeltgruppe EG 9** in drei Buchstaben von a) bis c) untergliedert. Die Anpassungen erfolgen durch die Arbeitsrechtliche 542

Kommission stets mit Blick auf den kommunalen TVöD, der in diesem Bereich die Leitlinien vorgibt. Schließlich konkurrieren kirchliche Dienstgeber und Arbeitgeber um dieselben Fachkräfte. Die **Stufen** sind in § 11 Abs. 3 Anlage 33 näher ausgestaltet. Anders als in Anlage 2 sind sie zeitlich nicht gleichmäßig verteilt, sondern steigern sich mit zunehmender Betriebszugehörigkeit.[1]

543 ! Dieses Grundgerüst tritt nur sehr verdeckt in Erscheinung, da die Zuordnung der Tätigkeiten ausschließlich in die **S-Entgeltgruppen** stattfindet. Die Entgeltgruppen aus dem Grundgerüst entfalten für die Tätigkeitszuordnung und im konkreten Anwendungsfall wenig Praxisrelevanz.

544 In Anlage 33 erscheinen die Gegenüberstellungen der Grund-Entgeltgruppen zu den S-Entgeltgruppen in § 11 Abs. 4:

S-EG	**EG**
S 2	2
S 3	4
S 4	5
S 5	6
S 6 bis S 8b	8
S 9 bis S 11a	9a
S 11b bis S 13	9b
S 14	9c
S 15 bis S 16	10
S 17	11
S 18	12

[1] Bis 30.9.2024 galten folgende Stufenlaufzeiten: Stufe 2 nach einem Jahr in Stufe 1, Stufe 3 nach drei Jahren in Stufe 2, Stufe 4 nach vier Jahren in Stufe 3, Stufe 5 nach vier Jahren in Stufe 4 und Stufe 6 nach fünf Jahren in Stufe 5. **Seit 1.10.2024** sind die Stufenlaufzeiten an Anlagen 31/32 angepasst: Stufe 2 nach einem Jahr in Stufe 1, Stufe 3 nach zwei Jahren in Stufe 2, Stufe 4 nach drei Jahren in Stufe 3, Stufe 5 nach vier Jahren in Stufe 4 und Stufe 6 nach fünf Jahren in Stufe 5.

Anwendungsrelevant wird diese Gegenüberstellung im Zusammenhang mit der **Jahressonderzahlung in § 15.** Für den Berechnungsschlüssel der Jahressonderzahlung gilt eine **Dreiteilung.** Gestaffelt wird die Höhe in drei Kategorien: EG 1 bis EG 8, EG 9a bis EG 12 und EG 13 bis EG 15. Diese benannten Entgeltgruppen beziehen sich nicht auf die S-Entgeltgruppen, sondern auf diese Grund-Tabelle. 545

Bei einem Blick in **Anhang A** wird klar, dass auch bei der sonstigen Anwendung der Anlage 33 die „reinen Entgeltgruppen" keine Rolle spielen, sondern lediglich für die Berechnung der Jahressonderzahlung heranzuziehen sind. Weiter fällt auf, dass die Entgeltgruppen S 16 bis S 18 in der Aufzählung der Jahressonderzahlung fehlen. Auch daran ist gut erkennbar, dass die Entgeltgruppen und die S-Entgeltgruppen nicht identisch sind, sondern lediglich im Hintergrund existieren. 546

! Die gemeinsame Basis für die **Anlagen 31 bis 33** ist die Systematik mit dieser Grund-Tabelle. Auf ihr sind die spezifischen Arbeitsfelder aufgesetzt: Für die Pflege greifen die „P"-Kategorien, für den Sozial- und Erziehungsdienst die „S"-Kategorien. Beiden ist immanent, dass die Anzahl der Entgeltgruppen (EG 1 bis 15 der Grund-Tabelle) nicht mit der Anzahl der P-Entgeltgruppen (EG P 2 bis P 16) und der S-Entgeltgruppen (EG S 2 bis S 18) übereinstimmt. 547

Die monetäre Tabelle für Anlage 33 findet sich im **Anhang A.** Diese ist in den letzten Jahren mehrfach aktualisiert und ergänzt worden. Somit erklären sich auch die Sprünge zwischen den einzelnen S-Entgeltgruppen bei den Tabellenwerten. Sowohl in der Tabelle als auch innerhalb der einzelnen S-Entgeltgruppen finden sich viele Fallgruppen, die nicht mehr besetzt sind und durch die Anpassungen der letzten Jahre frei wurden. 548

Beispiel 549

EG S 5 und EG S 6 sind nicht bzw. nicht mehr besetzt.

550 Die einzelnen inhaltlichen Anforderungsmerkmale finden sich im **Anhang B.** Die Grundsätze der Eingruppierung aus Anlage 1 Abschnitt I gelten insgesamt ebenfalls und sind unabdingbar. Dort sind die vier Grundsätze festgehalten: Entscheidend für eine korrekte Zuordnung ist

- die **dauerhaft auszuübende Tätigkeit,**
- die einen **Zeitanteil** von **mindestens 50 Prozent** ausmacht,

so dass sich daraus **tarif-/eingruppierungsautomatisch** die richtige **Zuordnung ergibt** (► Rn. 27).

551 Die **Entgeltgruppen** verteilen sich auf die Spanne zwischen EG S 2 und EG S 18. Bei EG S 5 und EG S 6 gibt es Lücken mit unbesetzten Platzhaltern. Dazwischen finden sich Entgeltgruppen, die unterschiedlich viele Anforderungsmerkmale enthalten. Die unterschiedlichen durchnummerierten Aufzählungen werden **Fallgruppen** genannt. An dieser unterschiedlichen Formulierung ist auch die **Abgrenzung zur Anlage 2** auszumachen.

552 **!** Sehr bewusst hat sich die Arbeitsrechtliche Kommission des Deutschen Caritasverbandes seinerzeit von dem Vokabular der Anlage 2 gelöst und andere Begriffe eingeführt.

II. Objektive Anforderung / subjektive Anforderung

553 Entscheidend für die Zuordnung einer Tätigkeit nach Anlage 33 ist die Erfüllung von zwei Voraussetzungen:

- Die geforderte Qualifikation (subjektive Anforderung)
- und eine „entsprechende Tätigkeit" als auszuübende Tätigkeit (objektive Anforderung).

Ein wesentlicher Aspekt für die Eingruppierung nach Anlage 33 ist demnach die auszuübende Tätigkeit als objektive Anforderung. Hinzu kommt **kumulativ** die notwendige berufliche Vor- oder Ausbildung (Qualifikation) als subjektive Anforderung. Es kommt also sowohl auf die persönliche Qualifikation als auch auf die übertragene Tätigkeit (das „Soll") an. 554

Beispiel 555

EG S 8a Fallgruppe 1:

„Erzieher, Heilerzieher, Heilerziehungspfleger mit staatlicher Anerkennung und entsprechender Tätigkeit..."

Daraus ist deutlich abzuleiten, dass die persönliche Qualifikation als Erzieher oder Heilerzieher oder Heilerziehungspfleger mit staatlicher Anerkennung vorliegen muss und zusätzlich auch eine entsprechende Tätigkeit zu erfüllen ist.

Die Formulierung „entsprechende Tätigkeit" verbindet die genannte Qualifikation mit der konkreten auszuübenden Tätigkeit. Eine **entsprechende Tätigkeit** liegt vor, wenn die Kenntnisse, das Wissen, die Qualifikation und / oder die Weiterbildung exakt die Voraussetzung darstellen und fordern, die zur Ausübung der Aufgabe notwendig erscheint.[1] 556

Das Bundesarbeitsgericht entscheidet in ständiger Rechtsprechung[2]: 557

„Entsprechende Tätigkeit ist die, zu der die verlangte Ausbildung befähigt; eine geringerwertige Tätigkeit erfüllt die Anforderung auch bei Vorhandensein der Ausbildung nicht. Die auszuübende Tätigkeit muss sich auf die konkrete Fachrichtung der jeweiligen Ausbildung beziehen. Dementsprechend muss ein Angestellter, der nicht sonstiger Beschäftigter ist, sondern für den eine bestimmte Berufsausbildung gefordert wird, auch eine Tätigkeit ausüben, die zum Berufsbild des entsprechenden Berufs gehört."

1 BAG, 28.6.1989 – 4 AZR 115/89.

2 Vgl. beispielsweise BAG, Urteil vom 28.6.1989 - 4 AZR 115/89 m. w. N.

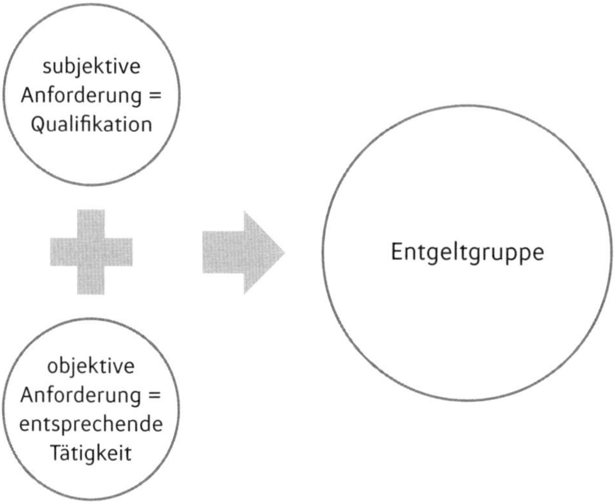

558 Eine Qualifikation, die nur **hilfreich** erscheint, stellt dabei keine entsprechende Tätigkeit dar.[1] Vielmehr muss die Qualifikation die **adäquate** Vor- und Ausbildung sein, die zur Ausübung dieser Tätigkeit und für dieses geforderte Berufsbild **typisch und wesensprägend** ist.

1. Sonstige Mitarbeitende

559 Für die Fallgruppen der einzelnen Entgeltgruppen, in denen eine konkrete Vorbildung bzw. Ausbildung gefordert ist (Erzieher, Heilerziehungspfleger, Sozialarbeiter, Sozialpädagogen etc.), wird gleichermaßen auch eine **Alternative** formuliert. Sie lautet:

„...sowie sonstige Mitarbeiter, die aufgrund gleichwertiger Fähigkeiten und ihrer Erfahrungen entsprechende Tätigkeiten ausüben"

[1] BAG, 18.4.2012 – 4 AZR 441/10.

Diese Alternative findet sich überall dort, wo eine konkrete Qualifikation gefordert ist. Die Formulierung weist auf eine gewisse **Durchlässigkeit des Zwangs der genannten Qualifikation** hin. Die Anforderungen der jeweiligen Fallgruppe innerhalb dieser Entgeltgruppe können entweder durch Erfüllung der genannten Berufs-/Studienqualifikation erfolgen oder durch die Erfüllung der so genannten „Sonstigen-Anforderungen". Die Eingruppierung der sonstigen Mitarbeitenden erfordert, dass diese über **gleichwertige Fähigkeiten und Erfahrungen** wie ein entsprechend ausgebildeter Mitarbeiter bzw. eine entsprechend ausgebildete Mitarbeiterin verfügen müssen. Dabei können aus der auszuübenden Tätigkeit Rückschlüsse auf die Fähigkeiten und Erfahrungen der Mitarbeitenden gezogen werden, wenn diese eine „entsprechende Tätigkeit" ausüben. Dies allein reicht jedoch noch nicht, um die „Sonstigen-Anerkennung" positiv zu bejahen.[1] 560

Das Bundesarbeitsgericht führt dazu in der zitierten Entscheidung aus: 561

„Die Eingruppierung der sonstigen Beschäftigten erfordert, dass sie über gleichwertige Fähigkeiten und Erfahrungen wie [...] verfügen muss. Dabei wird nicht ein Wissen und Können verlangt, wie es durch die entsprechende Ausbildung vermittelt wird, wohl aber eine ähnlich gründliche Beherrschung eines entsprechend umfangreichen Wissensgebietes, wobei Fähigkeiten und Erfahrungen auf einem eng begrenzten Teilgebiet nicht ausreichen (zum „sonstigen Angestellten" BAG 9. Juli 1997 – 4 AZR 635/95 – zu B II 2 c der Gründe). Solche gleichwertigen Fähigkeiten können insbesondere durch Berufserfahrung erworben sein. Dabei können aus der auszuübenden Tätigkeit Rückschlüsse auf die Fähigkeiten und Erfahrungen der Beschäftigten gezogen werden, wenn diese eine „entsprechende Tätigkeit" ausübt. Sie werden aber nicht schon dadurch nachgewiesen, dass die „sonstige Beschäftigte" auf einem einzelnen Arbeitsgebiet einer Sozialarbeiterin / Sozialpädagogin Leistungen erbringt, die auf diesem begrenzten Gebiet gleichwertig sind (zur „sonstigen Mitarbeiterin" BAG 22. März 2000 – 4 AZR 105/99 – zu I 6 a aa der Gründe)."

Bei der subjektiven Voraussetzung der „gleichwertigen Fähigkeiten und Erfahrungen" ist es zwar rechtlich möglich, aus der ausgeübten Tätigkeit eines Beschäftigten **Rückschlüsse auf seine Fähigkeiten und Erfahrungen** zu ziehen. 562

[1] BAG, 5.5.2021 – 4 AZR 666/19.

Daraus kann jedoch weder der Rechtssatz noch der allgemeine Erfahrungssatz abgeleitet werden, dass immer dann, wenn ein „sonstiger Mitarbeiter" eine „entsprechende Tätigkeit" ausübt, dieser auch über „gleichwertige Fähigkeiten und Erfahrungen" im tariflichen Sinne verfügt. Vielmehr zeigt die Lebenserfahrung, dass „sonstige Mitarbeiter", selbst wenn sie im Einzelfall eine „entsprechende Tätigkeit" ausüben, gleichwohl – anders als ein Arbeitnehmer mit entsprechender Ausbildung – häufig an anderen Stellen deswegen nicht eingesetzt werden können, weil ihnen für andere Tätigkeiten Kenntnisse und Erfahrungen fehlen.[1] Die Fähigkeiten und Erfahrungen des Beschäftigten müssen dem jeweiligen Berufsbild grundsätzlich **in seiner vollen Bandbreite** entsprechen. Fähigkeiten und Erfahrungen in einem Teilgebiet sind nicht ausreichend.[2]

563 **Aus dieser Rechtsprechung** ist abzuleiten, dass die Ausübung einer entsprechenden Tätigkeit noch nicht den unbedingten Rückschluss zulässt, dass Mitarbeitenden auch vergleichbare Erfahrungen und Kenntnisse wie aus bzw. in der Qualifikation vermittelt wurden. Für die Anerkennung als sogenannter „sonstiger Mitarbeiter" bedarf es darüber hinaus auch einer sogenannten „Verwendungsbreite": Nicht nur punktuelle und auf eine spezifische Tätigkeit festgestellte Kenntnisse reichen aus, vielmehr müssen der Qualifikation entsprechend breite Kenntnisse und damit auch eine breit gefächerte Einsetzbarkeit nachfolgen. Mit dieser Bewertung ist auch ein Schutz der qualifizierten (beruflichen) Qualifikation verbunden.

2. Mitarbeitende „in der Tätigkeit von"

564 In Anlage 33 existieren Entgeltgruppen, die im Gegensatz zu den so genannten „Sonstigen-Anforderungen" eine **weitere Alternative** enthalten: „Mitarbeiter in der Tätigkeit von ..." Zu sehen ist diese Eingruppierungsoption in Abgrenzung zu dem „Sonstigen".[3] Diese Formulierung deutet darauf hin, dass

[1] LAG Rheinland-Pfalz, 21.9.2022 – 7 Sa 2/22.

[2] BAG, 8.10.1987 – 4 AZR 151/96.

[3] KAG Mainz, 15.2.2018 – M 15/17 Lb.

Mitarbeitende in einer entsprechenden Tätigkeit eingesetzt werden, die notwendige Qualifikation jedoch nicht vorweisen können und damit gerade nicht die Anforderungen eines „sonstigen Mitarbeiters" erfüllen.

Zu finden ist diese Zuordnung in den folgenden Entgeltgruppen:

- EG S 2 für Mitarbeitende in der Tätigkeit von Kinderpflegern, Sozialassistenten und Heilerziehungs(pflege)helfern
- EG S 4 Fallgruppe 2 für Mitarbeitende in der Tätigkeit von Erziehern, Heilerziehungspflegern, Heilerziehern (...)
- EG S 8b Fallgruppe 2 für Mitarbeitende in der Tätigkeit von Sozialarbeitern bzw. Sozialpädagogen (...)

Damit wird der Grundsatz durchbrochen, dass Anlage 33 ausschließlich qualifizierte berufliche Tätigkeiten fordert. Unter gewissen Umständen reicht es aus, dass Mitarbeitende, die Tätigkeiten ausüben, gerade **nicht über die erforderliche Qualifikation** verfügen. Gleichwohl ist darauf hinzuweisen, dass die Kostenträger der jeweiligen Einrichtungen dieses Personal vermutlich nicht als Fachkräfte anerkennen und die Fachkräftequote so nicht erfüllt werden kann. 565

! In jedem Einzelfall ist daher die Rücksprache mit dem jeweiligen Kostenträger zu empfehlen. 566

3. Anmerkungen zu den Tätigkeitsmerkmalen der Entgeltgruppen S 2 bis S 18

Die meisten Fallgruppen innerhalb der einzelnen Entgeltgruppen beinhalten am Ende des Worttexts hochgestellte Ziffern, die von 1 bis 31 reichen. Wiederzufinden sind diese Ziffern als Anmerkungen nach Entgeltgruppe S 18, dort wird mit der Überschrift „Anmerkungen zu den Tätigkeitsmerkmalen der Entgeltgruppen S 2 bis S 18 (Anhang B zu Anlage 33)" in die Anmerkungen 567 übergeleitet. Die Anmerkungen beinhalten unterschiedliche Informationen. Zum einen können sich dort **Hinweise auf eine Zulagenzahlung** finden. Zum anderen enthalten die Anmerkungen auch zu erfüllende Anforderungen wie etwa die zwingende Vorlage einer Zusatzqualifikation oder auch die Erklärung und **Definition von Anforderungsmerkmalen** wie „schwierige fachliche Tätigkeiten".

568 ! In jedem Fall sind die Anmerkungen den Zuordnungen und Eingruppierungen zugrunde zu legen. Sie haben die Qualität von verbindlichem Tariftext, sind also nicht nur gut gemeinte Ratschläge, sondern von den Dienstgebern zwingend zu beachten.

569 Theoretisch hätten die Anmerkungen auch zu den jeweiligen konkreten Anforderungen innerhalb der Entgeltgruppe ergänzend hinzugefügt werden können. Dies hätte jedoch eine **große Unübersichtlichkeit** der Entgeltgruppen zur Folge gehabt, so dass sich die Arbeitsrechtliche Kommission des Deutschen Caritasverbandes dazu entschieden hat, die Anmerkungen gebündelt an das Ende der Entgeltstruktur, also im Anschluss an EG S 18, zu stellen.

4. Baukastenprinzip

570 Die Entgeltgruppen folgen auch in Anlage 33 dem Baukastenprinzip (► Rn. 85 ff.), das heißt die einzelnen Entgeltgruppen bauen innerhalb der Berufsfelder aufeinander auf. Es existiert in der Regel eine sogenannte **Grundzuordnung** und darauf aufbauend Heraushebungs- bzw. Aufbaumerkmale. Dies ist sprachlich beispielsweise daran festzumachen, dass formuliert wird „aus EG S ... heraushebt".[1]

[1] BAG, 14.10.2020 – 4 AZR 252/19; BAG, 24.2.2021 – 4 AZR 269/20 zu EG S 15 FG 7, EG S 17 FG 5 oder EG S 18 FG 2.

Es kann sich aber auch um sogenannte **Qualifizierungsmerkmale** handeln.[1] 571
Qualifizierungsmerkmale zeichnen sich dadurch aus, dass sie nicht auf die vorherige Entgeltgruppe Bezug nehmen, aber wortidentisch sind mit der Entgeltgruppe aus der niedrigeren Zuordnung und ein weiteres Merkmal (eine weitere Qualifizierung / Anforderung) hinzufügen.

Beispiel 572

EG S 8a FG 1

„Erzieher, Heilerziehungspfleger, Heilerzieher mit staatlicher Anerkennung und entsprechender Tätigkeit sowie sonstige Mitarbeiter, die aufgrund gleichwertiger Fähigkeiten und ihrer Erfahrungen entsprechende Tätigkeiten ausüben"

wird qualifiziert gesteigert nach

EG S 8b FG 1

„Erzieher, Heilerziehungspfleger, Heilerzieher mit staatlicher Anerkennung und entsprechender Tätigkeit sowie sonstige Mitarbeiter, die aufgrund gleichwertiger Fähigkeiten und ihrer Erfahrungen entsprechende Tätigkeiten ausüben, mit besonders schwierigen fachlichen Tätigkeiten"

Die Formulierung „mit besonders schwierigen fachlichen Tätigkeiten" lässt 573
diese weitere Qualifizierung bzw. Steigerung erkennen. Die Tätigkeit muss also nicht nur der Grundqualifikation entsprechen, sondern darüber hinaus auch eine „besonders schwierige fachliche Tätigkeit" beinhalten.

Was sich hinter den Heraushebungen bzw. Qualifizierungsmerkmalen verbirgt, 574
das ergibt sich zum Teil aus den Anmerkungen. Zum anderen sind hier auch allgemeine **unbestimmte Rechtsbegriffe** formuliert, die anhand der Rechtsprechung zu derartigen Anforderungen und Begrifflichkeiten auszulegen sind.

[1] BAG, 14.10.2020 – 4 AZR 252/19; BAG, 24.2.2021 – 4 AZR 269/20 zu EG S 3 nach EG S 4 FG 1, EG S 8a FG 1 nach EG S 8b FG 1 und EG S 9 FG 1 etc.

III. Berufsfelder im Sozial- und Erziehungsdienst

575 Im Folgenden werden die einzelnen Entgeltgruppen zur besseren Übersicht nach Berufsfeldern geordnet dargestellt.

1. Erzieher, Heilerziehungspfleger, Heilerzieher mit staatlicher Anerkennung und entsprechender Tätigkeit

576 Die Formulierung „mit staatlicher Anerkennung" erfasst nicht nur die letztgenannte Berufsqualifikation des Heilerziehenden, sondern bezieht sich auf **alle genannten** Berufsqualifikationen.

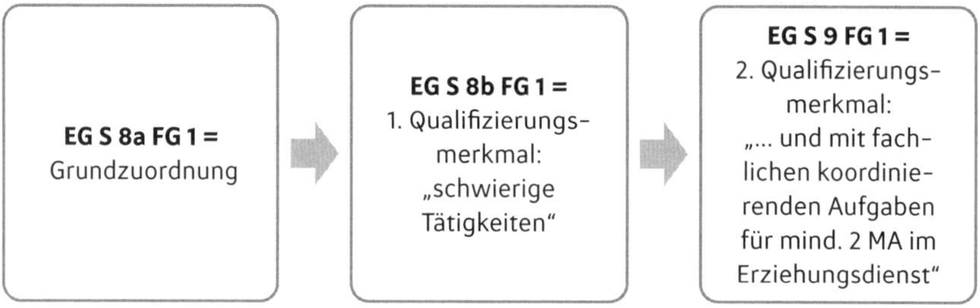

577 Die Grundzuordnung in EG S 8a enthält den Verweis auf die Anmerkungen Nr. 1, Nr. 3a und Nr. 5.

578 **Anmerkung Nr. 1** ist erst durch die Beschlüsse der Arbeitsrechtlichen Kommission des Deutschen Caritasverbandes vom 20. Oktober 2022[1] in die AVR aufgenommen worden. Sie enthält den Hinweis auf eine Zulage bei der Ausübung der Praxisanleiter-Tätigkeit. Der Praxisanleiter erhält für die Ausbildung von Erziehern, Kinderpflegern, Sozialassistenten, Heilerziehungspflegern oder

[1] Beschluss der Bundeskommission der AK (BK 3/2022) vom 20.10.2022.

Heilerziehungspflegehelfern eine monatliche Zulage[1], sofern diese Tätigkeit übertragen wurde und damit dem „Soll" hinzugerechnet werden kann. Auf diese Zulage haben Mitarbeitende Anspruch, sofern diese Tätigkeit mindestens 15 Prozent der Gesamtarbeitszeit einnimmt. Diese zeitliche Angabe enthält eine Abweichung und damit eine Ausnahme von der Grundregel aus Anlage 1 Abschnitt I, wonach auszuübende Tätigkeiten das Zeitminimum von 50 Prozent zu erfüllen haben (zum Hälfteprinzip ► Rn. 45 ff.).

Anmerkung Nr. 3a wurde zum 1. Januar 2023 neugefasst und enthält einen 579
Hinweis auf den Einsatzort und die Zielgruppe von Erziehern.

Anmerkung Nr. 5 stellt klar, welche anderen Berufsabschlüsse ebenfalls hier- 580
nach eingruppiert werden können. Dies betrifft etwa Kindergärtner, Hortner, Kinderkrankenschwestern und Kinderkrankenpfleger, Altenpfleger, Arbeitserzieher etc.

Aus der Praxis ist bekannt, dass die AVR zwar die eine oder andere Gleich- 581
stellung der Berufsabschlüsse vornehmen, wie in Anmerkung Nr. 5 dargestellt. Die jeweiligen Kostenträger, die den Einrichtungen und Dienstgebern gegenüberstehen, also kommunale Gebietskörperschaften und deren Jugend- und Sozialämter bzw. weitere Kostenträger, sehen diese Gleichstellung kritisch und lehnen sie bisweilen auch ab. Das kann dazu führen, dass zwar die AVR eine Gleichstellung vornehmen, der Kostenträger jedoch nicht gewillt ist, für diesen Berufsabschluss die Fachkräfte-Anerkennung zu gewähren.

> **!** Daher sollte vor einer geplanten Einstellung bzw. Umsetzung einer 582
> in Anmerkung Nr. 5 genannten Person in jedem Fall Rücksprache mit dem Kostenträger erfolgen.

Anmerkung Nr. 6 ist in **Entgeltgruppe S 8b** enthalten und beschreibt beispiel- 583
haft, welche Tätigkeiten „schwierige Tätigkeiten" sein können. Die Aufzählung

[1] Die monatliche Zulage beträgt derzeit 70 Euro bei einer Vollzeitstelle und wird zeitratierlich auf eine evtl. Teilzeitquote angepasst (Stand Juli 2024).

ist nicht abschließend, so dass nicht zwingend eines der alphabetisch aufgezählten Heraushebungen von a) bis k) erfüllt sein muss, sondern ebenfalls eine analoge Betrachtung der konkret vor Ort auszuübenden Tätigkeit mit den in Anmerkung Nr. 11 aufgezählten Aufgaben stattfinden kann. **In der Praxis** kann man jedoch davon ausgehen, dass eine Vielzahl von möglichen „schwierigen Tätigkeiten" in **Anmerkung Nr. 11** bereits erfasst und dargestellt sind. Dennoch sollte ein Spielraum verbleiben für weitere Tätigkeiten, die zum jetzigen Zeitpunkt entweder noch nicht bedacht worden sind oder so selten vorkommen, dass sie in der Anmerkung keine Berücksichtigung gefunden haben.

584 **!** In der Regel handelt es sich bei einer „schwierigen Tätigkeit" um die Heraushebung von der Normaltätigkeit. Da weder die Eingruppierenden noch die Gerichte per se Kenntnisse über alle existenten Qualifikationsinhalte vorhalten können, um die Normaltätigkeit von der herausgehobenen Tätigkeit klar abgrenzen zu können, bedienen sie sich gerne bei den allgemeingültigen Darstellungen der Berufsbilder. Diese finden sich in der Verantwortung der Agentur für Arbeit unter der Plattform **www.berufenet.arbeitsagentur.de.** Dort sind auch ehemalige Berufsbilder, Weiterbildungsinhalte und sonstige Zusatzqualifikationen abrufbar, da in Deutschland das Berufsbildungsrecht einheitlich und unabhängig geregelt und reguliert ist.

2. Sozialpädagogen, Sozialarbeiter mit staatlicher Anerkennung, Heilpädagogen mit abgeschlossener Hochschulbildung und entsprechender Tätigkeit

585 Die Forderung der staatlichen Anerkennung bezieht sich sowohl auf das Berufsfeld des Sozialpädagogen wie des Sozialarbeiters. Gleiches gilt für die Formulierung „mit abgeschlossener Hochschulbildung" Hierzu wird in **Anmerkung Nr. 13** klargestellt, was unter einer abgeschlossenen Hochschulbildung zu verstehen ist. Seit der **Reform der Studienabschlüsse auf Basis des Bologna-Prozesses** sind die ehemaligen Abschlüsse einer Fachhochschule (früher

gekennzeichnet mit „FH“) nunmehr alle unter „Bachelor“ zusammengefasst. Der hier genannte Abschluss zum Heilpädagogen ist nicht zu verwechseln mit dem auch im Text vorkommenden Abschluss des Heilpädagogen auf der Basis einer Fachschul-Qualifikation. Siehe dazu im Folgenden ► Rn. 628 ff.

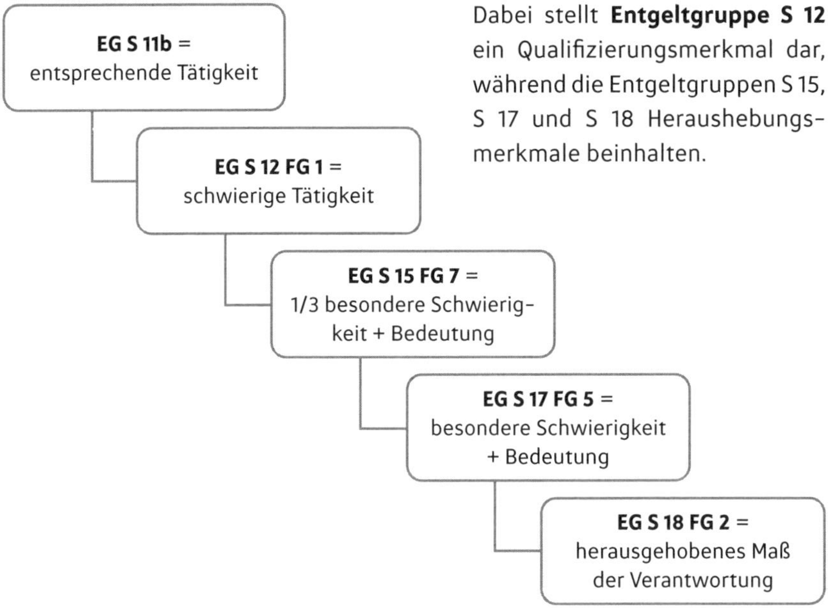

Dabei stellt **Entgeltgruppe S 12** 586
ein Qualifizierungsmerkmal dar, während die Entgeltgruppen S 15, S 17 und S 18 Heraushebungsmerkmale beinhalten.

Auch die **Entgeltgruppe S 14** enthält ein weiteres Merkmal für die Berufs- 587
gruppe der Sozialarbeiter, Sozialpädagogen und Heilpädagogen. Hierbei handelt es sich um eine sogenannte „Spezial-Entgeltgruppe“, die außerhalb der Reihenfolge zu sehen ist und nicht in die Steigerungslinie der übrigen Entgeltgruppen hineinpasst. EG S 14 enthält eine **Position mit Garantenstellung.** Es handelt sich hier um Handlungen der Eingriffsverwaltung in die Privatsphäre, die nicht ohne Weiteres auf freie Träger übertragen werden kann. Nach dem Wortlaut zu urteilen, dürften Zuordnungen der dort genannten Tätigkeit nach EG S 14 im Bereich der Caritas nur äußerst selten vorkommen, da die geforderten Entscheidungen nicht von einem freien Träger getroffen werden können, sondern dem zuständigen Jugend- bzw. Sozialamt vorbehalten sind. Daraus folgt, dass eine Zuordnung nach EG S 14 nicht die Regel sein wird.

588 So hat das Bundesarbeitsgericht entschieden, dass die **Tätigkeiten eines Vereinsbetreuers** nicht nach EG S 14 zuzuordnen ist[1]:

„Das Wortlautverständnis wird durch den systematischen Zusammenhang mit der in Anhang E Anlage 33 AVR enthaltenen Zuordnungstabelle bestätigt. Diese sieht für die Entgeltgruppe S 14 Anhang B Anlage 33 AVR keine Entsprechung im bisherigen Vergütungsgruppensystem der Anlage 2d AVR vor. Damit hat die Arbeitsrechtliche Kommission ihre Überzeugung zum Ausdruck gebracht, dass es in ihrem Zuständigkeitsbereich grundsätzlich bisher keine Mitarbeiter gibt, die nach der Überleitung in die Anlage 33 AVR nach der Entgeltgruppe S 14 Anhang B Anlage 33 AVR vergütet werden sollten."

589 In **EG S 12 Fallgruppe 1** sind drei Anmerkungen enthalten: Nr. 11, Nr. 13, Nr. 28.

590 **Anmerkung Nr. 11** zählt beispielhaft in alphabetischer Reihenfolge mögliche Tätigkeiten auf, die das Anforderungsmerkmal der „schwierigen Tätigkeit" erfüllen können. Dabei werden verschiedene Herausforderungen aufgezählt, die eine Tätigkeit im Schwierigkeitsgrad steigern können. Steigernd wirken können **besondere Umstände,** die in der Person der zu Beratenden oder zu Betreuenden liegen können, ebenso besondere Umstände in der Örtlichkeit der Erfüllung der Aufgabe oder auch durch die Steigerung von Verantwortlichkeiten gegenüber zugeordneten Mitarbeitenden wie Anordnungs- oder Weisungsbefugnis. Unglücklich ist die Nennung unter i) und j), bei denen der Begriff schwierig mit „schwierige Fachberatung / schwierige fachlich koordinierende Tätigkeit" umschrieben wird. Eine Erklärung, die sich in der Wiederholung desselben Wortes erschöpft, stellt keine ausreichende Definition bzw. Hilfestellung für Anwender bereit.

591 **!** Hier hätte man sich von der Arbeitsrechtlichen Kommission des Deutschen Caritasverbandes eine Erklärung bzw. abstrakte Umschreibung des Begriffs „schwierig" gewünscht.

[1] BAG, 14.3.2019 – 6 AZR 90/18.

Im Zusammenhang mit der Neufassung der Anlage 33 in den Jahren 2011 / 2012 gab es in der Folge zahlreiche gerichtliche Auseinandersetzungen vor den kirchlichen Arbeitsgerichten der Diözesen, in denen die **Abgrenzung zwischen Entgeltgruppe S 11b (damals S 11) und Entgeltgruppe S 12 FG 1** in einer streitigen Auseinandersetzung – häufig mit der MAV – geführt worden sind. 592

Das kirchliche Arbeitsgericht Rottenburg-Stuttgart hat zur Abgrenzung der Grundtätigkeit in einem Verfahren, in dem es um die Zuordnung eines Mitarbeiters in der Behindertenhilfe ging, ausgeführt[1]: 593

"[...] die Arbeit für und mit behinderten Menschen ist schwierig und verlangt auch ein gehöriges Maß an Einfühlungsvermögen. Es darf dabei jedoch nicht unberücksichtigt bleiben, dass der Umgang mit Menschen, die mit der Bewältigung der Probleme des täglichen Lebens aus welchen Gründen auch immer nicht zurecht kommen und deshalb der Unterstützung und Hilfestellung (durch eine Sozilapädagogen; Anm. der Verf.) *bedürfen, durchweg mit besonderen Problemen verbunden ist, die sich aus der Persönlichkeit und den Lebensumständen der Betroffenen ergeben. So gesehen sind diese Tätigkeiten stets schwierig und verlangen ein hohes Maß an Einfühlungsvermögen. Somit kann nicht festgestellt werden, dass die Tätigkeit sich von der Normaltätigkeit von Sozialarbeitern und Sozialpädagogen hervorhebt.(...)"*

Weiter hat das Kirchliche Arbeitsgericht (eher abstrakt) ausgeführt: 594

„Schwierige Aufgaben liegen dann vor, wenn diese sich aus der normalen Tätigkeit herausheben, wenn sie im Vergleich zu den einfachen Arbeiten einen höheren Aufwand an gedanklicher Arbeit oder andersartiger qualifizierter Fähigkeiten erfordern oder besondere Anforderungen an den Verstand oder die Konzentrationsfähigkeit stellen."

Daran ist zu erkennen, dass eine schwierige Tätigkeit sich von der Normaltätigkeit eines entsprechend ausgebildeten Sozialarbeiters, Sozialpädagogen bzw. Heilpädagogen abheben und aus dieser auch **herausheben** muss. Es werden also weitere fachliche Kenntnisse gefordert bzw. die Anforderungen für die Ausübung der Tätigkeit sind gesteigert. 595

1 KAG Rottenburg-Stuttgart, 26.8.2011 – AS 11/11.

596 Auch **Anmerkung Nr. 28** ist der Entgeltgruppe S 12 noch zugeordnet. Hierin befindet sich eine Klarstellung bezüglich der damaligen Überleitung in den Jahren 2011 / 2012 aus der bis dahin geltenden Anlage 2 in die neue Anlage 33. Diese Anmerkung hat heute nur noch **erklärenden Charakter** und ist für die aktuelle Zuordnung nicht mehr von Belang.

597 Weiter muss auf **Anmerkung Nr. 31** hingewiesen werden, die weder im Text der Entgeltgruppe S 12 Fallgruppe 1 noch in Anmerkung Nr. 11 vorkommt. Anmerkung Nr. 31 enthält den Hinweis, dass der Dienstgeber zur Deckung des Personalbedarfs an Mitarbeiter mit koordinierender Tätigkeit (Anmerkung 11, Buchstabe e) oder als Leiter einer Gruppe (Anmerkung 11, Buchstabe h, zweite Alternative) eine monatliche Zulage zahlen kann, deren Höhe mindestens 80 Euro betragen soll. Innerhalb der Anmerkungen findet sich also ein **Verweis auf eine andere Anmerkung,** die einen **Zulagentatbestand** enthält. Dazu hätte man sich von der Arbeitsrechtlichen Kommission des Deutschen Caritasverbandes einen deutlicheren Hinweis im Text der Entgeltgruppe S 12 Fallgruppe 1 gewünscht.

598 **!** In der Praxis wird die Anmerkung Nr. 31 häufig übersehen und so die Möglichkeiten der Zulagenzahlung weder genutzt noch deren Option erkannt. Sie ist vielen Dienstgebern sogar unbekannt.

599 Weitere Anmerkungen sind in den Anforderungsmerkmalen für Sozialpädagogen / Sozialarbeiter und Heilpädagogen nicht enthalten.

600 Im Folgenden werden die **in den jeweiligen Fallgruppen** genannten Anforderungen dargestellt. EG S 15 Fallgruppe 7 und EG S 17 Fallgruppe 5 enthalten das gleiche Merkmal der „besonderen Schwierigkeit und Bedeutung". Der Unterschied zwischen diesen beiden Entgeltgruppen ergibt sich lediglich aus dem Zeitanteil. Während EG S 15 nur ein Drittel dieses Merkmals fordert, muss es bei EG S 17 nach den allgemeinen Grundlagen der Eingruppierung aus Anlage 1 Abschnitt I zu mindestens 50 Prozent der Gesamtarbeitszeit erfüllt sein.

! Bei den Anforderungen „besondere Schwierigkeit und Bedeutung" handelt es sich um sogenannte Aufbaufallgruppen. Es werden zwei voneinander abgrenzbare Erweiterungen anderer Art gefordert. 601

Die tarifliche Anforderung der **„besonderen Schwierigkeit"** verlangt ein Wissen und Können, das die Anforderungen der vorherigen Entgeltgruppe in beträchtlicher und gewichtiger Weise übersteigt. Das Merkmal bezieht sich auf die fachliche Qualifikation. Diese kann sich im Einzelfall aus der Breite und Tiefe des geforderten fachlichen Wissens und Könnens ergeben, aber auch aus außergewöhnlichen Erfahrungen oder einer sonstigen gleichwertigen Qualifikation, etwa Spezialkenntnissen. Dabei muss sich die Schwierigkeit unmittelbar aus der Tätigkeit selbst ergeben, so dass diese nicht etwa deswegen als besonders schwierig im Tarifsinne angesehen werden kann, weil sie unter belastenden Bedingungen geleistet werden muss.[1] Die Schwierigkeit der Tätigkeit betrifft also die Anforderungen an das fachliche Können eines Beschäftigten. 602

Beispiele 603

Im sozialen Bereich kann dies vorliegen, wenn neben den fachlichen sozialpädagogischen Kenntnissen auch betriebswirtschaftliche bzw. verwaltungswirtschaftliche Kenntnisse hinzukommen müssen, etwa durch eine Schnittstellentätigkeit oder die Leitung von kleineren Einrichtungen. Ebenso kann das Merkmal der besonderen Schwierigkeit erfüllt sein, wenn Mitarbeitende erweiterte fachliche Kenntnisse benötigen wie etwa eine erforderliche Zusatzqualifikation / Weiterbildung.

Für die **besondere Bedeutung** genügt eine deutlich wahrnehmbare Heraushebung. Diese muss sich auf die Auswirkungen der Tätigkeit beziehen und kann sich aus Art oder Größe des Aufgabengebiets sowie aus der Tragweite 604

[1] BAG, 24.2.2021 – 4 AZR 269/20, Rn. 30 f.; s. auch BAG, 25.2.2009 – 4 AZR 20/08, Rn. 36.

für den innerdienstlichen Bereich und die Allgemeinheit ergeben.[1] Bei der Bedeutung wird auf die Auswirkungen und die erkennbaren Folgen des Handelns abgestellt.

605 **Beispiel**

Dies kann insbesondere durch leitende Aufgabenstellungen der Fall sein, wenn Mitarbeitende nicht nur für die eigenen Ergebnisse einstehen müssen, sondern auch für die Arbeitsergebnisse der unterstellten Mitarbeitenden des zugeordneten Teams.

606 Eine herausgehobene Bedeutung kann sich allerdings auch durch Entscheidungsverantwortung darstellen, etwa für ein **zugewiesenes Budget,** sofern sich hieraus Konsequenzen für den Dienstgeber ergeben können. Denkbar ist die herausgehobene Bedeutung auch durch Auswirkungen, die sich eher im ideellen Bereich darstellen, etwa der Öffentlichkeitsarbeit oder Ähnliches.

607 **Beide Merkmale sind getrennt voneinander zu prüfen und positiv festzustellen.** Der folgende Fehler kommt in der Praxis häufig vor: Aus der Bejahung des einen Merkmals wird automatisch das weitere Merkmal abgeleitet. Es handelt sich jedoch um zwei getrennte Merkmale mit unterschiedlichen Blickwinkeln, die **kumulativ** zunächst geprüft und beide **unabhängig voneinander** auch positiv festgestellt werden müssen. Es kann also nicht die Prüfung der „gesteigerten Bedeutung" hintenanstehen, wenn die „besondere Schwierigkeit" festgestellt ist. Ebenso kann die „besondere Schwierigkeit" nicht außer Acht gelassen werden, wenn die „gesteigerte Bedeutung" vorliegt.

608 Durch den Aufbau im **Baukastenprinzip** (► Rn. 570) sind die Entgeltgruppen S 15 bzw. S 17 mit der Entgeltgruppe S 12 dergestalt verknüpft, dass die Argumente, die bereits für die Bejahung der EG S 12 herangezogen worden sind, nicht erneut für die besondere Schwierigkeit nach EG S 15 bzw. EG S 17 herangezogen werden können. Umstände, die für die Erfüllung einer tariflichen

[1] St. Rspr., vgl. beispielsweise BAG, 24.2.2021 – 4 AZR 269/20, Rn. 33; BAG, 20.5.2009 – 4 AZR 184/08, Rn. 44 m.w.N.

Anforderung einer Aufbaufallgruppe berücksichtigt worden sind, können grundsätzlich nicht noch einmal für die Erfüllung eines Heraushebungsmerkmals einer höheren Aufbaufallgruppe herangezogen werden, diese sind „verbraucht".[1]

Die nächste und letzte Steigerung ergibt sich aus EG S 18 Fallgruppe 2. Dort 609
wird ein **herausgehobenes Maß an Verantwortung** gefordert. Zunächst gilt: Alle Argumente, die bisher dazu geführt haben, EG S 12, EG S 15 oder EG S 17 zu begründen, können nicht erneut herangezogen werden für die Darlegung des Merkmals der herausgehobenen Verantwortung.

Das Bundesarbeitsgericht formuliert zu diesem Merkmal in einer Entscheidung aus dem Jahr 2022[2]: 610

„Die Entgeltgruppe S 18 verlangt eine besonders weitreichende, hohe Verantwortung, die diejenige beträchtlich überschreitet, die begriffsnotwendig schon die Merkmale der Entgeltgruppe S 17 erfordern. Dieses Maß an Verantwortung kann nur in einer Spitzenposition des gehobenen Angestelltendienstes erreicht werden, z. B. durch Angestellte, die große Arbeitsbereiche bei Verantwortung für mehrere Arbeitsgruppen mit qualifizierten Gruppenleitern leiten oder durch Angestellte, die besonders schwierige Grundsatzfragen mit richtungsweisender Bedeutung für nachgeordnete Bereiche oder die Allgemeinheit bearbeiten."

Und weiter formuliert das Bundesarbeitsgericht[3]: 611

„Die Verantwortung, die sich durch ihr Maß aus der Entgeltgruppe S 17 Fallgruppe 6 TVöD/VKA heraushebt, kann sich je nach Einzelfall auf den Behördenapparat als solchen, auf die Wahrnehmung von Aufsichtsfunktionen, auf Belange des Arbeitgebers oder auf die Lebensverhältnisse Dritter beziehen. Dabei ist zu beachten, dass bereits die Heraushebungsmerkmale der Entgeltgruppe S 17 Fallgruppe 6 TVöD/VKA, d. h. die „besondere Schwierigkeit und Bedeutung", eine gesteigerte Verantwortung mit sich bringen. Diese mit der Tätigkeit nach Entgeltgruppe S 17 Fallgruppe 6 TVöD/VKA vorausgesetzte

[1] BAG, 22.6.2022 – 4 AZR 495/21.

[2] BAG, 22.6.2022 – 4 AZR 440/21.

[3] BAG, 26.1.2005 – 4 AZR 6/04; BAG, 7.5.2008 – 4 AZR 303/07.

gesteigerte Verantwortung muss, damit die Voraussetzungen für eine Eingruppierung in die Entgeltgruppe S 18 Fallgruppe 4 TVöD / VKA erfüllt sind, erheblich überschritten sein."

612 In der Rechtsprechung wird dieses herausgehobene Maß der Verantwortung nicht unterhalb der zweiten fachlichen Hierarchieebene angenommen. Insbesondere die Teilbarkeit von Verantwortung steht einer Anerkennung dieser herausgehobenen Verantwortung entgegen. Für die Anerkennung derartiger Verantwortung wird eine **Spitzenposition** gefordert. Diese Spitzenposition wird infolgedessen unterhalb der zweiten fachlichen Hierarchieebene nicht mehr angenommen werden können.[1] Denkbar erscheint die Zuordnung der EG S 18 für **Leitungen von Einrichtungen.** Der Wortlaut von EG S 18 deckt sich bezüglich der Anforderungen mit dem Wortlaut von VG 3 Fallziffer 12 der Anlage 2. Aus der „Übersetzungstabelle" des § 11 Abs. 4 in Anlage 33 ist erkennbar, dass EG S 18 der EG 12 aus der Grundtabelle entspricht. Wie bereits dargestellt (► Rn. 8 ff.), orientieren sich die AVR an den kommunalen Tarifregelungen des TVöD. Auch dort ist der Wortlaut der EG 12 mit dem Wortlaut von VG 3 Fallziffer 12 identisch. Der allgemeine Blick in VG 3 in Anlage 2 lässt ebenfalls diverse Leitungspositionen erkennen, so etwa die Leitung von Einrichtungen der stationären Altenhilfe mit mindestens 120 Plätzen (Fallziffer 2a), der Aufgabe als Geschäftsführer von Regional-, Kreis-, Orts-Caritasverbänden und Fachverbänden (Fallziffer 15) oder Verwaltungsleiter in Krankenhäusern mit mindestens 80 Betten (Fallziffer 20a). Auch der Blick in **Anmerkung Nr. 127 zu der Vergütungsgruppe 2 Fallziffer 12 in Anlage 2** lässt eine ähnliche Definition des herausgehobenen Maßes der Verantwortung erkennen, wie es die Rechtsprechung geprägt hat.

613 **!** Es kann festgehalten werden, dass der Quervergleich über die Anlagen hinweg eine vergleichbar hohe Verantwortung fordert. Diese Verantwortung kann nicht auf nachgeordneten (Leitungs-)Stellen angenommen werden. Es muss sich um eine herausgehobene Position handeln, die in besonderer Intensität auch mit Entscheidungskompetenz ausgestattet ist.

[1] BAG, 12.6.1996 – 4 AZR 94/95.

3. Arbeitserzieher mit staatlicher Anerkennung und entsprechender Tätigkeit

Arbeitserzieher betreuen Menschen mit und ohne Behinderungen und fördern sie mit arbeitstechnischen und -therapeutischen Methoden, um ihnen den Einstieg in ein geregeltes Arbeitsverhältnis zu erleichtern. Sie beurteilen die Fähigkeiten, Begabungen und Kenntnisse der ihnen anvertrauten Personen und schätzen die Anforderungen und Belastungen eines Arbeitsplatzes ein. Auf dieser Grundlage wählen sie zusammen mit den Betroffenen geeignete Aufgaben aus. Dabei dokumentieren Arbeitserzieher/innen die Maßnahmen und verfassen Entwicklungsberichte, stellen Förderpläne zusammen und setzen diese um. Sie leiten die betreuten Personen bei Tätigkeiten und Arbeitstechniken an, beispielsweise in handwerklichen oder industriellen Fertigungsmethoden, gestalten Arbeitsplätze und überwachen die Ausführung der Arbeiten. Darüber hinaus fördern sie das Arbeits- bzw. Sozialverhalten der Betroffenen und unterstützen diese bei persönlichen Problemen am Arbeitsplatz oder bei Konflikten in der Gruppe. Auf diese Weise sollen die betreuten Personen Tätigkeiten einüben, die der Lebens- und Arbeitswirklichkeit entsprechen, sowie Eigenschaften wie Sorgfalt, Ausdauer, Zuverlässigkeit, Pünktlichkeit und Zielstrebigkeit erwerben, um den späteren Arbeitsalltag bewältigen zu können.[1] 614

Das Berufsbild Arbeitserzieher ist eine landesrechtlich geregelte **Weiterbildung an Fachschulen** und führt zu einer staatlichen Abschlussprüfung. Die Weiterbildung dauert in Vollzeit zwei Jahre, woran sich ein einjähriges Berufspraktikum zur staatlichen Anerkennung anschließt. In der berufsbegleitenden Teilzeitform dauert die Weiterbildung einschließlich berufspraktischer Abschnitte drei Jahre. 615

[1] Vgl. BAG, 6.7.2016 – 4 AZR 91/14.

616 Die Zuordnung der Arbeitserzieher ist sehr übersichtlich gestaltet. Lediglich **zwei Entgeltgruppen** erfassen direkt mögliche Eingruppierungen von Arbeitserziehern:

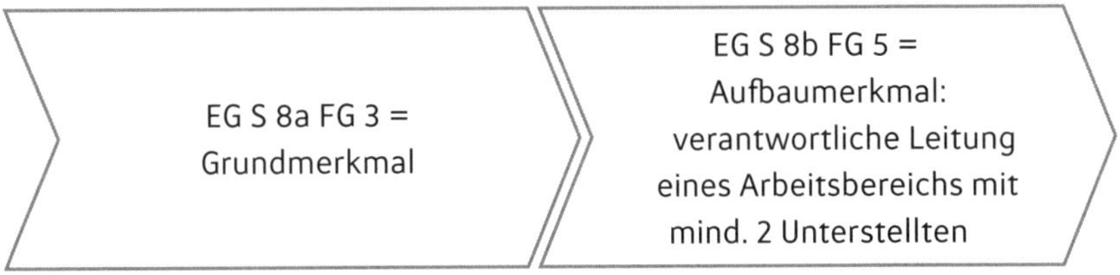

617 Wie aus den Informationen zum Berufsbild erkennbar ist, liegt der Anwendungsbereich in der **Betreuung und Begleitung von Menschen mit und ohne Behinderung** sowie deren Förderung. In Abgrenzung zum klassischen Berufsbild des Erziehers kann festgestellt werden, dass diese sich eher mit „kleinen Menschen" (Kindern und Jugendlichen) beschäftigen, während die Arbeitserzieher als Zielgruppe „große Menschen" (Erwachsene) haben.

618 Arbeitserzieher kommen ebenfalls in **Anmerkung Nr. 5** bei dem Tatbestandsmerkmal der Erzieher, Heilerziehungspfleger, Heilerzieher (gehört zu EG S 8a Fallgruppe 1) vor und sind dort als alternatives Berufsbild zu den dort aufgezählten Qualifikationen mit aufgeführt. Unter Buchstabe d) heißt es:

„Arbeitserzieher, sofern ihnen die im Tätigkeitsmerkmal beschriebenen Aufgaben übertragen sind und keine speziellere Eingruppierung zutrifft."

619 Arbeitserzieher können also adäquat für entsprechende Tätigkeiten von Erziehern, Heilerziehungspflegern oder Heilerziehern eingesetzt werden.

620 **Anmerkung Nr. 1** (Zulage bei Übertragung und Ausübung der Praxisanleitung) ist die einzige weitere Anmerkung. Sonstige Ergänzungen gibt es nicht.

4. Kinderpfleger, Sozialassistenten, Heilerziehungs(pflege)helfer mit staatlicher Anerkennung und entsprechender Tätigkeit

Die niedrigste Zuordnung ist die Zuordnung für Kinderpfleger, Sozialassisten- 621
ten, Heilerziehungs(pflege)helfer zu **Entgeltgruppe S 2** für Mitarbeitende in der Tätigkeit dieser beruflichen Qualifizierung. Zu den Anforderungen für die Kategorie „in der Tätigkeit von" wird auf die vorangegangenen Ausführungen (► Rn. 564 ff.) verwiesen. Weitere sonstige Hilfskräfte sind in Anlage 33 nicht vorgesehen.

! An dieser Stelle ist auf den Geltungsbereich der Anlage 33 hinzuwei- 622
sen: Es handelt sich hierbei um eine **abschließende Aufzählung** der Berufsqualifikationen bzw. Einsatzmöglichkeiten.

Hilfstätigkeiten, die nicht von der genannten Berufssparte und von dem Merk- 623
mal „in der Tätigkeit von" erfasst werden können, gehören nicht zur Anlage 33. Diese finden sich in Anlage 2 VG 10 Fallziffer 7 wieder („Helfer in sonstigen sozialen Einrichtungen"). Anlage 33 ist kein allgemeiner Auffangtatbestand für sonstige Hilfsleistungen im pädagogischen oder sozialen Kontext.

Die Steigerungen der aufgezählten Qualifizierungen für die genannten Tätig- 624
keiten zeigen sich wie folgt:

S 3 = Grundzuordnung → S 4 FG 1 = Aufbaumerkmal

Für das Aufbaumerkmal werden **schwierige fachliche Tätigkeiten** gefordert. 625
Die Anmerkungen Nr. 3b und Nr. 2 enthalten hierzu wichtige Informationen.

626 **Anmerkung Nr. 3b** formuliert zunächst allgemein, dass Tätigkeiten von Kinderpflegern auch in Schulkindergärten, Ganztagsangeboten für Schulkinder oder nicht schulpflichtige Kinder und die Betreuung von über 18-jährigen Personen, beispielsweise in Einrichtungen der Behinderten- oder Gefährdetenhilfe, angenommen werden können.

627 **Anmerkung Nr. 2** enthält dann Ausführungen zu schwierigen fachlichen Tätigkeiten. Es handelt sich dabei um eine beispielhafte alphabetische Aufzählung, in der entweder nach Herausforderungen in der Person der Betreuten bzw. den Umständen der Tätigkeit eine Steigerung angenommen werden kann. Dabei handelt es sich um eine beispielhafte Benennung, die durch andere Tatbestände ergänzt werden kann. Sollten die auszuübenden Tätigkeiten nicht deckungsgleich mit den in Buchstaben a) bis e) aufgezählten Aufgaben sein, so muss eine entsprechende Analogie geprüft werden.

4.1 Heilpädagogen mit staatlicher Anerkennung und entsprechender Tätigkeit

628 Unter den in EG S 9 Fallgruppe 5 und EG S 10 Fallgruppe 7 und 8 aufgeführten Heilpädagogen sind gemäß der **Anmerkung Nr. 7** diejenigen Heilpädagogen zu verstehen, die eine Fachschulqualifizierung durchlaufen haben. Hiervon zu unterscheiden sind diejenigen Heilpädagogen ab EG S 11b, die eine abgeschlossene Hochschulbildung vorweisen müssen. Die Tätigkeit des Heilpädagogen in EG S 9 Fallgruppe 5 kann sich auf zweierlei Weise herausheben.

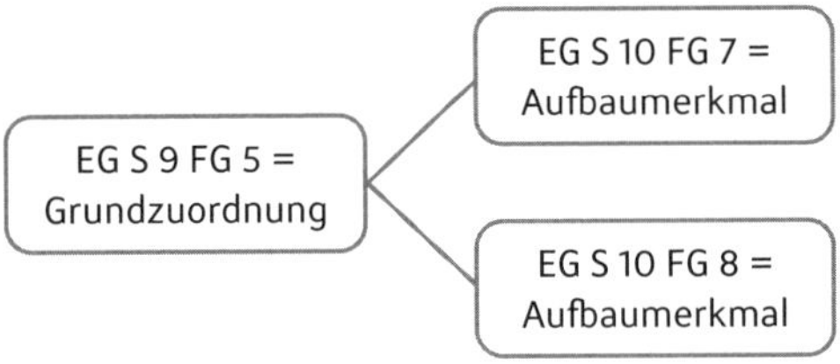

Eine Variante ergibt sich aus **EG S 10 Fallgruppe 7** mit einer Tätigkeit in Sonderschulen und Einrichtungen, die der Vorbereitung auf den Sonderschulbesuch dienen. Danach müssen die Mitarbeitenden eine sonderpädagogische Zusatzausbildung vorweisen. Bei Fallgruppe 7 sind die Anmerkungen 1, 7 und 18 vorgesehen. Zu **Anmerkung Nr. 1** wird auf die vorangegangenen Ausführungen (► Rn. 578) verwiesen. **Anmerkung Nr. 7** enthält den Hinweis auf den Qualifizierungsweg. **Anmerkung Nr. 18** legt fest, dass die sonderpädagogische Zusatzqualifikation durch einen mindestens einjährigen Lehrgang oder in einer mindestens zweijährigen berufsbegleitenden Ausbildung vermittelt worden ist. Dabei muss die Ausbildung mit einer staatlichen oder staatlich anerkannten Prüfung abgeschlossen worden sein. 629

Für die Anforderungen der **EG S 10 Fallgruppe 8** existieren keine ergänzenden Hinweise. Hier werden in vier Variationen unterschiedliche Tätigkeiten von Heilpädagogen aufgezählt, so etwa in der Erziehungsberatung, der psychosozialen Beratung, der Frühförderung, der Pflegeelternberatung, in gruppenergänzenden Diensten oder in der Leitung einer Gruppe in Einrichtungen der Erziehungs-, Behinderten- oder Gefährdetenhilfe oder einer entsprechend eigenverantwortlichen Tätigkeit. 630

4.2 Leitungen von Kindertagesstätten

Die Leitung von Kindertagesstätten ist in Anlage 33 zwischen EG S 9 und EG S 18 nach Größe ansteigend verteilt. Die ständigen Vertretungen starten für Einrichtungen einer Größenordnung von mindestens 40 Plätzen in EG S 9 Fallgruppe 4. 631

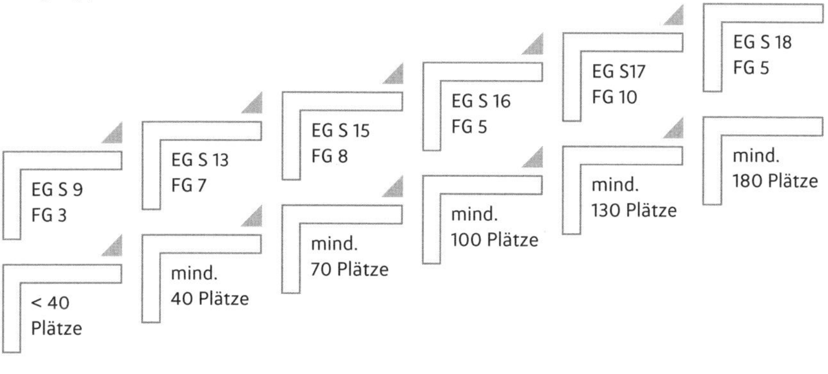

632 Der **Begriff Leitung** umfasst dabei die Verantwortung für diese Einrichtung, insbesondere geht damit die Anweisungsbefugnis gegenüber den beschäftigten Mitarbeitenden einher.

633 Für alle Kindertagesstätten gilt der Hinweis auf Anmerkung Nr. 1. Ebenfalls gleichermaßen für alle Entgeltgruppen in dieser Zuordnung gilt die Anmerkung Nr. 8. Hier wird zunächst der **Begriff der Kindertagesstätte** weiter erläutert. Der Oberbegriff „Kindertagesstätte" ist relativ neu. Er umfasst Kinderbetreuungseinrichtungen wie Krippen, Kindergärten, Horte, Kinderbetreuungsstuben, Kinderhäuser und Kindertageseinrichtungen der örtlichen Kindererholungsfürsorge.

634 Ab EG S 13 Fallgruppe 7 ist die Leitungsaufgabe mit einer Größenordnung der Kindertagesstätte verknüpft. **Die Steigerungen sind nicht linear.** Die Größenordnung wird in Plätzen angegeben und startet in EG S 13 Fallgruppe 7 mit 40 Plätzen, die bis 180 Plätze gesteigert werden. Die angegebene Platzzahl bezieht sich in allen Fällen auf eine Durchschnittsbelegung.

635 Die Berechnung der **Durchschnittsbelegung** wird in Anmerkung Nr. 9 weiter ausgeführt. Dort ist festgehalten, dass bei der Ermittlung der Durchschnittsbelegung das jeweilige abgelaufene Kalenderjahr vom 1. Januar bis 31. Dezember zugrunde zu legen ist. Dabei ist auf die täglich belegbaren Plätze abzustellen. Weiter wird ausgeführt, dass eine Unterschreitung der maßgeblichen je Tag gleichzeitig belegbaren Plätze von nicht mehr als 7,5 Prozent nicht zu einer Herabgruppierung führt.

636 Eine **Unterschreitung um mehr als 7,5 Prozent** führt erst dann zu einer Herabgruppierung, wenn die maßgebliche Platzzahl drei Jahre hintereinander unterschritten wird. Eine Unterschreitung dieser belegbaren Plätze führt dann nicht zu einer Herabgruppierung, wenn aufgrund von erhöhtem oder wesentlich erhöhtem Förderungsbedarf entsprechende Betreuungsanforderungen festgestellt werden. In Anmerkung Nr. 9 ist weiter ausgeführt, dass eine Unterschreitung aufgrund vom Dienstgeber verantworteter organisatorischer Maßnahmen, etwa Qualitätsverbesserungen, ebenfalls nicht zu einer Herabgruppierung führt. Allerdings werden hiervon organisatorische Maßnahmen infolge demographischer Handlungsnotwendigkeiten ausgenommen.

4.3 Ständige Vertretung der Leitungen von Kindertagesstätten

Den Tatbestandsmerkmalen der ständigen Vertretung sind darüber hinaus die Anmerkungen Nr. 4 und Nr. 9 zugeordnet. Einleitend kann festgestellt werden, dass die ständige Vertretung **an das Schicksal der eigentlichen Leitung geknüpft** ist. Ändert sich die Größenzuordnung der Kindertagesstätte, so ändert sich einerseits die Zuordnung der Leitung und andererseits gleichzeitig auch die Zuordnung der ständigen Vertretung. Sowohl die Leitung wie auch die ständige Vertretung sind jeweils mit einer Platzzahl und damit einer Größenangabe verknüpft, wie in Anmerkung Nr. 9 beschrieben. 637

Anmerkung Nr. 4 stellt klar, dass eine ständige Vertretung gerade nicht die Vertretung in Urlaubs- oder sonstigen Abwesenheitsfällen umfasst. Weiter wird festgestellt, dass je Kindertagesstätte eine ständige Vertretung der Leitung bestellt werden soll. Dieser Hinweis deckt sich mit den allgemeinen Eingruppierungsgrundlagen aus Anlage 1 Abschnitt I. Dort ist von der „nicht nur vorübergehend auszuübenden Tätigkeit" die Rede (► Rn. 32 ff. und 36 ff). Eine nicht nur vorübergehend auszuübende Tätigkeit ist anders zu umschreiben als eine „dauerhaft auszuübende Tätigkeit". Die dauerhaft auszuübende Tätigkeit ist gerade keine vorübergehende bzw. Urlaubs- oder sonstige Abwesenheitsvertretung. In derartigen Fällen werden nur für den Fall der Abwesenheit Aufgaben übernommen. 638

! In der Regel ist eine Urlaubs- oder Abwesenheitsvertretung so ausgestaltet, dass nicht alle Aufgaben ausgefüllt werden, sondern vielmehr mit einem „Kontrollblick" auf die wichtigen bzw. dringlichen Fälle geachtet werden muss. Die übrigen Aufgaben können in der Regel warten, bis der eigentliche Stelleninhabende wieder an den Arbeitsplatz zurückgekehrt ist. 639

5. Tätigkeiten in Werkstätten für behinderte Menschen

640 Die Werkstatt als **besondere Einrichtung innerhalb der Behindertenhilfe** findet in Anlage 33 in mehrfacher Hinsicht Eingang. Zum einen gibt es einen Zuordnungsstrang mit einem Funktionsmerkmal, das sind die der Gruppenleitungen innerhalb der Werkstätten für Menschen mit Behinderung. Zum anderen existiert ein Zuordnungsstrang ohne die Funktion der Gruppenleitung, dafür im handwerklichen Erziehungsdienst. Darüber hinaus existieren noch weitere Zuordnungskriterien für verschiedene Leitungsfunktionen, beispielsweise technische Leitung / Abteilungsleitung und Gesamtleitung der Werkstatt.

641 Zunächst geht der Blick auf die **Funktionsmerkmale der Gruppenleitungen.**

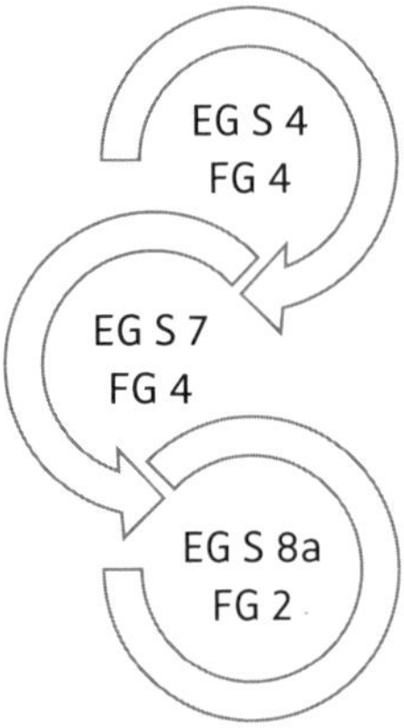

642 Die Eingangsformulierungen der beiden Entgeltgruppen weisen darauf hin, dass sowohl eine abgeschlossene Ausbildung als Handwerker oder Facharbeiter oder eine sonstige abgeschlossene Berufsausbildung die Grundvoraussetzung für die Zuordnung in dieses Merkmal ist. Demnach spielt es keine Rolle, ob eine handwerkliche oder kaufmännische Grundqualifikation vorliegt.

643 Nach § 219 Abs. 1 Satz 1 SGB IX ist eine **Werkstatt für behinderte Menschen** eine Einrichtung zur Teilhabe behinderter Menschen am Arbeitsleben und zur Eingliederung in das Arbeitsleben (vgl. auch §§ 4, 5 Werkstättenverordnung).

644 **!** Die Bezeichnung „Einrichtung der Behindertenhilfe" stellt einen Oberbegriff dar, der die Werkstatt für behinderte Menschen mit umfasst.

In Praxis und Rechtsprechung ist ein Streit entstanden über die Frage, welche berufliche Qualifikation für die Zuordnung der spezifischen Gruppenleitermerkmale vorausgesetzt wird. Der Wortlaut der AVR in EG S 4 und EG S 7 spricht von einer abgeschlossenen Berufsausbildung als Handwerker oder Facharbeiter oder entsprechenden abgeschlossenen Berufsausbildung. 645

Zur dritten Fallgestaltung („entsprechende abgeschlossene Berufsausbildung") ist die folgende Diskussion entstanden, die in der Praxis hohe Wellen schlägt: 646

- Einerseits kann man diese Formulierung so deuten, dass jedwede andere Berufsausbildung, die abgeschlossen vorliegt, eine entsprechende Grundlage sein kann.
- Eine andere Lesart, die sowohl kirchliche Arbeitsgerichte als auch einige der staatlichen Arbeitsgerichte in zweiter Instanz für sich in Anspruch nehmen, existiert dahingehend, dass die „entsprechend abgeschlossene Berufsausbildung" als eine weitere, dem handwerklichen oder kaufmännischen Kontext zuzuordnende, Berufsqualifikation zu sehen ist.

So hat das **Kirchliche Arbeitsgericht für die Bayerischen (Erz-)Diözesen** in einer Entscheidung aus dem Jahr 2022[1] festgestellt, dass der Grundsatz der Spezialität der Gruppenleitungen hier nicht greift und die speziellen Tätigkeitsmerkmale in der übertragenen Aufgabe als Gruppenleiter in einer Werkstatt für behinderte Menschen nicht die Eingruppierung prägen. In dem entschiedenen Fall ging es um die **Zuordnung einer Heilerziehungspflegerin,** die als **Gruppenleiterin** in einem Arbeitsbereich eingesetzt worden war. Der Dienstgeber argumentierte mit der Spezialität des Merkmals der Gruppenleitungen, drang jedoch mit seiner Argumentation nicht durch. 647

Das KAG unterschied zwischen dem **handwerklichen Erziehungsdienst** mit den Zuordnungskategorien EG S 4 und EG S 7 und dem **ganzheitlichen Erziehungsdienst.** Die Klägerin war als Heilerziehungspflegerin dem letztgenannten Bereich zuzuordnen und erfülle damit, so das KAG, nicht die Tätigkeitsmerkmale der EG S 7, sondern müsse gemäß ihrer Qualifikation als Heil- 648

1 KAG Bayern, 19.10.2022 – 2 MV 5/22.

erziehungspflegerin in dieses Berufsfeld der Anlage 33 Anhang B eingruppiert werden. Das KAG führte weiter aus, dass mit einer „entsprechenden abgeschlossenen Berufsausbildung" nicht jegliche abgeschlossene Berufsausbildung gemeint sein könne, sondern nur solche Berufsqualifikationen, die einen pädagogischen Bezug haben.

649 Mit demselben Streitgegenstand hatte sich das **Landesarbeitsgericht Rheinland-Pfalz** in einer anderen Entscheidung im Jahr 2023[1] auseinanderzusetzen. Das Gericht hatte darüber zu urteilen, ob eine **Krankenschwester als Gruppenleiterin** nach EG S 7 Fallgruppe 4 oder nach EG S 8b Fallgruppe 1 in Anlage 33 einzugruppieren sei. Das Gericht führte aus, dass in Anmerkung Nr. 5 die Qualifikation als Krankenschwester der Qualifikation als Erzieherin ausdrücklich gleichgestellt sei. Auf dieser Grundlage erkannte das LAG keine Spezialmerkmale innerhalb der Tätigkeit der Gruppenleitung in einer Werkstatt für behinderte Menschen an, sondern ordnete die Tätigkeit der Klägerin, die als Gruppenleitung im Arbeitsbereich Verpackung und Montage eingesetzt war, den Merkmalen der EG S 8b Fallgruppe 1 zu.

650 **Das LAG führte aus,** dass die Krankenschwester „entsprechende Tätigkeiten" ausübe, da sie die Beschäftigten in der Werkstatt für behinderte Menschen auch betreue und pflege. Letztlich sei auch nicht erforderlich, dass sie die pflegerischen Tätigkeiten zu mindestens 50 Prozent ihrer Arbeitszeit ausübe. Vielmehr sei für die Zuordnung nach EG S 8b Fallgruppe 1 auf die Formulierung „in Einrichtungen der Behindertenhilfe" abzustellen. Es genüge also, wenn sie als Krankenschwester in der Behindertenhilfe arbeite, damit erfülle sie eine „entsprechende Tätigkeit".

651 **Hiergegen steht eine Entscheidung des LAG Hamm aus dem Jahr 2017[2].** Darin wird deutlich ausgeführt, dass eine Werkstatt für behinderte Menschen im Sinne des § 136 SGB IX a. F. (entspricht § 219 SGB IX n. F.) keine „Einrichtung der Behindertenhilfe" im Sinn der Anlage 33 ist, sondern eine Einrichtung zur Teilhabe behinderter Menschen am Arbeitsleben. Aus der Systematik und dem Gesamtzusammenhang der Regelungen innerhalb der AVR ergebe sich jedoch,

---

1 LAG Rheinland-Pfalz, 22.8.2023 – 8 Sa 342/22.

2 LAG Hamm, 13.9.2017 – 6 Sa 1036/17.

dass **für die Werkstätten für behinderte Menschen Spezialregelungen getroffen worden** sind, so dass diese im Rahmen der AVR nicht unter den allgemeinen Begriff der „Einrichtung der Behindertenhilfe" fallen können. Die Werkstätten für behinderte Menschen sind in den Regelungen der AVR durch spezielle Regelungen aus dem Anwendungsbereich der allgemeinen Einrichtungen für Behindertenhilfe ausgenommen. Für die Einrichtungen der Behindertenhilfe verbleibt auch nach Herausnahme der Werkstätten für behinderte Menschen ein eigener Anwendungsbereich, wie er sich bereits aus § 136 Abs. 3 SGB IX a. F. / § 219 SGB IX n. F. ergibt. Danach muss genau unterschieden werden, wo die jeweilige betreffende Person eingesetzt ist. Handelt es sich um eine Werkstatt für behinderte Menschen, so finden abschließend diese Regelungen Anwendung. Eine anderslautende Auslegung dieser Begrifflichkeit, auch in Abgrenzung der Regelungen aus dem SGB IX, ergibt sich nicht. Insbesondere geben die AVR hierzu keine weiteren Anhaltspunkte. Aufgrund der Verwendung dieses Begriffs in der juristischen Fachsprache sei vielmehr davon auszugehen, dass er in dieser spezifischen Bedeutung auch gebraucht und angewendet wird, so die Begründung des Gerichts.

Der Rechtsmeinung des LAG Hamm ist zuzustimmen: Die Regelungen der 652
AVR basieren auf den tarifvertraglich entstandenen Regelungen des TVöD in kommunaler Fassung. Dieser Tarifvertrag ist im Zusammenwirken des Arbeitgeberverbandes mit den Gewerkschaften entstanden. Die Abgrenzung der Werkstätten für behinderte Menschen zu den sonstigen Einrichtungen der Behindertenhilfe folgt hierbei einer systemlogischen und nachvollziehbaren Struktur. Die Tarifvertragsparteien wollten die Spezialität der Werkstätten in besonderer Weise hervorheben und damit einhergehend auch die Tätigkeit innerhalb der Werkstätten für behinderte Menschen, nämlich die Gruppenleitung. Die Arbeitsrechtliche Kommission des Deutschen Caritasverbandes hat den Tariftext übernommen und marginal geändert, so dass der Grundgedanke der Spezialität – dies muss zumindest unterstellt werden – ebenfalls zugrunde gelegen hat. Insoweit entspricht es auch dem Grundgedanken der Eingruppierung aus Anlage 1 Abschnitt I, dass eingruppierungsentscheidend auf die „auszuübende Tätigkeit" abzustellen ist.

653 **!** In dieser Frage fehlt bislang eine streitentscheidende Rechtsprechung der höchsten Arbeitsgerichte, also einerseits des KAGH und andererseits des BAG. Die Thematik wird daher in Zukunft noch das eine oder andere staatliche wie kirchliche Gericht beschäftigen.

654 **EG S 4 Fallgruppe 4** und **EG S 7 Fallgruppe 4** sind nahezu wortgleich. Die Anforderungen in EG S 7 sind jedoch durch eine ergänzende sonderpädagogische Zusatzqualifikation gesteigert. EG S 7 enthält darüber hinaus den Hinweis auf die Anmerkungen Nr. 1 und Nr. 14. Für Anmerkung Nr. 1 gelten die bisherigen Ausführungen (► Rn. 578).

655 In **Anmerkung Nr. 14** wird als ergänzende Voraussetzung für die Eingruppierung abgestellt auf eine abgeschlossene sonderpädagogische Zusatzqualifikation im Sinne der Werkstättenverordnung (WVO) nach dem SGB IX bzw. einer dieser gleichgestellten Qualifikation. Für EG S 7 braucht es also zu der grundsätzlichen beruflichen Qualifikation noch eine **weitere pädagogische Qualifikation.**

656 Die Eingruppierung im handwerklichen Erziehungsdienst innerhalb der Werkstatt wird weitergeführt in EG S 8a Fallgruppe 5 und EG S 8b Fallgruppe 3. Während für die Zuordnung nach EG S 8a Fallgruppe 5 die Qualifikation zum Meister / Techniker in der Tätigkeit als Gruppenleitung in der Werkstatt für behinderte Menschen ausreicht, setzt EG S 8b eine **sonderpädagogische Zusatzqualifikation** voraus. Ebenfalls findet sich in EG S 8b Fallgruppe 3 als Alternative der Arbeitserzieher mit staatlicher Anerkennung ebenfalls in der Tätigkeit als Gruppenleiter in einer Werkstatt für behinderte Menschen. Die genannten Anmerkungen Nr. 1 und Nr. 14 sind bereits dargestellt worden und enthalten keine neuen Informationen.

657 Gesteigert wird diese Tätigkeit dann nach EG S 10 Fallgruppe 5 als **Leitung einer Abteilung.**

658 **Eine neue Anmerkung entsteht mit Verweis auf Nr. 20 in Entgeltgruppe S 8b und S 10.** Dort wird die Technikerqualifikation weiter erläutert und formuliert, wer wodurch diese Qualifikation erwerben kann.

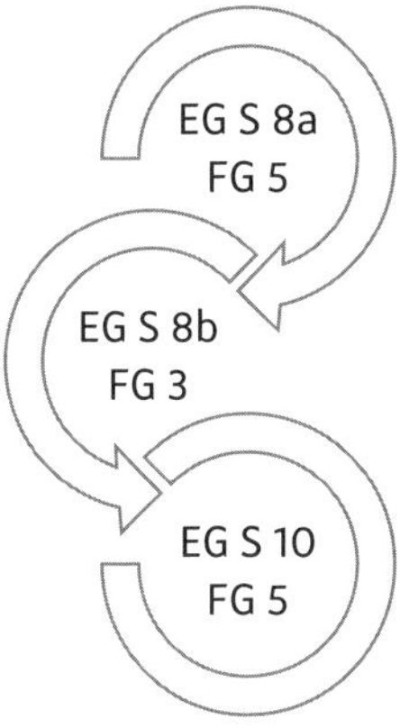

Ebenfalls neu ist die Anmerkung Nr. 19 in EG S 10 Fallgruppe 5. Diese beinhaltet die Erklärung, was unter der Leitung eines Arbeitsbereichs zu verstehen ist. Es wird ausgeführt, dass die Leitung eines Arbeitsbereichs (z. B. Holz, Metall) übertragen sein muss und zusätzlich mindestens zwei weitere Gruppen zugeordnet sein müssen. 659

Damit ist die **Abteilungsleitung** einerseits an eine Verantwortung für einen Arbeitsbereich geknüpft und andererseits an die Zuordnung von **mindestens zwei weiteren** Gruppen. 660

Auch **Leitungsfunktionen** werden in der Werkstattkategorie abgebildet. Es kommen diverse Meisterqualifikationen (Handwerksmeister, Industriemeister oder Gärtnermeister) im handwerklichen Erziehungsdienst zum Tragen. 661

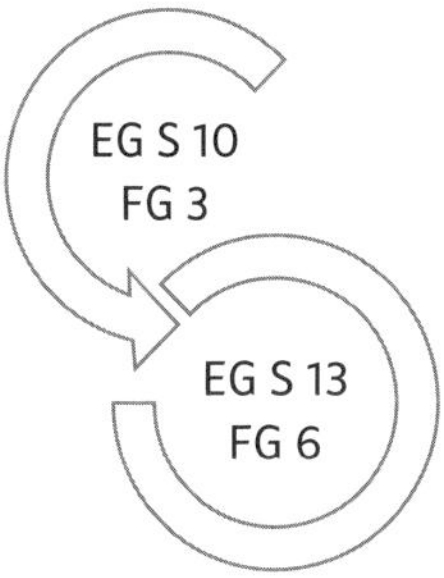

Zunächst startet die Zuordnung in EG S 10 Fallgruppe 3 mit der vorgenannten Qualifikation als Leitung von Werkstätten für Menschen mit Behinderung. 662

Eine Steigerung erfolgt nach EG S 13 Fallgruppe 6. Dort ist zu lesen, dass eine Heraushebung durch den Umfang und die Bedeutung des Aufgabengebietes geschieht, sofern sich dies wesentlich aus EG S 10 Fallgruppe 3 heraushebt. Eine weitere Erläuterung, was sich hinter dieser Formulierung verbirgt, unterbleibt leider. 663

Weitere Zuordnungskriterien für Werkstätten für behinderte Menschen finden sich dann beginnend in EG S 10 Fallgruppe 4 mit einer Leitungsaufgabe als „Mitarbeitende als technische Leitungen einer Werkstatt für behinderte Menschen“. Aufbauend finden sich dann in EG S 12 Fallgruppe 3 und in EG S 17 Fallgruppe 8 weitere Steigerungen. 664

665 In allen Fällen ist der Hinweis auf **Anmerkung Nr. 16** enthalten. In dieser Anmerkung wird definiert, was „technische Leitung" bedeutet. Erfasst sind Aufgaben und Verantwortlichkeiten für den technischen Bereich der Werkstatt nach Weisung der Leitung der Werkstatt.

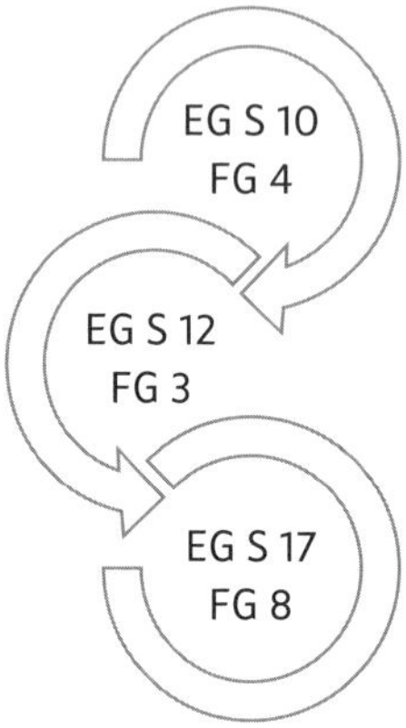

666 In EG S 12 wird die technische Leitung gegenüber EG S 10 hinsichtlich der **Platzzahlen** weiter definiert. Zunächst werden für EG S 12 mindestens 180 Plätze gefordert und für EG S 17 mindestens 300 Plätze.

667 **Anmerkung Nr. 17** enthält Ausführungen zur Berechnung der Durchschnittsbelegung. Dabei wird **für die Ermittlung der Durchschnittsbelegung** die Zahl der tatsächlich belegten, nicht jedoch die Zahl der vorhandenen Plätze zugrunde gelegt. Plätze, die vorübergehend oder kurzfristig, beispielsweise wegen Erkrankung, nicht belegt sind, sind dennoch mitzurechnen. Weiter ist bei der Ermittlung der Durchschnittsbelegung ein längerer Zeitraum zugrunde zu legen. Eine genauere Ausführung, was unter einem „längeren Zeitraum" zu verstehen ist, unterbleibt jedoch. Es wird weiter ausgeführt, dass Zeiten, in denen die Einrichtung vorübergehend nicht oder nur gering belegt ist, außer Betracht zu lassen sind. Dies könnte etwa die Betriebsschließung zum Jahreswechsel sein oder Schließzeiten im Sommer. Ebenfalls wird festgestellt, dass für die Berechnung der Durchschnittsbelegung von der täglichen Höchstbelegung auszugehen ist.

668 Die letzte Kategorie innerhalb der Werkstätten umfasst die **Gesamtleitungen.** Beginnend mit EG S 12 wird die Leitung als solche gefordert.

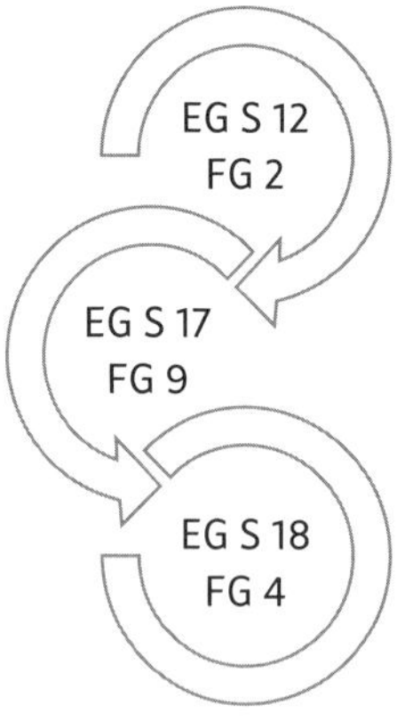

669 EG S 12 beinhaltet keine Größenangabe, EG S 17 Fallgruppe 9 bezieht sich auf eine Durchschnittsbelegung von mindestens 120 Plätzen und EG S 18 Fallgruppe 4 auf eine Durchschnittsbelegung von mindestens 180 Plätzen. In allen drei Entgeltgruppen ist der Hinweis auf Anmerkung Nr. 15 angebracht.

Anmerkung Nr. 15 verweist auf die Voraussetzungen und die auszuübenden Tätigkeiten als Werkstattleitung. 670

Zum einen soll eine **Werkstattleitung** in der Regel über einen Fachhochschulabschluss im kaufmännischen oder technischen Bereich oder einen gleichwertigen Bildungsstand, über ausreichende Berufserfahrung und eine sonderpädagogische Zusatzqualifikation verfügen. Dabei enthält die Formulierung „in der Regel" den Hinweis auf den Regel- oder Normalzustand, das heißt Ausnahmen sind denkbar, die Regelbesetzung dieser Stellen soll aber **auf Grundlage einer Fachhochschulqualifikation** erfolgen. Weiter wird ausgeführt, dass eine entsprechende Berufsqualifikation auch aus dem sozialen Bereich ausreichend sein kann, wenn die zur Leitung der Werkstatt erforderlichen Kenntnisse und Fähigkeiten im kaufmännischen und technischen Bereich anderweitig erworben worden sind. Weiter muss die auszuübende Tätigkeit die technische, kaufmännische, verwaltungs- und personalmäßige Leitung der Werkstatt umfassen. 671

6. Berufliche Ausbildung / Anleitung in Einrichtungen der Erziehungs-, Behinderten-, Suchtkranken-, Wohnungslosen- oder Straffälligenhilfe

Eine weitere Kategorie bilden die Tätigkeitsmerkmale für die Tätigkeiten in der beruflichen Ausbildung / Anleitung für Mitarbeitende mit abgeschlossener Berufsausbildung in den Einrichtungen der Erziehungs-, Behinderten-, Suchtkranken-, Wohnungslosen- oder Straffälligenhilfe. Die Eingruppierung erfolgt **analog der Systematik der Werkstätten.** Es existieren **drei Kategorien:** 672

- Mitarbeitende mit abgeschlossener Berufsausbildung in der beruflichen Ausbildung / Anleitung
- Mitarbeitende mit Meisterprüfung / Technikerqualifikation
- Prüfung in der beruflichen Ausbildung / Anleitung und Leitungsebene

6.1 Mitarbeitende mit abgeschlossener Berufsausbildung

673 Die erste Kategorie erfasst Mitarbeitende mit abgeschlossener Berufsausbildung in der beruflichen Ausbildung / Anleitung in den diversen Hilfesystematiken. Bei der abgeschlossenen Berufsausbildung wird nicht näher differenziert in handwerkliche oder kaufmännische Berufsqualifikationen, so dass hier jegliche berufliche Grundlagen auf der Basis einer abgeschlossenen Berufsausbildung ausreichen.

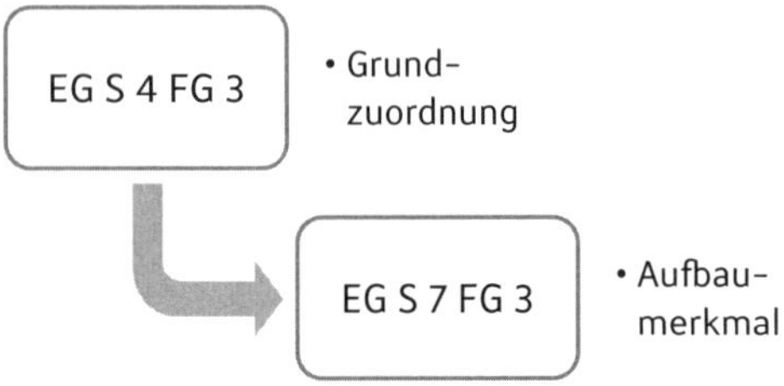

674 Für beide Entgeltgruppen wird auf **Anmerkung Nr. 21** verwiesen. Dort findet sich die Erläuterung zum Begriff „berufliche Anleitung“. Diese umfasst im Wesentlichen Arbeitstraining, Arbeitsanleitung und Arbeitstherapie im Rahmen der medizinischen, beruflichen und sozialen Rehabilitation sowie der Resozialisierung. EG S 7 Fallgruppe 3 enthält neben einem wortidentischen Text gegenüber EG S 4 noch den Hinweis auf die **Anmerkungen Nr. 26 und Nr. 27.** Dort werden für die verschiedenen Hilfesysteme die erforderlichen Zusatzqualifikationen dargestellt:

675 In Einrichtungen der **Suchtkranken-, Wohnungslosen- oder Straffälligenhilfe** ist das eine sonderpädagogische Zusatzqualifikation, die einer sonderpädagogischen Zusatzqualifikation im Sinne der Werkstättenverordnung nach dem SGB IX entspricht. In Einrichtungenz der **Erziehungshilfe** wäre dies eine sonderpädagogische Zusatzqualifikation, die den Richtlinien über die Ausbilder-Fortbildung des Bundesverbandes Caritas Kinder- und Jugendhilfe e. V. (BVkE) entspricht. In Einrichtungen der **Behindertenhilfe** könnte es anstelle einer sonderpädagogischen Zusatzqualifikation auch eine Ausbilder-Eignungsprüfung sein.

! Der Unterschied zwischen den beiden Entgeltgruppen wird also nur durch genaues Lesen der Anmerkungen deutlich. Daher ist an dieser Stelle noch einmal auf die Wichtigkeit des Beachtens der Anmerkungen hinzuweisen. 676

6.2 Meister / Techniker

677 In der zweiten Kategorie wird aus der abgeschlossenen Berufsqualifikation die Steigerung zum **Meister** und über die Anmerkung Nr. 22 auch die weitere Qualifizierung zum **Techniker.**

678 Ergänzend ist in EG S 8b Fallgruppe 4 neben der Qualifikation zum Meister auch der **Erzieher am Arbeitsplatz** genannt. Diese Formulierung könnte auf das Berufsbild des Arbeitserziehers hinweisen. Sie ist etwas umständlich und aus dem Kontext heraus deutet nichts darauf hin, dass hiermit das klassische Berufsbild des Erziehers erfasst ist.

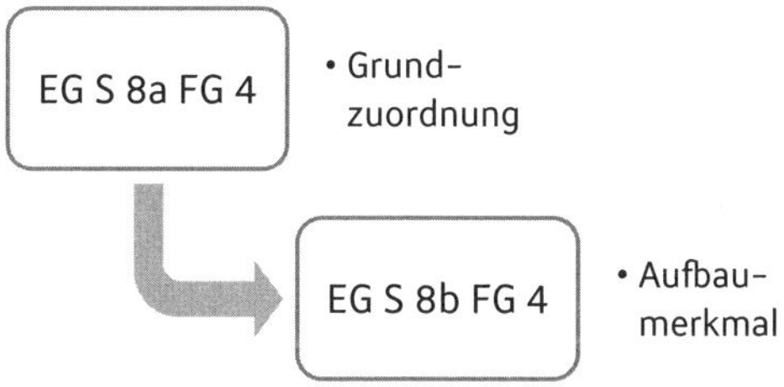

! Vor diesem Hintergrund ist darauf hinzuweisen, dass die Arbeitsrechtliche Kommission des Deutschen Caritasverbands bei der Überarbeitung und Aktualisierung der AVR in kleinen Arbeitsgruppen die Spezifika der einzelnen beruflichen Einsatzfelder zu erarbeiten und zu beschreiben versucht. Jede Arbeitsgruppe bringt ihre Ergebnisse dann in die Gesamtüberarbeitung ein. Es entsteht der Eindruck, dass am Ende nicht zwingend eine redaktionelle / sprachliche Anpassung über alle Beschreibungen stattfindet, so dass die eine oder andere Entgeltgruppe Formulierungen enthält, die überraschend und / oder seltsam anmutet. Die hier gewählte Formulierung „Erzieher am Arbeitsplatz" ist eine solche überraschende Formulierung. Aus dem 679

Gesamtkontext heraus muss jedoch davon ausgegangen werden, dass von einem Arbeitserzieher die Rede ist, gleichfalls sind diese Arbeitserzieher auch in den Werkstattmerkmalen der Entgeltgruppe S 8b Fallgruppe 3 abgebildet.

680 Die aufgezählten Anmerkungen in EG S 8a (Nr. 21 und Nr. 22) und in EG S 8b (Nr. 1, Nr. 21, Nr. 22, Nr. 26 und Nr. 27) wurden bereits erläutert und enthalten keinerlei neue Informationen.

6.3 Leitungstatbestände

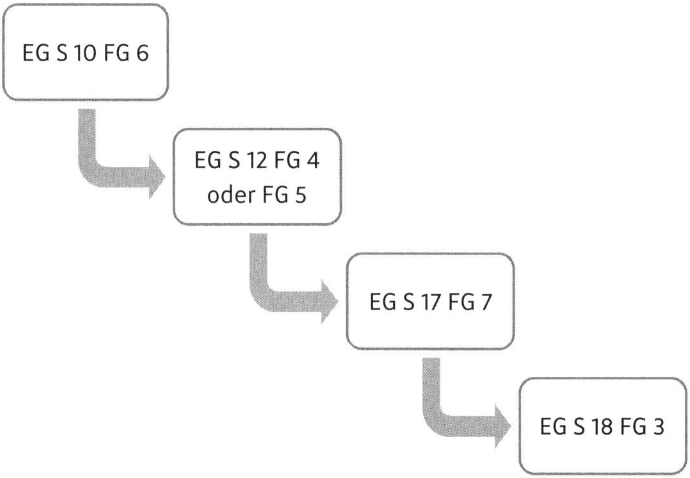

681 Als letzte Kategorie innerhalb der beruflichen Anleitung / Ausbildung bleiben noch die **Leitungstatbestände.** Ab EG S 10 beginnen Leitungsaufgaben in unterschiedlichen Variationen, zunächst EG S 10 als **Leiter eines Teilbereichs.**

682 Dieser Entgeltgruppe sind die Anmerkungen Nr. 1, Nr. 21 und Nr. 23 zugeordnet.

Anmerkung Nr. 23 beschreibt den Teilbereich näher. Ein **Teilbereich** ist die Zusammenfassung von mehreren Ausbildungs- oder Anleitungsgruppen. Eine Gruppe ist eine Organisationseinheit, in der mehrere Auszubildende oder anzuleitenden Personen zusammengefasst sind und für die ein Ausbilder / Leiter verantwortlich ist. 683

In EG 12 Fallgruppe 4 ist die Leitung des Bereichs mit mindestens 60 Plätzen oder sechs Gruppen benannt. Für die Benennungen der Bereichsleitung bzw. der Gruppen enthalten die **Anmerkungen Nr. 24 und Nr. 25** die entscheidenden Hinweise. Unter Anmerkung Nr. 24 wird die Leitung des Bereichs beschrieben. Diese umfasst im Wesentlichen die Verantwortung für Organisation, Koordination, Überwachung und Planung der beruflichen Ausbildung / Anleitung in einer Einrichtung. Anmerkung Nr. 25 beschreibt, dass eine Gruppe eine Organisationseinheit ist, in der mehrere Auszubildende oder anzuleitende Personen zusammengefasst sind und für die ein Ausbilder / eine Anleitung verantwortlich ist. 684

EG S 17 steigert das Volumen auf die **Bereichsleitung** bei einer Durchschnittsbelegung von mindestens 120 Plätzen oder einer Bereichsleitung bezogen auf mindestens zwölf Gruppen. Ergänzend wird hier noch einmal auf Anmerkung Nr. 9, der Berechnung der Durchschnittsbelegung, hingewiesen. EG S 18 steigert die Leitungsaufgabe erneut auf die Bereichsleitung mit einer Durchschnittsbelegung von mindestens 180 Plätzen. 685

7. Besondere KiTa-Formen / Tagesförderstätten

Neben den Steigerungsformen für reguläre Kindertagesstätten existieren auch Merkmale für Kindertagesstätten für Menschen mit Behinderungen im Sinne von § 2 SGB IX oder für Kinder und Jugendliche mit wesentlichen Erziehungsschwierigkeiten oder von Tagesstätten für erwachsene Menschen mit Behinderung im Sinne von § 2 SGB IX. 686

687 Im Grunde sind hier drei verschiedene Kategorien zusammengefasst. Es geht um Einrichtungen für Betreuung, Begleitung und Förderung von Menschen mit Behinderungen, und zwar „von klein bis groß".

7.1 KiTa für Menschen mit Behinderung

688 In Anlage 33 sind sowohl die Leitungskräfte dieser Einrichtungen abgebildet als auch die dazugehörigen **ständigen Vertretungen** der Leitungskräfte.

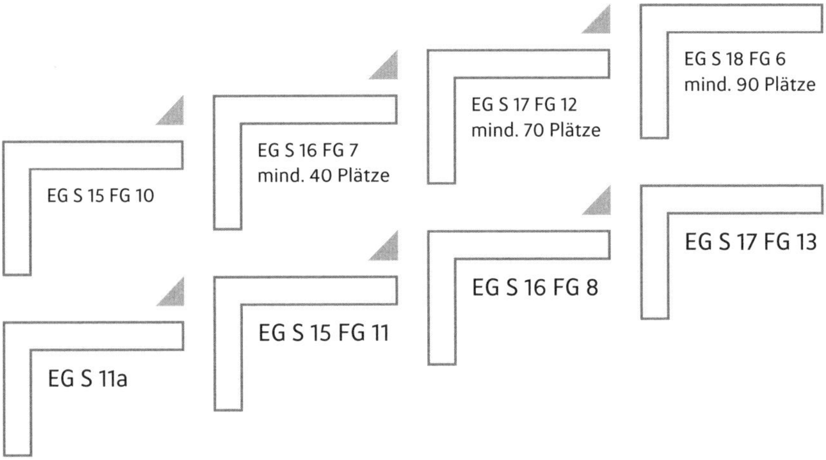

689 Die Vertretungen orientieren sich an der jeweiligen Leitung und deren Eingruppierung ist mit dem Schicksal der Leitungen eng verknüpft. Insgesamt wird auf die Anmerkungen Nr. 1, Nr. 4, Nr. 8 und Nr. 9 verwiesen, die jedoch keine neuen Hinweise enthalten.

7.2 Heimleitungen / Vertretung

690 Ein weiterer Leitungstatbestand findet sich in Anhang B Anlage 33. Das ist die **Heimleitung** in Einrichtungen der Erziehungs-, Behinderten- oder Gefährdetenhilfe und deren ständige Vertretung.

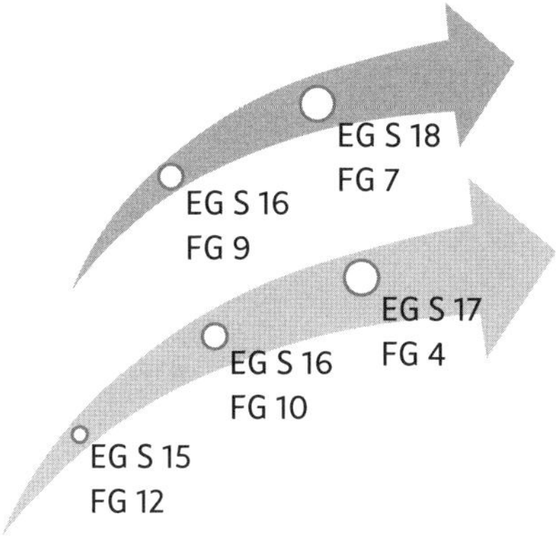

In der Systematik ähnelt die Heimleitung anderen Leitungspositionen und wird zahlenmäßig nach oben weiter aufgestockt. In EG S 16 Fallgruppe 9 startet die Heimleitung ohne konkretere Größenzuordnung. Die nächste Steigerung findet sich in EG S 18 Fallgruppe 7 auf Basis einer Durchschnittsbelegung von mindestens 50 Plätzen. 691

Die ständigen Vertretungen finden sich in der gleichen Reihung jeweils unterhalb der originären Zuordnung und damit in EG S 15 Fallgruppe 12, EG S 16 Fallgruppe 10 und EG S 17 Fallgruppe 4. Auffällig ist, dass die ständige Vertretung der Heimleitung in EG S 17 Fallgruppe 4 für eine Größenordnung des Heims mit einer Durchschnittsbelegung von mindestens 90 Plätzen bestellt ist, hierzu allerdings kein originärer Eingruppierungstatbestand existiert. EG S 18 Fallgruppe 7 enthält eine Durchschnittsbelegung von mindestens 50 Plätzen. Eine weitere Steigerung existiert nicht. 692

! Es ist zu vermuten, dass der Arbeitsrechlichen Kommission des Deutschen Caritasverbandes dieser Umstand bislang nicht bewusst geworden ist bzw. dass er in der Praxis äußerst selten vorkommt und über die Formulierung „eine Durchschnittsbelegung von mindestens 50 Plätzen" somit auch mindestens 90 Plätze erreicht werden. Nach einer weiteren Lesart sind Heime mit mindestens 90 Plätzen nicht mehr in Anlage 33 zu finden, sondern der Anlage 2 zuzuordnen. 693

In allen Entgeltgruppen wird auf die Anmerkungen Nr. 1, Nr. 4 und Nr. 10 verwiesen. Bezüglich der Angabe der Durchschnittsbelegung wird ergänzend noch auf Anmerkung Nr. 9 verwiesen. Die Erklärung, was unter einem **Heim** zu verstehen ist, findet sich in Anmerkung Nr. 10. Dort ist festgehalten, dass Heime der Erziehungs-, Behinderten- oder Jugendhilfe solche Heime sind, in 694 denen überwiegend Personen ständig leben, die Hilfen nach § 53 ff. SGB XII oder § 67 SGB XII erhalten oder in denen überwiegend Kinder und Jugendliche oder junge Erwachsene mit wesentlichen Erziehungsschwierigkeiten ständig leben.

8. Kinder- und Jugendlichenpsychotherapeuten und Psychagogen

695 Das letzte bislang noch unbekannte Anforderungsmerkmal findet sich in EG S 17 Fallgruppe 6. Hier geht es um **Kinder- und Jugendlichenpsychotherapeuten und Psychagogen** mit staatlicher Anerkennung. Die Arbeitsrechtliche Kommission[1] hat nunmehr bereinigend in Anlage 2 die VG 3 Fallziffer 19a gestrichen, die ebenfalls den Kinder- und Jugendlichenpsychotherapeuten und Psychagogen enthielt und darauf verwiesen, dass dieser bereits seit Einführung der Anlage 33 in EG S 17 FG 6 zu finden ist. Es wird auf Anmerkung Nr. 29 verwiesen. Dort ist ausdrücklich klargestellt, dass unter dieses Tätigkeitsmerkmal nicht Mitarbeitende fallen, die über eine abgeschlossene wissenschaftliche Hochschulbildung und eine entsprechende Tätigkeit verfügen.

696 ! Der Begriff des Kinder- und Jugendlichenpsychotherapeuten und Psychagogen ist nicht mit dem des **Psychologen** zu verwechseln. Der Psychologe übt eine Tätigkeit in der Regel auf Basis einer wissenschaftlichen Hochschulbildung aus.

697 **Eine wissenschaftliche Hochschulbildung** ist nach den Anmerkungen zu Anlage 2 (Abschnitt I) ein Hochschulabschluss, der eine Erste Staatsprüfung, eine Masterprüfung oder eine Diplomprüfung nach den jeweiligen Ausbildungsvorschriften vorsieht. Eine abgeschlossene wissenschaftliche Hochschulbildung setzt ferner voraus, dass es sich um einen Studiengang handelt, bei dem

[1] Beschluss der AK-Bundeskommission (BK 2/2024) vom 20.6.2024

die **allgemeine Hochschulreife** als Zugangsvoraussetzung gefordert ist, nicht nur die Fachhochschulreife. Weiter wird eine Regelstudienzeit von mindestens acht Semestern ohne etwaige Praxissemester bzw. Prüfungssemester vorausgesetzt. Es wird ausgeführt, dass ein Bachelorstudiengang diese Voraussetzungen nicht erfüllt, auch wenn dieser mehr als sechs Semester in Anspruch nimmt. Die psychologische Tätigkeit wird in der Regel auf Basis einer wissenschaftlichen Hochschulbildung ausgeübt und wäre demnach in Vergütungsgruppe 2 Anlage 2 und Ähnliches zugeordnet (je nach übertragener auszuübender Tätigkeit).

Beispiel 698

Der Caritasverband X unterhält verschiedene Beratungsangebote mit den Themen Suchtberatung, Schuldnerberatung, Wohnungslosenhilfe und allgemeine Lebensberatung. Für die ersten drei Beratungseinheiten ist als Leitungskraft jeweils eine Sozialpädagogin eingesetzt, für die vierte Beratungseinheit stellt der Dienstgeber eine Psychologin ein.

Während die Leitungskräfte in den ersten drei genannten Beratungsfeldern in Anlage 33 eingruppiert sind, wäre die Psychologin nach Anlage 2 in die VG 2 zugeordnet.

Dieser Umstand ergibt sich zum einen aus der übertragenen („auszuüben- 699
den") Tätigkeit. Zum anderen ist die Ursache auch in der subjektiven Anforderung zu sehen. In Anlage 33 werden Berufsfelder ausdrücklich genannt (vgl. EG S 11b Sozialpädagoge, Sozialarbeiter, Heilpädagoge mit staatlicher Anerkennung und Hochschulabschluss und entsprechender Tätigkeit etc.), so dass hier für den Einsatz eines **Psychologen** keine Möglichkeit gesehen wird. Im Gegenteil übt dieser auf der Basis seines Masterstudiums eine sogenannte „entsprechende" Tätigkeit aus und fällt damit in den Zuordnungsbereich der Anlage 2.

9. Hilfskräfte in sozialen Einrichtungen

700 Innerhalb der Anlage 33 existieren abschließend aufgezählte Handlungs- und Tätigkeitsfelder und die dazugehörigen entsprechenden Tätigkeiten. Sonstige Hilfskräfte, die nicht ausdrücklich genannt sind, können **nicht nach Anlage 33** eingruppiert und vergütet werden. Dafür sieht Anlage 2 in VG 10 Fallziffer 7 die „Helfer in sonstigen sozialen Einrichtungen" vor. Andere Tatbestände, um Hilfskräfte zuzuordnen, existieren nicht.

Kapitel 5: Mitbestimmung der MAV und Rechtsschutzverfahren

Im Anschluss an die Eingruppierung nach den AVR in den Kapiteln 1 bis 4 behandelt dieses abschließende Kapitel die Beteiligung der Mitarbeitervertretung (MAV) bei der Eingruppierung gemäß der Mitarbeitervertretungsordnung (MAVO). Ohne die Zustimmung der MAV mit dem dafür in der MAVO vorgeschriebenen Verfahren ist die Maßnahme der Eingruppierung unwirksam. Neben dem kollektiven Rechtsschutzverfahren werden auch die Möglichkeiten für die betroffene Mitarbeiterin bzw. den betroffenen Mitarbeiter dargestellt, sich im Rahmen des individuellen Rechtsschutzes gegen eine vermeintlich falsche Eingruppierung durch den Dienstgeber zu wehren.

I. Beteiligung der MAV bei der Eingruppierung

Gemäß der Mitarbeitervertretungsordnung ist die MAV bei personellen Einzelmaßnahmen in vielfältiger Weise nach § 33 MAVO (Zustimmung) und § 35 MAVO (Zustimmung bei sonstigen persönlichen Angelegenheiten) zu beteiligen.[1] Es besteht sowohl bei der **erstmaligen** Zuordnung zu einem Vergütungssystem / Entgeltsystem (im Rahmen einer Einstellung) als auch bei **späteren** Veränderungen der Eingruppierung (z. B. durch Übernahme / Zuweisung anderer Tätigkeiten, Veränderung der Tätigkeit durch neue Anforderungen etc.) ein **Zustimmungsrecht der MAV.** 701

1 Auf die Inhalte und den Ablauf des formellen Zustimmungsverfahrens nach § 33 MAVO wird an dieser Stelle nicht eingegangen. Vgl. dazu beispielsweise die Kommentierung von Schmitz, in: Eichstätter Kommentar, 2. Auflage 2018, zu § 33 MAVO.

702 Das Bundesarbeitsgericht hat zu Sinn und Zweck der Beteiligung[1] ausgeführt, dass die **Mitbestimmung der Arbeitnehmervertretung** an diesem Akt der Rechtsanwendung sicherstellen soll,

„daß die angesichts der allgemein und weit gehaltenen Tätigkeitsmerkmale oft schwierige Prüfung, welcher Vergütungsgruppe die Tätigkeit des Arbeitnehmers entspricht, möglichst zutreffend erfolgt. Sie dient der einheitlichen und gleichmäßigen Anwendung der Lohn- und Gehaltsgruppenordnung in vergleichbaren Fällen, damit also der innerbetrieblichen Lohngerechtigkeit sowie der Transparenz der im Betrieb vorgenommenen Eingruppierungen."

1. Die Zustimmungstatbestände nach § 35 Abs. 1 MAVO

703 § 35 MAVO erfasst in Absatz 1 mit den Ziffern 1 bis 4 gleich mehrere Tatbestände, die eine Zustimmung der MAV bei der Eingruppierung notwendig machen. Dabei ist unerheblich, welche **Anlage der AVR** der Eingruppierung zugrunde liegt. Die Beteiligungstatbestände gelten gleichermaßen für alle beruflichen Einsatzfelder (Verwaltung, Pflege, Sozialdienst etc.).

1.1 § 35 Abs. 1 Nr. 1 MAVO: Eingruppierung

704 § 35 Abs. 1 Nr. 1 MAVO erfasst zunächst die Eingruppierung selbst. Damit ist die erstmalige Zuordnung in ein kollektives Entgelt- oder Vergütungssystem gemeint. Der Dienstgeber führt **keine rechtsgestaltende** Maßnahme aus, sondern die Zuordnung ergibt sich aus der Tarifautomatik (zur Begrifflichkeit siehe Kapitel 1 ► Rn. 28 ff.) und zwar unmittelbar aus der Übertragung tariflich geregelter Tätigkeiten. Damit liegt in der Eingruppierung ein **Akt der Rechtsanwendung.** Dieser stellt die Subsumtion eines bestimmten Sachverhalts unter eine vorgegebene Entgeltordnung / Vergütungsordnung

[1] Vgl. BAG, 21.3.1995 – 1 ABR 46/94 (zur Mitbestimmung des Personalrats).

dar. Die Mitarbeitenden sind eingruppiert, sie werden nicht eingruppiert. Eingruppierung ist Normenvollzug.[1]

Wie bereits in Kapitel I ausgeführt (► Rn. 28 ff.), stellt die Eingruppierung keinen Gestaltungsakt dar, sondern beinhaltet einen **Beurteilungsakt.** Damit ist auch die Beteiligung der MAV, das Zustimmungsrecht, nicht als Mitgestaltungs-, sondern als **Mitbeurteilungsrecht** ausgestaltet. Das Bundesarbeitsgericht formuliert dies wie folgt[2]: 705

„Gegenstand des als Mitbeurteilungsrecht ausgestalteten Mitbestimmungsrechts ist nicht die Bewertung des Arbeitsplatzes oder der Tätigkeit, sondern die sich daraus ergebende Zuordnung des Arbeitnehmers zu einer Vergütungs- oder Entgeltgruppe."

Auch die (erstmalige) Zuweisung einer anderen / neuen Tätigkeit, die sich nach ihrem Gesamtbild von der bisherigen so deutlich unterscheidet, dass sie als eine **andere Tätigkeit** angesehen werden muss, kann das Beteiligungsrecht auslösen. Denn die Beteiligung ist nicht allein davon abhängig, dass es zu einer Änderung der Vergütungsgruppe / Entgeltgruppe kommt.[3] 706

Der MAV obliegt damit eine sogenannte **Richtigkeitskontrolle.**[4] Voraussetzung für die ordnungsgemäße Durchführung des Beteiligungsverfahrens ist naturgemäß die **vollständige Unterrichtung der MAV** als Voraussetzung dafür, dass diese ihrem Prüfungsauftrag nachkommen kann. Der Dienstgeber muss somit alle entscheidungsrelevanten Unterlagen auch der MAV zugänglich machen.[5] 707

Dieses **Mitbeurteilungsrecht** soll die einheitliche und gleichmäßige Anwendung der Vergütungs- und Entgeltgruppenordnung sowie die tarifgerechte Betrachtung und Bewertung jedes einzelnen Arbeitsplatzes (und damit der Gesamtheit aller Arbeitsplätze) sicherstellen. Zustimmungspflichtig ist aber 708

1 BAG, 12.1.2011 – 7 ABR35/09.

2 BAG, 17.11.2010 – 7 ABR 123/09, Rn. 31.

3 KAGH, 15.5.2020 – M 17/2019 (zur Beteiligung im Zusammenhang mit einer Umsetzung).

4 Vgl. KAGH, 15.5.2020 – M 17/2019, ZMV, 2020, 197 mit Anm. Oxenknecht-Witzsch.

5 Vgl. BAG, 27.10.2010 – 7 ABR 36/09 (zum Unterrichtungsanspruch des Betriebsrats).

nicht nur die erstmalige Einreihung / Zuordnung, sondern auch die Überprüfung einer bereits bestehenden und erfolgten Eingruppierung aus Anlass der Übertragung neuer / anderer Aufgaben. Es handelt sich insoweit um eine „Neu-Eingruppierung" bzw. eine Umgruppierung.

709 Auch im Zusammenhang mit **Neuerungen innerhalb der AVR,** also etwa bei Überleitungen in andere Anlagen, Eingruppierungsstrukturen, Entgeltordnungen und ähnlichen Vorgängen, ist die MAV zu beteiligen. Auch wenn es durch Überleitungsvorgaben und entsprechende Tabellen keinen Spielraum für die Dienstgeberseite gibt, ist gleichwohl das Beteiligungsverfahren durchzuführen.[1]

710 Die MAV hat die Aufgabe, nachzuvollziehen, ob der Dienstgeber die Anforderungen der AVR korrekt angewendet und umgesetzt hat. Dabei geht es bei der Eingruppierung nicht allein um die Zuordnung zu einer bestimmten Vergütungsgruppe bzw. Entgeltgruppe, sondern auch um die **Zuordnung zu einer (Erfahrungs-)Stufe.**[2]

711 **!** Erst durch die Kombination von Vergütungsgruppe / Entgeltgruppe und (Erfahrungs-)Stufe kann für den Mitarbeitenden ein Gehalt nach den jeweiligen Entgelttabellen errechnet und ihm schließlich auch ausgezahlt werden.

712 Da die Eingruppierung in den allermeisten Fällen **mit der Einstellung verbunden** ist, sind auch Konstellationen denkbar, in der die MAV zwar der Einstellung eines Mitarbeitenden zustimmt, nicht aber der angedachten Eingruppierung. In diesem Fall kann der Dienstgeber, wenn er an der von ihm beabsichtigten Eingruppierung festhalten will, zur Klärung der streitigen Eingruppierung das zuständige Kirchliche Arbeitsgericht anrufen und einen Antrag auf

[1] Vgl. KAGH, 31.8.2012 – M 08/12 (zur Beteiligung der MAV bei der Überleitung in die Anlagen 30 - 33).

[2] BAG, 17.11.2021 – 7 ABR 40/19.

Ersetzung der Zustimmung der MAV durch das Gericht stellen.[1] Dazu ► Rn. 726. Das Verfahren kann durchaus mehrere Wochen bis Monate in Anspruch nehmen.

In der Praxis wird dies dergestalt gehandhabt, dass der Einzugruppierende zunächst der von MAV und Dienstgeberseite als übereinstimmend erklärten niedrigsten Vergütungsgruppe / Entgeltgruppe zugeordnet wird und er das sich daraus ergebende Gehalt bezieht. Ab dem Zeitpunkt der Klärung durch das Kirchliche Arbeitsgericht erhält der betroffene Mitarbeiter oder die betroffene Mitarbeiterin entweder eine entsprechende Nachzahlung (bei höherer Eingruppierung) oder das Gehalt wird in dieser Höhe fortgezahlt, weil sich die ursprüngliche Vergütungsgruppe / Entgeltgruppe nach der Gerichtsentscheidung als die korrekte Eingruppierung erweist. 713

1.2 § 35 Abs. 1 Nr. 2 und 3 MAVO: Umgruppierung

§ 35 Abs. 1 Nr. 2 MAVO erfasst die Höhergruppierung und § 35 Abs. 1 Nr. 3 MAVO die Rückgruppierung, also **Umgruppierungen** in eine höhere oder niedrigere Vergütungsgruppe / Entgeltgruppe. Umgruppierung ist jede Änderung der Einreihung.[2] 714

Der weitere Tatbestand der **Beförderung** in Nr. 2 betrifft keine Tarifbeschäftigten, sondern ausschließlich Kirchenbeamte und Kirchenbeamtinnen, für die die MAV ebenfalls ein Mandat hat und ist daher an dieser Stelle für die Eingruppierung ohne Belang. 715

Es spielt für die Beteiligung keine Rolle, ob es sich um eine „echte" oder „unechte" **Höhergruppierung** handelt. Begrifflich verbirgt sich hinter der „unechten" Höhergruppierung die mehr oder weniger (nach Schema vorgegebene) automatisierte Zuordnung, entweder durch Überleitungsvorgänge / Überleitungstabellen bei Tarifanpassungen oder Bewährungsaufstiege (innerhalb 716

[1] Vgl. KAG Aachen, 9.3.2016 – 02/2015.

[2] BAG, 12.1.2011 – 7 ABR 15/09.

der Anlage 2). Unter „echte" Höhergruppierungen fallen alle Anpassungen der Eingruppierung aufgrund von Tätigkeitsanpassungen bzw. anderen Veränderungen, die mit einer höheren Wertigkeit der auszuübenden Tätigkeit einhergehen.

717 **!** Beide Tatbestände der Umgruppierung unterliegen der Beteiligungspflicht der MAV.

718 Erst wenn der Vorgang ordnungsgemäß unter Angabe der neuen Entgelt- oder Vergütungsgruppe und Stufe vorgelegt wurde und die MAV entweder die Zustimmung ausdrücklich erteilt hat oder ihre Zustimmung im Rahmen der Zustimmungsfiktion nach § 33 Abs. 2 Satz 2 MAVO als erteilt gilt, kann die Maßnahme (Umgruppierung) umgesetzt werden.

1.3 § 35 Abs. 1 Nr. 4 MAVO: Nicht nur vorübergehende Übertragung einer höher oder niedriger bewerteten Tätigkeit

719 Gemäß § 35 Abs. 1 Nr. 4 MAVO unterfällt auch die nicht nur vorübergehende Übertragung einer höher oder niedriger zu bewertenden Tätigkeit der Beteiligung und bedarf daher der Zustimmung der MAV. Nach den allgemeinen Grundsätzen der Eingruppierung in Anlage 1, Abschnitt I stellt die **dauerhaft übertragene** auszuübende Tätigkeit die Grundlage einer Einreihung dar (► Rn. 36 ff.). Das bedeutet, die dauerhafte Veränderung des „Solls" einer Tätigkeit muss ebenso zunächst der MAV zur Zustimmung vorgelegt werden. Erst nach erfolgter Beteiligung der MAV kann die beabsichtigte Maßnahme umgesetzt werden.

720 Dabei ist zu beachten, dass der Beteiligungstatbestand nicht darauf reduziert werden kann, dass bereits jedwede neue Aufgabenzuweisung genügt und damit generell die Übertragung einer anderen Tätigkeit auf Dauer ohne Beteiligung der MAV zur Eingruppierung unwirksam ist.[1] Vielmehr muss es sich

[1] KAGH, 15.12.2017 – M 02/2017.

eindeutig um eine Tätigkeit handeln, die höherwertiger oder niedrigwertiger ist. Für die **höherwertigen Tätigkeiten** kann dies jedenfalls dann angenommen werden, wenn damit ein weiterer beruflicher Aufstieg verbunden sein kann, auch wenn sich die konkrete Vergütungsgruppe / Entgeltgruppe zunächst nicht ändert.[1]

! Nicht jede Veränderung der Tätigkeit oder Zuständigkeit ist zustim- 721
mungspflichtig, sondern nur diejenige Maßnahme, die perspektivisch anders zu bewerten ist.

2. Die Zustimmungsverweigerungsrechte nach § 35 Abs. 2 MAVO

Die MAV kann die Zustimmung zur Eingruppierung aus unterschiedlichen 722
Gründen verweigern. In § 35 Abs. 2 MAVO heißt es:

„Die Mitarbeitervertretung kann die Zustimmung nur verweigern, wenn

1. die Maßnahme gegen ein Gesetz, eine Rechtsverordnung, kircheneigene Ordnungen, eine Dienstvereinbarung oder sonstiges geltendes Recht verstößt,

2. der durch bestimmte Tatsachen begründete Verdacht besteht, dass durch die Maßnahme die Mitarbeiterin oder der Mitarbeiter ohne sachliche Gründe bevorzugt oder benachteiligt werden soll."

Das **Kirchliche Arbeitsgericht für die Bayerischen (Erz-)Diözesen** hat in einer 723
Entscheidung aus dem Jahr 2021[2] dazu klargestellt:

„Die über eine beabsichtigte personelle Einzelmaßnahme des Dienstgebers informierte Mitarbeitervertretung hat folgende Optionen: Sie kann einer vom Dienstgeber vorgesehenen personellen Einzelmaßnahme zustimmen oder die

[1] KAGH, 15.5.2020 – M 17/2019.

[2] KAG Bayern, 28.6.2021 – 2 MV 14/21 (Auszug Leitsätze).

Zustimmung ausdrücklich verweigern oder die Wochenfrist des § 33 Abs. 2 Satz 2 MAVO verstreichen lassen. Ob sie sich gegen eine personelle Einzelmaßnahme wenden will, hängt allein von der Entschließung der Mitarbeitervertretung ab. Dasselbe gilt auch von den Gründen, die sie für ihre Verweigerung anführen will. Es gibt keine materiell richtige oder unrichtige Entscheidung der Mitarbeitervertretung, es gibt nur eine begründete oder unbegründete Zustimmungsverweigerung (im Anschluss an die Rechtsprechung des Bundesarbeitsgerichts zu § 99 BetrVG).

Es steht der Mitarbeitervertretung frei, ob sie sich gegen eine vom Dienstgeber vorgesehene Eingruppierung wenden will oder nicht. Im Falle der Zustimmungsverweigerung bestimmt die Mitarbeitervertretung das „Prüfprogramm" des Kirchlichen Arbeitsgerichts dahingehend, ob aus den im Zustimmungsverfahren rechtzeitig angeführten Gründen die Zustimmungsverweigerung gerechtfertigt ist oder nicht."

724 Das Verfahren nach der MAVO, mit dem die MAV ihr Beteiligungsrecht bei der Eingruppierung als personelle Einzelmaßnahme gegenüber dem Dienstgeber ausübt, kann an dieser Stelle nicht erschöpfend behandelt werden und ist nicht Gegenstand dieses Buches.[1]

[1] Vgl. dazu einschlägige Fachliteratur und Arbeitshilfen, beispielsweise Oxenknecht-Witzsch, „Checklisten MAVO zum Arbeits- und Mitarbeitervertretungsrecht mit Erläuterungen", 9. Auflage 2022, S. 14 ff. (Checkliste Eingruppierung / Höhergruppierung / Rückgruppierung).

II. Rechtsschutzverfahren

Beim Rechtschutzverfahren ist zu unterscheiden zwischen dem **kollektiven** Rechtsschutz und dem **individuellen** Rechtsschutz. 725

1. Kollektiver Rechtsschutz

Können sich Dienstgeber und MAV über die Eingruppierung nicht einigen bzw. ein Einvernehmen über die Thematik herstellen, so kann der Dienstgeber nach § 33 Abs. 4 MAVO das zuständige kirchliche Arbeitsgericht anrufen und einen Antrag auf Ersetzung der Zustimmung stellen. Damit ist der Weg für das kollektive Rechtsschutzverfahren eröffnet. Die konkreten Abläufe und Voraussetzungen ergeben sich aus der **Kirchlichen Arbeitsgerichtsordnung** (KAGO).[1] 726

2. Individueller Rechtsschutz

Im Unterschied zum kollektiven Rechtsschutz, bei dem sich MAV und Dienstgeber als Streitparteien gegenüberstehen, müssen **Mitarbeitende** im Individualrechtsschutz gegenüber dem Dienstgeber ihre eigenen Rechte verfolgen und vor Gericht als Kläger auftreten. 727

Der Mitarbeiter oder die Mitarbeiterin kann also selbst seine / ihre Eingruppierung rügen. Zu jedem Zeitpunkt des Arbeitsverhältnisses kann er / sie die 728

1 Auf das Verfahren gemäß der Kirchlichen Arbeitsgerichtsordnung wird an dieser Stelle nicht eingegangen. Vgl. dazu einschlägige Kommentierungen, beispielsweise Eichstätter Kommentar, KAGO, 2. Auflage 2018.

Überprüfung der tarifgerechten Eingruppierung vom Dienstgeber verlangen. Hier greifen kirchlicher und staatlicher Rechtsschutz ineinander.[1]

2.1 Kirchliches Schlichtungsverfahren

729 § 22 Abs. 1 AVR AT gibt dem oder der Betroffenen vor, bei Meinungsverschiedenheiten, die sich **bei der Anwendung der AVR** oder aus dem Dienstverhältnis ergeben, zunächst ein kircheninternes Schlichtungsverfahren durchzuführen. § 22 Abs. 4 AVR AT weist jedoch darauf hin, dass die Behandlung eines Falles vor der kirchlichen Schlichtungsstelle die **fristgerechte Anrufung des Arbeitsgerichts** nicht ausschließt.

730 Das Schlichtungsverfahren ist als kircheneigenes und vertragskonformes Verfahren zur Klärung von Meinungsverschiedenheiten zwischen Dienstgeber und Mitarbeitenden ausgestaltet. Für dessen Durchführung existieren entsprechende **Schlichtungsordnungen**[2] des jeweiligen Bistums.

731 Aus der jeweiligen Schlichtungsordnung ergibt sich der prozessuale **Ablauf der Schlichtung.** Es ist bei diesem Verfahren vorgesehen, dass ein unabhängiger Vorsitzender oder eine unabhängige Vorsitzende sich der Fragestellung annimmt und beide Seiten (Dienstgeber / Mitarbeitender) die jeweils eigene Position darlegen können. Das Schlichtungsbegehren muss gegenüber dem oder der Vorsitzenden deutlich geäußert werden, damit der Arbeitsauftrag erkennbar wird.

732 Ziel und Zweck des Schlichtungsverfahrens ist es, zunächst einen Lösungsweg zu erarbeiten und diesen gegebenenfalls aufzuzeigen. Nach einer (in der Regel) mündlichen Verhandlung, formuliert die Schlichtungsstelle einen **Schlichtungsvorschlag.** Können die Beteiligten sich nicht einigen, so muss die Schlichtungsstelle (durch Abstimmung) eine Entscheidung herbeiführen.[3]

---

[1] Zu diesem Verhältnis vgl. Küster, in: „Die AVR von A bis Z", Kirchliches Rechtsschutzverfahren (K 2), Stand 73. Aktualisierung, Februar 2024.

[2] Vgl. Musterschlichtungsordnung Caritas in der Fassung des Beschlusses der Vollversammlung des Verbandes der Diözesen Deutschlands vom 22. November 2022.

[3] Vgl. Küster, a. a. O.

2.2 Klage vor dem staatlichen Arbeitsgericht

Daneben können betroffene Mitarbeitende ebenfalls staatlichen Rechtsschutz in Anspruch nehmen und Klage vor dem staatlichen Arbeitsgericht erheben. Es handelt sich dabei um eine **Feststellungsklage** in Form einer sogenannten Eingruppierungsfeststellungsklage. Zuständig sind die jeweils **örtlichen Arbeitsgerichte,** in deren Bezirk sich der Sitz der Gesellschaft befindet (§§ 12, 17 ZPO i. V. m. § 46 Abs. 2, § 48 des ArbGG). 733

Der **Antrag** muss entweder persönlich zu Protokoll der Geschäftsstelle oder durch einen Rechtsanwalt schriftlich eingelegt werden. 734

Nach der ständigen Rechtsprechung des Bundesarbeitsgerichts[1] trägt der Mitarbeitende im Eingruppierungsrechtsstreit grundsätzlich die **volle Darlegungs- und Beweislast** für die gesamten Tatsachen, welche die Eingruppierung nach seiner Ansicht begründen. 735

! Die Beweislast für die Richtigkeit des eigenen Vortrags trägt der Mitarbeitende. 736

Dafür müssen diejenigen Tatsachen zunächst vorgetragen und im Fall des Bestreitens seitens des Dienstgebers auch **bewiesen** werden, aus denen die begehrten tariflichen Tätigkeitsmerkmale unter Einschluss der darin vorgesehenen Qualifizierungen erfüllt sein können.[2] Das Vorbringen der klägerischen Seite muss also den Klageantrag begründen und die **Schlüssigkeit der begehrten Eingruppierung** ergeben. Dabei ist eine bloß formelhafte Wiederholung der tariflichen Anforderungsmerkmale oder eine lückenhafte Darstellung der auszuübenden Tätigkeit oder der tatsächlich ausgeübten Tätigkeit regelmäßig nicht ausreichend.[3] 737

1 Vgl. beispielsweise BAG, 12.6.1996 – 4 AZR 1025/94.

2 BAG, 8.10.1997 – 4 AZR 167/96.

3 BAG, 12.6.1996 – 4 AZR 1025/94.

738 Der zu leistende **Sachvortrag** des betroffenen Mitarbeitenden bzw. seines Rechtsbeistandes im Eingruppierungsrechtsstreit muss also auf die „gesamte von ihm nicht nur vorübergehend auszuübende Tätigkeit" nach den Vorgaben aus Anlage 1 eingehen. Er hat entsprechend vorzutragen, d.h. die Tätigkeit unter die Anforderungen der einzelnen Vergütungs-/Entgeltgruppe zu subsumieren.

739 **!** Ein Streitpunkt entsteht häufig bereits dadurch, dass der Dienstgeber und der Mitarbeitende als die klägerische Partei über die konkrete auszuübende Tätigkeit streiten.

740 Alle objektiven (sachlichen) wie subjektiven (persönlichen) Voraussetzungen der begehrten Vergütungsgruppe/Entgeltgruppe müssen einerseits erfüllt und in dem Verfahren jeweils vorgetragen und unter Beweis gestellt werden. Zu bedenken ist stets, dass das Gericht eine **neutrale Position** einnimmt und in die Lage versetzt werden muss, Arbeitsvorgänge im tariflichen Sinne zu bilden, die zeitlichen Anteile an der Gesamtarbeitszeit zuzuordnen und sodann eine Zuordnung nach den Entgeltanforderungen und deren Wertigkeit vorzunehmen, damit eine korrekte Eingruppierung festgestellt werden kann.[1]

741 **!** Dabei ist auf den Umstand hinzuweisen, dass das Gericht weder an die Bildung der Arbeitsvorgänge noch an die rechtliche Würdigung der klagenden Partei gebunden ist. Sowohl die Bildung von Arbeitsvorgängen als auch die Prüfung des Erfüllens der tariflichen Merkmale obliegt ausschließlich der gerichtlichen Wertung und Entscheidung.

[1] Bereits seit BAG, 28.2.1978 – 4 AZR 427/77; vgl. auch BAG, 20.9.1995 – 4 AZR 413/94.

Das **gerichtliche Verfahren** gliedert sich in mindestens zwei Termine: 742

- In einem ersten frühen **Gütetermin** versucht das Gericht zunächst, eine gütliche Lösung zwischen den Parteien herzustellen. Der Gütetermin wird alleine von dem Vorsitzenden Richter / der Vorsitzenden Richterin geleitet. Sollte eine einvernehmliche Lösung misslingen, so ist das Gericht nach der Prozessordnung gehalten, einen zweiten Termin festzusetzen.
- Der **Kammertermin** findet mit dem hauptamtlichen Richter / der hauptamtlichen Richterin und zwei weiteren ehrenamtlichen Beisitzern und damit der vollständigen Kammer statt. Auch hier stellt sich zunächst die Frage, ob zwischenzeitlich eine gütliche Lösung denkbar und gewünscht ist. Sollte dies von beiden Seiten verneint werden, so ist das Gericht gehalten, eine **Entscheidung (Urteil)** in der Sache zu treffen. Der Kammertermin wird sowohl von der klägerischen Seite wie von der Beklagtenseite schriftsätzlich vorbereitet und alle entscheidungserheblichen Informationen zum Sachverhalt müssen in der Regel vor dem Termin dem Gericht übermittelt werden.

Das Urteil der ersten Instanz kann durch die unterlegene Partei mittels ei- 743
ner **Berufung an das Landesarbeitsgericht** angegriffen werden. Die zweite Instanz beinhaltet dabei eine komplette weitere Tatsacheninstanz, in der erneut der Sachverhalt vorgetragen, erörtert und geprüft wird. Ob im Anschluss an die durchgeführte Berufung und das ergangene Urteil eine weitere Entscheidung durch eine dritte Instanz (BAG als Revisionsinstanz) möglich ist, wird im Urteil der zweiten Instanz festgestellt und gegebenenfalls zugelassen.

Eine **Revision zum Bundesarbeitsgericht** ist nach § 72 Abs. 2 ArbGG zuzulas- 744
sen, wenn

- eine entscheidungserhebliche Rechtsfrage grundsätzliche Bedeutung hat,
- die Entscheidung des LAG von einer Entscheidung des BVerfG, des gemeinsamen Senats der obersten Gerichtshöfe des Bundes, des BAG, eines anderen LAG oder einer anderen Kammer desselben LAG, soweit das BAG hierzu noch nicht entschieden hat, abweicht oder
- ein absoluter Revisionsgrund gemäß § 547 Nr. 1 bis 5 ZPO oder eine entscheidungserhebliche Verletzung des Anspruchs auf rechtliches Gehör geltend gemacht wird und vorliegt.

745 Die vorgenannten Tatbestände werden **von Amts wegen** geprüft und entschieden.

746 ! Die Revisionsinstanz nimmt eine reine Rechtsprüfung vor. Das heißt, sie prüft, ob den Vorinstanzen Rechtsfehler bei der Beurteilung unterlaufen sind.

Stichwortverzeichnis

Die Ziffern verweisen auf die jeweilige(n) **Randnummer(n)** der entsprechenden Textstelle.

Zur Autorin

Simone Küster

ist selbstständige Rechtsanwältin und Fachanwältin für Arbeitsrecht. Seit mehr als 20 Jahren berät und vertritt sie mit eigener Kanzlei in Hanau deutschlandweit insbesondere Non Profit-Organisationen (Verbände, Kliniken und sonstige soziale Einrichtungen) in allen Sparten des öffentlichen und kirchlichen Dienstes. Das Thema der Eingruppierung bildet dabei den Schwerpunkt ihrer anwaltlichen Praxis.

Auf dem Gebiet des kirchlichen Arbeitsrechts verfügt Simone Küster über einen langjährigen Erfahrungsschatz sowohl im Individualarbeitsrecht als auch in kollektivrechtlichen Fragen der Mitbestimmung der Mitarbeitervertretung. Verfahren vor den Schlichtungsstellen und kirchlichen Arbeitsgerichten bis hin zum Kirchlichen Arbeitsgerichtshof bzw. zum Kirchengerichtshof der EKD sind ihr ebenso vertraut wie die Prozessvertretung vor der staatlichen Arbeitsgerichtsbarkeit bis hin zum Bundesarbeitsgericht.

Neben der anwaltlichen Vertretung ist Simone Küster seit 2002 für eine Personalberatungsgesellschaft tätig. Ein Beratungs- und Trainingsschwerpunkt bildet neben dem Tarif- und Eingruppierungsrecht des öffentlichen Dienstes das Recht der Eingruppierung nach den kirchenrechtlichen Regelungen (AVR-Caritas / AVR-Diakonie / AVO und Ähnliches). Sie hat direkt nach dem zweiten Staatsexamen eine Trainerausbildung absolviert und ist bis heute als Referentin für Seminare und Schulungen zu arbeits- und eingruppierungsrechtlichen Fragestellungen aktiv.

Schon zu Beginn ihrer Berufslaufbahn war Simone Küster als Fachautorin für arbeitsrechtliche Themen tätig. Sie schreibt seit 2017 für das Kompendium „Die AVR von A bis Z" des KETTELER-Verlags und ist dort Stamm-Autorin für diverse Themen des kirchlichen Tarif- und Arbeitsrechts.